먹는거로
취업하자

**먹는 거로
취업하자**

초판 1쇄 발행 2021년 11월 10일

지은이 고석영, 김건희, 홍세연, 김원영, 임승연, 권윤경, 박서희,
조새로아, 김송이, 김충식, 황철순, 명성희, 박경화, 윤태성
펴낸이 장길수
펴낸곳 지식과감성#
출판등록 제2012-000081호

교정 오현석
디자인 윤혜성
편집 윤혜성
검수 김혜련, 윤혜성
마케팅 고은빛, 정연우

주소 서울시 금천구 벚꽃로298 대륭포스트타워6차 1212호
전화 070-4651-3730~4
팩스 070-4325-7006
이메일 ksbookup@naver.com
홈페이지 www.knsbookup.com

ISBN 979-11-392-0164-2(13190)
값 20,000원

- 이 책의 판권은 지은이와 지식과감성#에 있습니다.
- 이 책 내용의 전부 또는 일부를 재사용하려면 반드시 양측의 서면 동의를 받아야 합니다.
- 잘못된 책은 구입하신 곳에서 바꾸어 드립니다.

지식과감성#
홈페이지 바로가기

먹는거로 취업하자

고석영
김건희
홍세연
김원영
임승연
권윤경
박서희
조새로아
김송이
김충식
황철순
명성희
박경화
윤태성

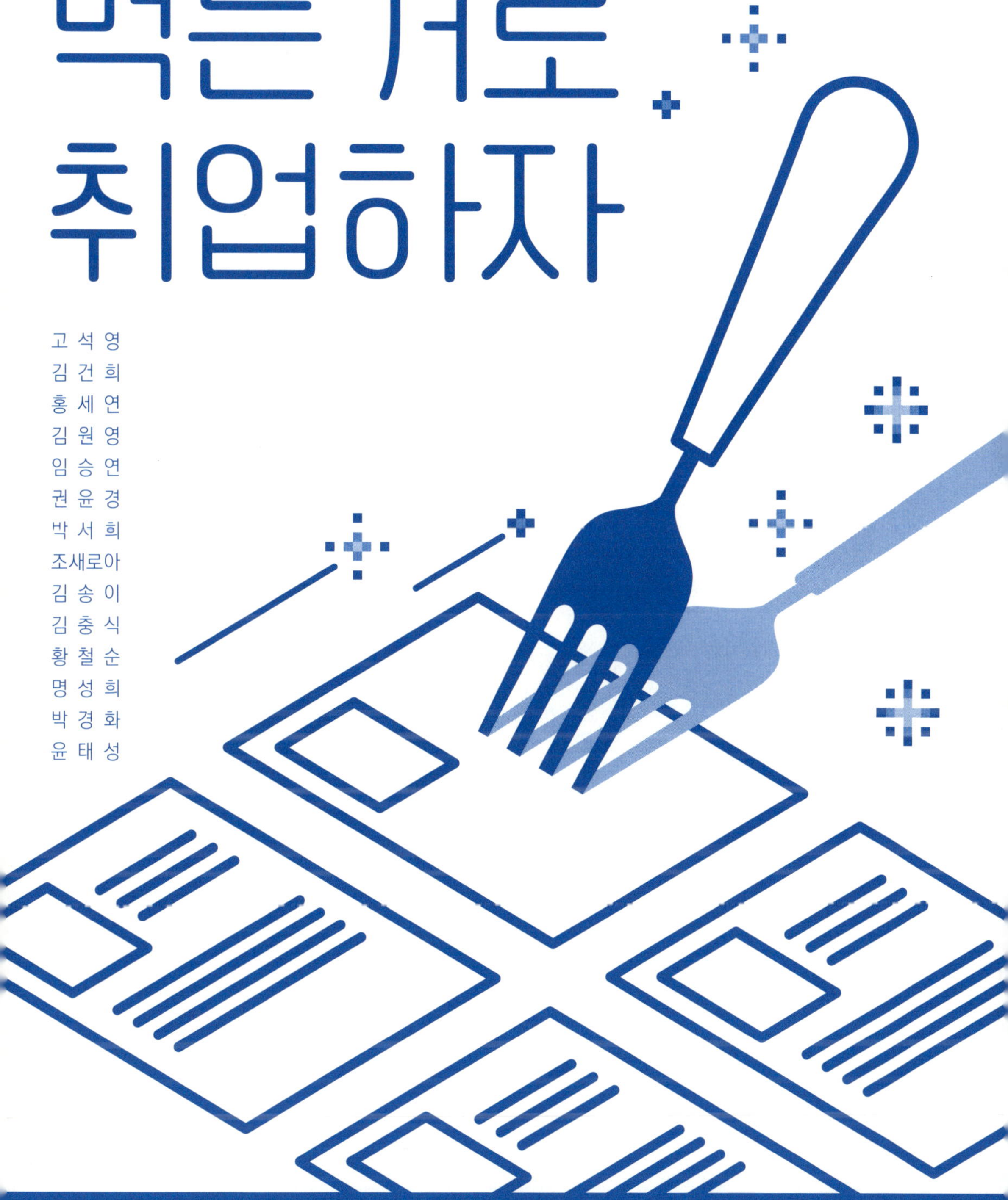

『먹는 거로 전공하자』에서
들려주지 못한
실제 취업 이야기

식품기업 현직자
40명의
생생한 이야기

지금부터의 취업서가 진짜다!

지식과감성#

프롤로그 ▪ 10

제1장 첫걸음, 식품업계 알아보기 ▪ 17

1.1 회사, 어떻게 분류할까? ▪ 19
  1.1.1 사기업의 분류 ▪ 19
  1.1.2 공공 기관 ▪ 23
  공공 기관이란 무엇인가 | 공공 기관의 분류 | 식품 관련 공공 기관

1.2 식품 산업 속 기업들 ▪ 32
  1.2.1 식품공전상 구분 ▪ 32
  식품공전 기준 구분 목적
  1.2.2 건강기능식품 ▪ 35
  1.2.3 제약 ▪ 41
  1.2.4 기타 산업군 ▪ 42
  외식 및 프랜차이즈 | 영양사 | 컨설팅

제2장 기업 분석을 해보자 · 53

2.1 기업 홈페이지 살피기 · 55

2.1.1 회사 소개 · 55

CEO 인사말 | 연혁 | 가치 체계 | CI | 투자정보 | 기업 구조

2.1.2 브랜드 · 59

2.1.3 인재 채용 · 60

2.2 식품안전나라, 내 손안 식품안전정보 · 60

2.2.1 식품안전나라 · 60

2.2.2 내 손안(安) 식품안전정보 · 61

2.3 전자 공시 시스템 DART · 61

2.4 잡코리아 · 64

2.5 잡플래닛, 크레딧잡 · 66

제3장 다양한 직무, 어떤 일을 할까? ▪ 73

3.1 마케팅 ▪ 75
3.1.1 마케팅에 대한 소개 ▪ 75
3.1.2 마케팅 멘토와의 대화 ▪ 76
외국계 F&B 마케터 | 서울우유협동조합 마케터 박재범 | 제약사 마케터 김송이

3.2 상품 기획 ▪ 93
3.2.1 상품 기획에 대한 소개 ▪ 93
3.2.2 상품 기획 멘토와의 대화 ▪ 94
건강기능식품 상품기획

3.3 영업 ▪ 98
3.3.1 영업에 대한 소개 ▪ 98
3.3.2 영업 멘토와의 대화 ▪ 99
종합 식품 회사 영업

3.4 연구 개발 ▪ 102
3.4.1 연구 개발에 대한 소개 ▪ 102
3.4.2 연구 개발 멘토와의 대화 ▪ 103
아워홈 연구 개발 황철순 | 음료 연구원 | 식품안전정보원 책임 연구원 권소영 | 흥국 F&B R&D 센터장 신동건 | 유제품 연구원

3.5 식품 분석 ▪ 121
3.5.1 식품 분석에 대한 소개 ▪ 121
3.5.2 식품 분석 멘토와의 대화 ▪ 122
분석 전문 회사 연구원 | 종합 식품 회사 미생물 분석 연구원

3.6 생산 관리 ▪ 126
3.6.1 생산 관리에 대한 소개 ▪ 126
3.6.2 생산 관리 멘토와의 대화 ▪ 127
종합 식품 회사 생산 관리 | 풀무원 다논 생산 관리 윤태성

3.7 품질 관리 ■ 138

3.7.1 품질 관리에 대한 소개 ■ 138

3.7.2 품질 관리 멘토와의 대화 ■ 139

주류 제조사 품질 관리 | 푸드코닉 품질관리 박경화 |
푸드코닉 품질관리팀장 김충식 | 건강기능식품 제조사 품질 관리 |
제과 제조사 품질관리

3.8 유통 직무(구매·물류·SCM) ■ 147

3.8.1 유통 직무에 대한 소개 ■ 147

3.9 기타 직무 ■ 148

3.9.1 기타 직무 멘토와의 대화 ■ 148

유통사 인사담당자 | 농산물 관련 기업 |
타펙스인터내셔널(와인 수입 회사) 대표 박준형 |
어린이급식관리지원센터 관리자 남경희 | 식품 안전 컨설팅 업체 컨설턴트

제4장 취업, 준비부터 실전까지 ■ 157

4.1 채용 공고 확인 ■ 160

4.1.1. 워크넷 ■ 160

특징 | 워크넷만의 강점 | 채용 공고 확인하는 방법

4.1.2 잡코리아 ■ 163

특징 | 잡코리아만의 강점 | 채용 공고 확인하는 방법

4.1.3. 사람인 ■ 167

특징 | 사람인만의 강점 | 채용 공고 확인하는 방법

4.1.4. 잡플래닛 ▪ 170
특징 | 잡플래닛만의 강점 | 채용 공고 확인하는 방법

4.1.5 자소설닷컴 ▪ 173
특징 | 자소설닷컴만의 강점 | 채용 공고 확인하는 방법

4.1.6 카카오톡 오픈 채팅방 참여 ▪ 175
채용 공고 확인하는 방법

4.2 '스펙' 정리하기 ▪ 176
4.2.1 Step 1 대외 활동을 연도별로 리스트화한다 ▪ 177
4.2.2 Step 2 경험을 STAR기법에 따라 구체화한다 ▪ 178
4.2.3 Step 3 지원 회사 및 직무에서 요구하는 역량에 따라 구체화된 경험을 연결 지어 자소서와 면접에 적용한다 ▪ 182

4.3 멘토링 참가 ▪ 189
4.3.1 식품산업인재양성협회 ▪ 189
4.3.2 교내 멘토링 프로그램(대학교 취업 스쿨) ▪ 194
4.3.3 온라인 멘토링 프로그램 ▪ 194
4.3.4 기업에서 진행하는 채용 설명회 ▪ 195

4.4 현직자의 자기소개서 작성 TIP ▪ 196
4.4.1 자기소개서 문항 분석 ▪ 197
4.4.2 자기소개서를 앞두고 짚고 넘어가야 할 포인트 ▪ 200

4.5 이력서 작성 ▪ 204
4.5.1 이력서 양식 ▪ 205
4.5.2 작성하기 ▪ 208

4.6 면접 준비 ▪ 211
4.6.1 면접 준비 Tip ▪ 212
4.6.2 예상 문제 ▪ 215
4.6.3 면접 종류별 준비 방법 및 주의 사항 ▪ 219
단독 면접 | 개인 면접(다대일 면접) | 패널 면접(다대다 면접) | 집단 토론 면접 | 프레젠테이션(PT) 면접
4.6.4 이색 면접 ▪ 225

제5장 더 알아보기 : 현직자들이 답하다 ■ 229

5.1 | 부전공·복수 전공 관련 Q&A ■ 231

5.2 | 자격증 관련 Q&A ■ 242
　　　5.2.1 자격증에 대한 학생들의 궁금증 ■ 242
　　　5.2.2 자격증에 대한 현직자들의 답변 ■ 243

5.3 | 기타 Q&A ■ 250

제6장 현직자가 전하고 싶은 한마디 ■ 257

저자 후기 ■ 266
에필로그 ■ 277

프롤로그

———————————————————————— 김충식 멘토

책 제작 참여 시작은 1권 『먹는 거로 전공하자』 마지막 별첨으로 시작되었다. 과거 SMAF, 현재 '식품산업인재양성협회'라 불리는 카페에서 식품을 전공하는 친구들에게 도움이 되고자 작성했던 글인데 가장 많이 궁금해하는 질문 위주의 조언이었다. 복수 전공은 필요한가? 자격증은 필요한가? 어떤 공부를 선행하면 도움이 되는가? 카페 내 가장 많이 올라오는 질문을 토대로 작성한 글이었고 『먹는 거로 전공하자』 책에 실리면서 좀 더 도움이 되고자 2권 『먹는 거로 취업하자』 제작 멘토로 참여하였다.

식품을 전공했고, 식품 업계에 종사하는 현직자로서 식품은 높은 전문성을 요구한다고 생각한다. 하지만 전문성과 별개로 주어진 정보는 미비하다. 이를 증빙하듯 먼저 취업이라는 길을 걸어간 선배들의 경우 약 5%만이 식품 업계에 종사하고, 같은 과 동기들 또한 식품 업계 종사자는 손가락으로 셀 수 있을 정도이다.

취업을 준비했을 당시 나 또한 식품 업계보다 복수 전공으로 선택한 산업공학의 길을 선택했다. 결과의 가장 큰 이유는 정보의 부재라고 생각한다.

대학마다 특징이 있지만 내가 다니던 대학의 특징은 연구 분야였다. 기업의 정보보단 학문적인 내용에 가까웠으며 실험실 또한 연구에 관한 내용이 많았다. 5% 정도의 식품 업계를 선택한 선배 중에서도 80%는 대학원을 진학하여 석사 또는

박사 출신 연구원으로서 현업에 종사하였다. 그러다 보니 식품 관련 취업 정보를 알 수 있는 방법은 적었고 졸업한 선배들과 함께하는 취업 특강도 연구직으로 한정되었다.

이렇게 졸업 후 식품회사 취업을 해 보니 내가 배웠던 지식 중 적용 가능한 지식은 거의 없다고 봐도 무방하였다. 이론과 현실은 달랐다.

이처럼 식품을 전공하였지만 어떠한 길이 존재하고, 길이 하나인지 여러 개인지 알 수 없었으며, 알았다 한들 어떻게 가야 하는지 방법을 몰랐을 것이다.

과거에 내가 그랬듯 현재 식품을 전공하고 취업을 준비하는 많은 식품공학, 식품영양학 친구들도 비슷하다고 생각된다. 책을 만드는 과정에서 참여하는 멘티들은 현재 식품공학, 식품영양학을 전공하고 있다. 하지만 이들도 같은 고민이 있기에 책이 만들어질 수 있었다고 생각한다.

책에선 식품을 전공하고 취업을 고민하는 친구들을 위한 취업 사전 준비 과정부터 취업 시 알 수 있는 직무별 현직자들의 의견 그리고 연차별 현직자가 생각하는 취업의 팁까지 가이드를 제시하는 책이라 생각된다. 1권 별첨에선 개인의 조언이었지만 책에선 많은 현직자의 의견이 반영되고 세분화되어 궁금해하는 질문의 답변이 모두 담겨 그동안 부족했던 정보의 부재를 채워줄 수 있을 것이라 기대한다.

과거의 나에게 이런 책이 있었더라면 좀 더 다양한 길을 가 보고 빠른 길을 선택하지 않았을까 생각된다. 산업공학으로 시작하여 지금은 식품 회사에 식품 기술사로서 활동 중이다. 정보가 부족하였기에 여러 시행착오를 거쳐 현재의 위치에 왔다고 생각한다. 그렇다고 지금 가고 있는 길이 틀렸다고 생각하지는 않는다. 다만 시간에 대한 아쉬움이 남는다.

우리는 식품을 전공하지만 정작 어떤 길을 가야 하는지 모르는 사람들이다. 그렇기에 그러한 궁금증을 해소하고자 이 책을 제작하였고 도움이 되길 기원한다.

── 김송이 멘토

우리는 일상생활에서 쉽게 "밥은 먹고 다니냐?", "식사는 하셨나요?" 등 먹는 것과 관련된 말로 부모님, 자식, 친구 등에게 안부의 인사를 건넨다. 먹는 것은 의식주 중에서도 가장 기본적인 것이며, 우리의 삶과 매우 밀접하게 연관된다. 그것은 인사말처럼 섭취에 국한되지 않고 다양한 형태로 나타난다.

삶의 필수 요소로서 섭취에서 즐거움을 느끼고, 즐거움에서 출발해 식품 전공자로, 식품 전공자에서 상품 기획자로서 성장하면서 다양한 경험들을 통해 많은 것을 배울 수 있었다. 보통의 식품 관련업에 종사하기 위한 길이 아니라 조금은 다른 경험들을 하면서 여러 시행착오를 겪었다. 기존의 정보로는 해결하기 힘든 과제도 있었다.

이 경험을 토대로 흔하지만 조금은 다른, 정석적인 길에서 얻을 수 없는 정보들을 학생들과 식품 분야에 관심이 있는 사람들 또는 현직자들과 나눌 수 있으면 좋겠다는 생각이 들었다. 그 활동 중 하나로 식품산업인재양성협회(FIPTA)에서 멘토링 등의 활동을 했고, 이것이 계기가 되어 많은 사람들에게 도움을 줄 수 있는 책 출간에도 참여하게 되었다.

〈먹는 거로 취업하자〉는 멘토링 활동 과정 및 현직 식품 관련 업무 종사자로서 가장 많이 받은 질문부터 알아두면 유용한 정보들을 보다 체계적으로, 쉽고 유용하게 구성하고자 노력하였다. 학교, 직장, 멘토링 과정에서의 경험들을 바탕으로 이 부분은 학생들이 많이 물어볼 정도로 주된 관심사구나, 이 부분은 필요한데 모르는 사람이 많아 꼭 알려줘야겠다 하는 내용들을 뽑아 책에 기록하고자 하였다.

아마도 이 책을 읽는 사람은 식품을 전공하였거나, 식품에 관심이 있어서 식품업계 취업을 희망하거나, 다른 분야에 취업하였지만 식품 관련 직무에 대해서 관심이 있는 사람들일 것이다. 이 책을 통해서 정보가 필요한 사람들에게 정말 유용한 정보로서 잘 활용될 수 있었으면 좋겠고, 나아가 식품 산업에 종사하면서 또 만날 수 있는 기회가 생기기를 소망한다.

—————————— 고석영 멘티 팀장

2020년 7월 전역을 한 나는 진로 결정을 두고 골머리를 앓고 있었다. 물론 군인일 때 이런저런 생각을 안 해 본 것은 아니었다. 휴대폰 사용이 가능해진 후 시간이 날 때는 식품 관련 기업, 직무 정보 등을 찾아보았고 같은 학과 선배님들께 연락을 드리며 정보를 수집하기도 하였다. 그러나 결과적으로 특히 '식품' 산업군과 관련된 정보량이 너무 한정되어 있었으며 직무에 대한 구체적인 후기 또한 찾아볼 수 없었다. 그렇게 막막해하고 있었던 찰나, 우연한 기회로 어떤 프로젝트에 참여하게 되었다.

——— 식품 전공자들의 취업을 말하다 ———

나처럼 대부분의 학생들이 취업에 대해서 수없이 많은 고민과 탐색을 해 봤으리라 생각된다. 그러나 앞서 말했듯이 식품 산업군은 타 산업군과 달리 다소 보수적이며 정보의 양 또한 한정적이다. 이러한 어려움을 겪는 식품 전공자들을 위해 FIPTA(Food Industry Professional Training Association, 식품산업인재양성협회)는 강사 초청 세미나, 식품 멘토링 활동, PBL(Project Based Learning) 프로그램 등을 추진하고 있지만 수많은 정보들을 학생들 입장에서 보다 생생하게 와닿게 할 방법이 필요했다.

이런 어려움을 해소하고자 같은 입장을 가진 대학생 멘티 9명과 식품 업계 현직자 7명이 함께하여 만들어진 프로젝트가 내가 참여하게 된 『먹는 거로 취업하자』 출판 프로젝트이다.

이 프로젝트는 2020년도에 첫 시작한 『먹는 거로 전공하자』의 3편으로 취업에 대해 보다 자세하고 풍부한 자료를 전달하고자 기획되었다. 나는 이에 적극적이고 주도적으로 참여하고자 하여 팀장을 맡아 진행하게 되었다.

프로젝트 시작 후 자료 조사를 위한 설문을 시작으로 내용 편집, 출판사 콘택트, 책 표지 디자인까지 멘티를 중심으로 추진되었다. 멘티 각각의 역할을 나누어 내용을 정리하였고 어려움이 있을 때는 멘티 간 협의와 멘토 피드백을 통해 문제를 해결해 갔다.

실제 책의 내용은 현재 학생들의 니즈를 파악한 후에 작성된 것들이다. 먼저 식품 산업군 학생 279명을 대상으로 설문 조사를 직접 실시하고 그 결과를 토대로 학생들이 궁금한 것들을 위주로 작성하였다. 거기에 보다 현장감 있고 생생한 정보를 제공하기 위해 식품 산업계 현직자 40명을 대상으로 인터뷰도 진행하였다. 이로써 내용을 더 풍부하고 입체적으로 바라볼 수 있도록 구성하였다.

취업의 흐름을 통해 구성하다

책은 취업 준비, 취업 전 기업 탐색, 직무 결정, 실전 취업편의 큰 구성으로 되어 있다. 실제 취업 준비의 흐름과 동일하다.

첫 번째로는 전체적인 취업 준비 과정을 다루고 있다. 기본적인 기업·기관의 분류와 식품 산업군 속 다양한 기업들에 대해 소개하여 기본적인 감을 잡도록 했다. 두 번째로 기업들을 알아본 후 이들에 대한 구체적 정보를 탐색할 수 있는 방법을 제시했다.

세 번째는 직무 결정 파트이다. 직무에 대한 기본적 소개뿐만 아니라 실제 현직자들의 인터뷰를 진행하여 엮은 글이므로 아직 직무를 결정하지 못해 고민하고 있는 취업 준비생이라면 많은 도움이 될 수 있을 것이다.

네 번째는 말 그대로 취업 실전편이다. 채용 공고 확인부터 쌓아온 스펙(대외 활동, 자격증 등)의 정리법과 활용, 면접까지 수박 겉 핥기식이 아닌 적용이 가능한 방법들을 제시했다.

다섯 번째는 앞서 설명한 내용들 외에 학생들이 궁금해하는 내용을 설문 조사 바탕으로 정리하여 여러 현직자의 관점으로 엮어내었다.

끝에는 취업 준비생에게 전하는 현직자들의 조언으로 마무리하였다.

이렇게 '출판'이라는 하나의 목표를 가지고 진행된 프로젝트이지만 동시에 그 과정 속에서 많은 것들을 배운 활동이었다. 코로나로 인한 대면 활동의 어려움, 보다 질 좋은 내용을 전달하기 위한 수많은 초안 수정 작업 이외에도 많은 일들이 있었다. 그런데도 프로젝트를 성공적으로 마무리할 수 있었던 것은 멘티 각자의 노력과 적극적 참여, 이를 이끌어 주시는 멘토님들이 있으셨기에 가능하지 않았나 생각된다. 1년이라는 긴 호흡으로 한 가지 프로젝트를 한다는 것이 쉽지만은 않다는 것, 그리고 성공적으로 마무리했다는 뿌듯함과 성취감도 함께 느낀 프로젝트이다. 이 책에 담긴 많은 것들이 그대로 모든 독자들에게 전달되길 희망한다.

제1장

첫걸음,
식품업계 알아보기

첫걸음, 식품업계 알아보기

1.1 회사, 어떻게 분류할까?

1.1.1 사기업의 분류

식품을 전공한 우리는 어디로 취업을 할까? 일반적으로 우리는 사기업을 목표로 취업을 준비하곤 한다. 하지만 대략적으로 유명한 대기업·중견기업들 정도만 알고 있을 뿐 규모, 계열, 생산 품목 등 기업의 기본적인 분류를 모르는 경우가 대다수이다. 따라서 첫째로 기업의 규모에 대해 설명하고자 한다.

국가에서 구분한 '중소기업기본법 시행령 - 별표 1'을 보면 사기업은 보통 규모에 따라 중소기업, 중견기업, 대기업, 이렇게 세 가지로 나뉜다.

대기업	매출액 10조 원 이상의 상호출자제한기업집단
중견기업	매출액 1000억 원 이상 기업
중기업	매출액 1000억 원 이하 기업
소기업	매출액 120억 원 이하 기업

우선 기업 규모에 따라 어떻게 기업들이 나뉘는지에 대해서 알아보자.

중소기업은 중기업과 소기업이 합쳐진 기업으로 소기업은 매출액 120억 원 이하의 기업을, 중기업은 매출액 1,000억 원 이하의 기업을 말한다. 우리나라 기업의 약 99%의 비중을 차지한다는 점에서 대부분의 기업이 중소기업에 속한다고 볼 수 있다.

중견기업은 상시 근로자 수 1,000명 이상, 자산 총액 5,000억 원 이상, 자기자본 1,000억 원 이상, 직전 3개 사업 연도 평균 매출액 1,500억 원 이상 중 하나의 조건을 충족하는 기업이다. 하지만 식품 전공과 관련된 식품 제조업에서의 기업은 중기업 기준 매출액 1,000억 원 이하의 조건을 별도로 갖추고 있으며 1,000억 원 이상 시에 중견기업에 속한다고 볼 수 있다.

마지막으로 우리가 가장 희망하는 대기업은 우리나라 기업의 약 0.4%의 비중을 차지하며, 매출액 10조 원 이상의 상호출자제한기업집단을 이야기한다. 여기서 상호출자제한기업집단은 기업 집단 중 계열사 자산을 다 합쳐서 10조 원이 넘는 기업 집단을 말한다. 과거에는 매출액 5조 원 이상이었지만 최근에 10조 원을 기준으로 향상됐으며 대기업의 경우에는 영업활동 등의 활동들에 대해 공정거래위원회로부터 상시 감시가 이루어진다는 차이점이 있다.

별첨
중소기업 VS 대기업

○○기업 현직자님의 인터뷰

멘티 **취업 준비를 할 때 기업의 규모, 즉 중소기업과 대기업에 따라서 다르게 준비해야 하는지 궁금합니다.**

멘토 중소기업과 대기업에 따라서도 조금씩 다른 점이 존재합니다. 중소기업의 경우에는 이력서를 넣으면 대부분 바로 면접을 봅니다. 면접에서는 적극성을 보고 뽑기 때문에 적극성을 어필하는 방향으로 준비를 하는 것이 좋습니다.
대기업의 경우에는 수많은 사람들이 지원하고 그중에서 적합한 사람을 찾기도 하지만 조금 더 차별성을 가진 사람들을 뽑는 경우가 많습니다. 때문에 다른 지원자들보다는 차별성 있게 준비해 나가는 것을 추천합니다.

멘티 **중소기업과 대기업 각 업무 측면에서의 차이점이 있는지 궁금합니다.**

멘토 기업의 규모에 따라 기업 내의 인원도 다르기 때문에 차이점도 존재합니다. 먼저 중소기업에 대해서 이야기하면 중소기업은 대기업보다 인원이 적습니다. 때문에 한 사람이 정해진 업무뿐만 아니라 그 외의 여러 가지 업무를 동시에 맡게 되는 경우가 많습니다. 예를 들자면 품질 관리 직무로 입사하게 되더라도 R&D, 관능 평가 등의 업무를 함께 진행하는 경우가 있습니다. 반면에 대기업의 경우에는 중소기업과 다르게 본인이 속한 직군 안에서 담당하게 된 직무만을 수행하는 것이 일반적입니다.

멘티 **중소기업과 대기업 각각의 장단점이 궁금합니다.**

멘토 각 기업마다 업무 측면에서의 차이점으로 인해 장단점이 다릅니다. 앞서 말씀드렸지만, 중소기업의 경우에는 직무의 구분이 비교적 없는 편이라 다양한 업무를 맡게 되므로 특정 직무에 대한 전문성을 키우기 힘들 수 있습니다. 그렇기 때문에 이직을 준비하더라도 경력이 요구하는 보편적인 능력을 지니고 있다고 평가받기 어려울 수 있다는 단점이 있습니다. 다양한 업무를 맡게 된다는 단점도 있지만, 이로 인해 회사의 전체적인 업무 시스템이 어떻게 작동하는지 파악할 수 있는 장점도 있습니다. 전체를 볼 수 있는 시야가 넓어지는 거죠.

대기업의 경우에 중소기업과 달리 각자 맡은 업무와 역할이 분명하고 해당 업무 프로세스(R&R: Roles&Responsibilities)에 대해 더욱 깊은 전문 지식을 습득할 수 있다는 장점이 있습니다. 그러나 기업 내의 경쟁이 심하다는 점과 본인이 맡은 업무가 한정적이기 때문에 실적이나 업무에 대한 책임이 무겁다는 단점도 공존합니다. 추가로 대기업의 경우에는 만족도 있는 급여가 장점이라면 그에 따른 업무 강도가 높다는 단점도 있다는 것을 알아 두시길 바랍니다. 그렇다고 중소기업의 업무 강도가 낮다는 것도 아닙니다. 어느 곳을 가든 다 힘든 건 똑같으니까요.

1.1.2 공공 기관

사기업 외에 우리는 어디로 취업할 수 있을까? 두 번째 기업 분류는 바로 공공 기관이다. 공공 기관은 개인의 자금 또는 투자를 받아 운영되는 사기업들과 달리 정부의 투자·출자, 재정 지원 등으로 설립되어 운영된다. 흔히 알고 있듯이 사기업과 비교하였을 때 공공 기관 취업의 가장 큰 장점은 '안정성'일 것이다. 공공 기관의 정규직은 '사고만 치지 않으면 정년이 보장된다'라는 말도 있다. 이 외에 워라밸(Work Life Balance)도 비교적 보장되는 곳이 대부분이기에 처음부터 공공 기관 쪽을 생각하고 준비하는 학생들도 최근 증가하고 있다. 그런 이유 때문인지 공공기관 쪽의 남녀 비율에 많은 차이가 있다. 전에는 남자의 비율이 높았던 반면 요즘은 여성의 비율이 더 높아지고 있다. 법적으로 정해진 휴가 및 제도를 사기업보다는 편하게 사용할 수 있는 장점이 있다.

반대로 단점도 있다. 대표적으로 '급여' 부분을 꼽을 수 있는데, 이것은 '절대적으로 적다'라기보다는 '일반적인 사기업보다 낮다'로 받아들이면 된다. 하지만 이것도 장기적으로 볼 때 40~50대까지 가면 임금이 역전된다는 분석도 있다. 이때쯤에는 사기업에 있는 사람은 권고 사직이나 고용 불안정으로 퇴사를 하게 되면서 임금 수준이 갑자기 떨어지는 반면 공공기관의 경우 연차에 따라 임금이 계속 올라가기 때문이다. 물론 이러한 내용은 기관별로 다르기 때문에 적당한 참고 수준으로 받아들이면 될 것이다.

그럼 공공 기관이란 무엇인지와 공공 기관의 분류, 식품 계열 공공 기관의 종류에 대해 자세히 알아보도록 하자.

1.1.2.1 공공 기관이란 무엇인가

앞서 말했듯이 공공 기관이란 정부의 투자, 출자 또는 정부의 재정 지원 등으로 설립, 운영되는 기관으로서 일정 요건에 해당하여 기획재정부장관이 매년 지정한 기관을 의미한다. 따라서 개인의 이익보다는 공적인 이익을 목적으로 하는 기관이다. 국가 또는 지방자치단체의 공무를 수행하는 관공서는 물론 학생들이 흔히 알고 있는 공기업부터 준정부 기관까지 포함하는 개념이다.

1.1.2.2 공공 기관의 분류

2021년 총 350개의 기관이 공공 기관으로 지정되었으며 크게 공기업, 준정부 기관, 기타 공공 기관으로 구성된다. 공기업과 준정부 기관은 기관의 총수입액 중 자체 수입액을 기준으로 나누어지며 이를 제외한 나머지 기관들을 기타 공공 기관이라고 한다. 자세한 내용은 아래의 그림을 통해 알 수 있다.

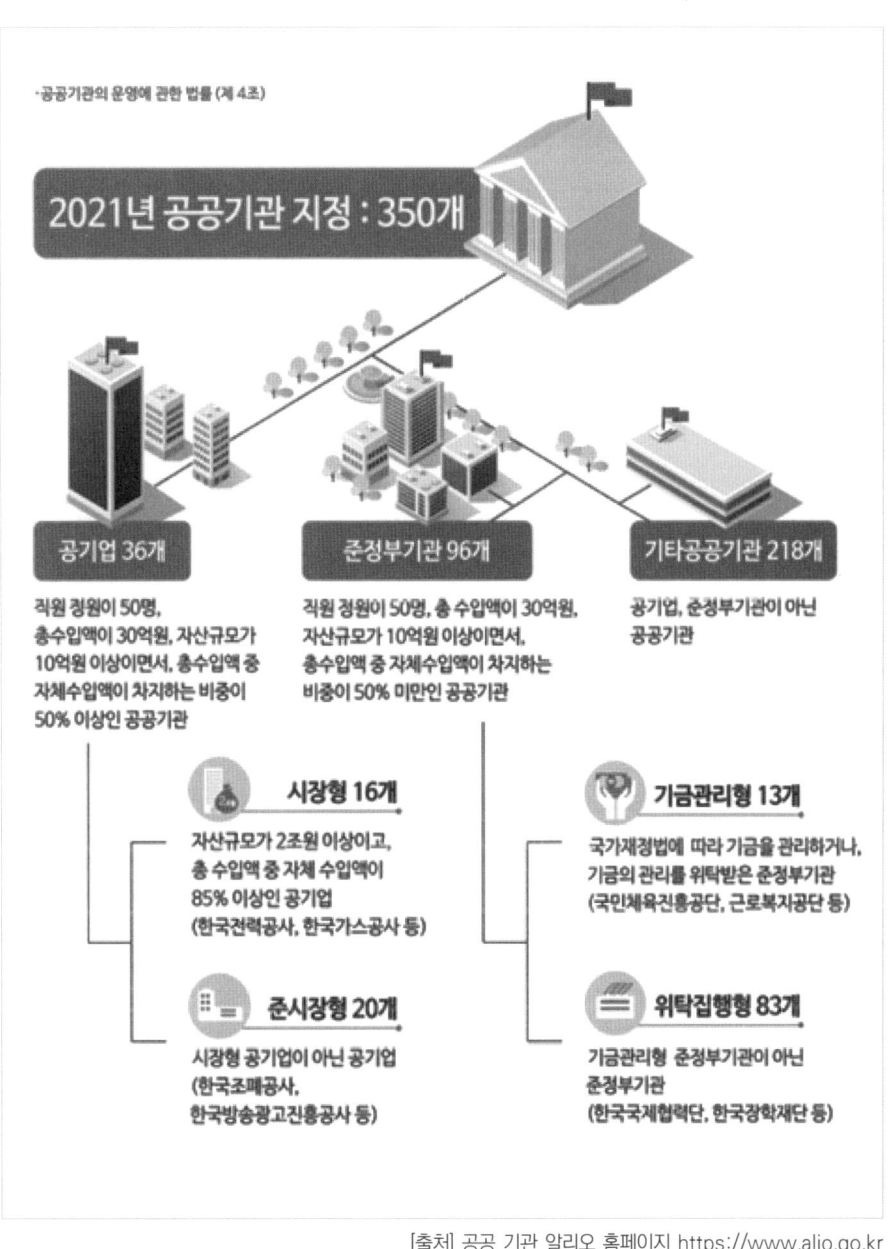

[출처] 공공 기관 알리오 홈페이지 https://www.alio.go.kr

1.1.2.3 식품 관련 공공 기관

공공 기관은 총 350개로 부설 기관까지 포함하면 370개에 이른다. 이 중 식품 분야를 주관하는 중앙부처는 농림축산식품부이다. 하지만 농업 분야도 함께 담당을 하고 있기 때문에, 농업 계통의 관계 기관도 함께 알아 두면 좋을 것이다. 아래 내용은 식품 전공자가 눈여겨볼 수 있는 기관들이다.

주무부처	농림축산식품부		식품의약품안전처	
구분	준정부 기관 (위탁 집행형)	기타 공공 기관	준정부 기관 (위탁 집행형)	기타 공공 기관
기관명	- 한국 농수산식품 유통공사 - 농림식품기술기획 평가원 - 한국 농어촌공사 - 농림수산식품교육 문화정보원 - 축산물품질평가원	- 한국 식품산업클 러스터진흥원 - 한식진흥원	- 한국 식품안전관 리인증원	- 식품안전정보원

추가적으로 공공 기관에 속하지는 않지만 지방 자치 단체가 재단 법인을 설립하여 세운 기관은 다음과 같다.

주무부처	농촌진흥청	과학기술정보통신부	
구분	준정부 기관(위탁 집행형)	기타 공공 기관	부설 기관
기관명	농업기술실용화재단	한국 식품연구원	세계 김치연구소 (한국 식품연구원 소속)

재단 법인	서울특별시농수산식품공사 경기도농수산진흥원 춘천바이오산업진흥원 충북바이오헬스산업혁신센터	전북바이오융합산업진흥원 전남바이오산업진흥원 경북바이오산업연구원 대구테크노파크 바이오헬스융합센터

> **별첨**
> # 공공 기관 현직자 인터뷰

○○진흥원 현직자님

멘티 식품계 공공 기관의 직무들은 무엇인가요?

멘토 대부분의 기관에서는 농식품 분야의 대기업, 중소기업, 농림·축산·식품 분야 민간 종사자들에 대한 S/W와 H/W 지원 업무가 대부분입니다. 따라서 경영, 경제, 회계 등에 대한 지식이 대부분 필요합니다만 식품 분야의 지식이 필요 없는 것이 아닙니다. 연구기획, 기술지원기획 등의 업무도 함께 포함하고 있기 때문입니다.

기관들 중 식품 전공으로 기술 지원 업무(연구·분석 또는 생산)를 수행하는 기관은 한국 식품연구원, 한국 식품산업클러스터진흥원, 재단 법인 지자체 공공 기관 등이 있습니다. 이곳의 직무는 대략적으로 다음과 같으며 보다 자세한 내용은 각 기관의 홈페이지 중 지원 사업 공고란 확인을 하시면 됩니다.

한국 식품연구원 한국 식품산업클러스터진흥원 재단 법인 지자체 공공 기관	1. 인력양성교육 2. 미생물, 이화학, 시험 분석 3. 시제품 및 위탁 가공 생산

멘티 사기업과 공공 기관의 차이점이 궁금합니다.

멘토 사기업과 공공기관에서 요구하는 역량과 능력은 동일하다고 생각됩니다. 다만 사기업에서는 성과 목표 달성을 위해 '관리자'로서의 역량이 필요하다면, 공공기관에서는 '실무 수행'을 위한 전문 지식이 더욱 필요합니다.

예시로 생산 분야에서 성과 목표(KPI: Key Performance Indicator)로 말씀드리면 종합 생산 실적 및 효율, 생산 수율, 생산 혁신·개선 건수, 제조 원가 달성률, 공정 불량률, 설비 가동률, 인당 생산성 등을 달성하기 위해 제품과 생산 라인을 관리합니다.

반면, 공공 기관에서 제품 개발 지원을 한다고 하면, 제품에 필요한 원료의 전처리 방법, 파일럿 플랜트에서의 Scale up 공정 확립 및 공정 표준화, 포장 디자인 설계, 방법 컨설팅 등 전문 지식을 구체적으로 활용하게 됩니다. 이는 사기업의 연구 개발 직종과 유사하다고 생각하면 됩니다.

멘티 **공공 기관에 대한 정보를 찾는 방법이 궁금합니다.**

멘토 제시된 내용 이외에 공공 기관에 대해 더 자세히 알고 싶다면 기획재정부의 '공공 기관 알리오(http://www.alio.go.kr)'를 통해 알아보는 것을 추천드립니다. 저 또한 채용 정보를 찾을 때 알리오를 통해 확인했습니다. 여기서 각 기관의 경영 공시, 통계, 공공 기관 지정 현황, 채용 정보 등 다양한 정보를 얻을 수 있습니다. 이 외에 각 공공 기관의 홈페이지에 있는 담당자의 연락처로 연락을 하여 직접 정보를 확인하는 방법이 있습니다. 하지만 무작정 전화를 걸어서 연락드리기보다는 이메일 주소를 먼저 여쭤보고 정보를 수집하는 것이 좋을 것이라 생각됩니다.

멘티 **공공 기관의 복지와 분위기를 사기업과 비교하여 설명해 주실 수 있나요?**

멘토 공공 기관은 기관마다 다를 수 있지만 육아 휴직과 유연 근무, 재택 근무 등을 개인의 상황과 업무 특성을 고려하여 자유롭게 이용할 수 있습니다. 남성분들 또한 육아 휴직이 자유로우며 유연 근무의 예로 주말이나 조기 출근으로 주 40시간을 맞춰 자유롭게 근무할 수 있습니다. 저 같은 경우에는 보통 근무 시간대로 9시에 출근하여 6시에 퇴근하는 편이며 특별히 오후에 일정이 있을 때는 조기 출근을 통해 미리 업무를 진행하는 경우도 있습니다. 분위기에 대해서 사기업과 비교하여 말씀드리자면 공공 기관은 다소 정적이라면 사기업은 동적입니다. 또한 공공 기관의 메리트는 정해진 업무에서 이탈이 거의 일어나지 않아 한 가지 분야를 집중적으로 익히고 싶은 분에게 적합하다고 생각됩니다.

> **별첨**
> # 기업과 협동조합

○○조합 현직자님의 인터뷰

멘티 협동조합과 주식회사의 차이점은 무엇인지 궁금합니다.

멘토 주식회사와 협동조합의 차이점은 조합원들이 주주라는 것입니다. 일반 회사는 최대 주주라는 것이 있습니다. 반면 협동조합은 주주가 각각 똑같이 한 사람입니다. 그러니까 100이라는 자산을 주주 100명이 가지고 있다고 하면 각각 1씩 주식을 배분하고 있다는 것입니다. 결론적으로 최대 주주 없이 모두가 주인이고 그런 사람들이 모여서 어떤 회사를 법인으로 만든 것을 우리는 일반적인 협동조합이라고 합니다. 대표적인 협동조합의 예로는 수협, 농협, 중소기업연합회 등이 있습니다. 농협중앙회를 예로 들자면 풍기인삼협동조합도 가입돼 있고, 인천축사협동조합도 가입되어 있는 등 이런 방식으로 약 1,800여 개의 협동조합들이 어떤 중앙에 모여 있는 것이 농협중앙회입니다.

멘티 협동조합과 기업의 장단점이 궁금합니다.

멘토 주식회사는 법인이고 주주들이 여러 사람이 있긴 하지만, 현실적으로 개인 기업이 될 수 있어서 CEO나 최대 주주가 의사 결정을 내립니다. 예를 들자면 어떤 기업 최대 주주가 사업을 추진하고 이익이 난다면 최대 주주가 수익을 가장 많이 가져가는 구조인 방식인 겁니다. 따라서 가장 많은 돈을 투자한 최대 주주가 결정을 하는 구조를 가지고 있기 때문에 어떻게 보면 의사 결정이 빠르다고 할 수 있지만 반대로 사업이 잘 안 되면 피해가 클 수 있는 구조입니다.

이와 같은 맥락으로 회사 지분 보유 비율에 대해서 어떤 주주가 10%를 가지고 있다 하면 사업 수익의 10%가 그 사람 것이라고 볼 수 있습니다. 이렇듯이 이익의 배분에 있어서도 주주에게 최대한 이익을 주는 점에서 협동조합과 차이가 있습니다.

이러한 이유로 어떤 사업의 영속성 측면에서 철학을 가지고 회사를 운영할 수도 있고 고객을 만족시키는 기업 문화나 기업 가치를 한 방향으로 갈 수가 있습니다. 하지만 주식회사의 단점이라고 하면 지배 구조가 편중되어 있다는 점입니다. 예를 들면 부도덕한 사람이 CEO나 최대 주주가 된다면 회사 자체와 나머지 소액 주주들이 피해를 보게 되는 것입니다. 결론적으로 오너의 책임이 가장 큰 반면에 문제가 생겼을 때는 그 회사가 어려움에 처할 수도 있는 것이죠.

협동조합은 한 가지 예로 설명하겠습니다. 재건축 조합 아파트에 사는 사람들끼리 새로 집을 짓기로 하고 10가구가 모여, 서로 돈을 투자해서 20가구를 만들기로 합니다. 나머지 10가구는 분양을 해서 이익을 나누기 위함입니다. 이 조합은 일종의 1인 1표 시스템이다 보니까 보다 공정하다고 할 수 있습니다. 기업과 같이 한 사람 마음대로 할 수가 없는 것입니다. 따라서 중요한 결정부터 의사 결정까지 모두 투표로 결정하게 됩니다.

결론적으로 장점은 의사 결정이 합리적이며 이익이 발생하면 그 이익이 조합원들한테 공동으로 배분됩니다. 농장을 예로 들면 각 조합원의 농장 규모를 떠나서 한 조합원당 한 표를 행사할 수 있는 민주주의 사회의 1인 1표와 비슷합니다. 단점으로는 의사 결정이 보수적이고 느리다는 것입니다.

1.2 식품 산업 속 기업들

1.2.1 식품공전상 구분

　식품은 식품공전 기준으로 구분 표시하였으며 '식품안전나라 - 전문 정보 - 기준 규격 정보 - 공전 - 식품 유형별 기준 규격'을 통해 확인이 가능하다.

　식품공전에서 식품 유형별 기준 규격을 살펴보면 24가지의 식품으로 구분되어 있다. 여기서 원하는 식품류를 선택하면 해당 식품류의 정의, 원료 등의 구비 조건, 제조·가공 조건 등의 정보들을 확인할 수 있다.

1.2.1.1 식품공전 기준 구분 목적

멘티　식품공전 기준으로 식품들을 구분 표기한 이유가 있었는지요?

멘토　우리나라의 모든 식품들은 식품의약품안전처의 식품공전 '제5. 식품별 기준 및 규격'에 의하여 분류됩니다. 따라서 어떤 기업이 어떤 제품들을 제조하는지 알아보는 것에 있어 높은 신뢰도를 가질 수 있습니다.

　식품별 기준 및 규격에 의하면 크게 24가지 종류로 구분됩니다. 그리고 시중에 나와 있는 식품류와 이를 대조하는 일은 식품안전나라의 '국내 식품 검색'을 통해 확인할 수 있습니다. 아래 표는 이에 따라 기업의 규모별로 정리한 리스트입니다.

[식품유형별 기업 분류 예시]

구분	대기업	중견기업	중소기업
과자류, 빵류 또는 떡류	CJ푸드빌, 롯데제과, 신세계푸드, 현대그린푸드	농심, 오리온, 빙그레, 해태제과식품, SPC삼립, 엠에스씨, 매일유업, 파리크라상, 비알코리아, 샤니	조이푸드, 대두식품, 한미양행, 대영식품, 유로베이크, 떡파는사람들
빙과류	롯데제과, 롯데푸드	빙그레, 해태아이스크림, 비알코리아, 남양유업, 에스피엘	동그린, 한국 하겐다즈, 하이디, 흥국에프엔비

구분	대기업	중견기업	중소기업
코코아 가공품류 또는 초콜릿류	롯데제과, 롯데푸드	해태제과, 오리온, 농심, 파리크라상, 동원홈푸드	선인, 삼광식품, 네이브플러스
당류	CJ제일제당	대상, 삼양사, 대한제당, 동서식품, 오뚜기, 동원홈푸드	선인, 브레드가든, 한미양행
잼류	CJ푸드빌	대상에프앤비, SPC삼립, 오뚜기	우양, 아그라나프루트코리아, 프레시코, 브레드가든, 삼광식품
두부류 또는 묵류	CJ제일제당	대상, 풀무원, 아워홈	신미씨앤에프, 우천식품, 초원식품, 두솔
식용 유지류	CJ제일제당, 롯데푸드	오뚜기, 삼양사, 사조대림, 대경오앤티	진유원, 유맥, 비앤비코리아
면류	롯데푸드, 신세계푸드, CJ제일제당	오뚜기에스에프, 오뚜기라면, 삼양, 농심, 팔도	다님길, 선진푸드, 면사랑, 새롬식품
음료류	롯데칠성음료, 롯데네슬레코리아, 해태htb, 코카콜라음료, CJ제일제당	동서식품, 농심, 동아오츠카, 한국 코카콜라, 동원홈푸드	서울에프엔비, 프롬바이오, 웰파인, 파낙스코리아
특수 용도 식품	롯데푸드, 해태htb	일동후디스, 삼양패키징, 남양유업, 매일유업, 코스맥스엔비티, 풀무원건강생활, 농심켈로그, 정식품, 자연과사람들	웰츄럴바이오, 대상라이프사이언스, 한미양행
특수 의료 용도 식품	CJ제일제당	자연과사람들, 매일유업, 풀무원건강생활, 남양유업, 일동후디스	신선에프앤브이, 엠에스바이오텍, 농업회사법인한우물
장류	CJ제일제당	사조대림, 샘표식품, 대상	매일식품, 고향애, 강남식품
조미 식품	CJ제일제당, 송림에프에스 (CJ 계열사)	대상, 오뚜기, 동원홈푸드, 태경농산, 상미식품, 삼아벤처	금진식품, 바다명가, 삼진푸드, 한아미코젠, 선인 시아스
절임류 또는 조림류	CJ제일제당	대상, 아워홈	선농종합식품, 농업회사법인한울놀부, 청원오가닉, 한성식품, 이킴, 도들샘

구분	대기업	중견기업	중소기업
주류	롯데칠성음료, 하이트진로	대선주조, 디아지오코리아, 무학, 보해양조, OB맥주, 진로소주	골든블루, 맥키스컴퍼니, 한라산, 우리술, 서울장수
농산 가공식품류	CJ제일제당	농심켈로그, 대상전분당, 대한제분, 대선제분, SPC삼립, 동원홈푸드, 삼양사, 인그리디언코리아, 고려산업	두보식품, 농업회사법인대두식품, 삼화제분, 동희, 산돌식품
식육 가공품 및 포장육	CJ제일제당, 롯데푸드, 선진에프에스, 농협목우촌	대상, 동원F&B, 아워홈, 도드람푸드	허스델리, 농업회사법인대경햄, 케이엔씨푸드, 대신육가공
알 가공품류		SPC삼립, 풍림푸드	농업회사법인해밀, 케이씨피드, 농업회사법인삼영후레쉬
유 가공품	롯데푸드	서울우유협동조합, 매일유업, 남양유업, 연세유업, 푸르밀, 삼양식품, 일동후디스, 자연과사람들, 비락, 에치와이, 풀무원다논	호남샤니, 명가유업, 서강유업, 희창유업
수산 가공식품류	CJ제일제당, CJ씨푸드, CJ프레시웨이, 롯데푸드, 신세계푸드	동원F&B, 사조대림, SPC삼립, 사조오양, 아워홈, 삼아벤처	부산식품, 세계식품, 삼양씨푸드, 한양식품, 광천김
동물성 가공식품류	CJ제일제당	하림, 샘표식품, 동원홈푸드	해마, 대동고려삼, 한민식품, 에스씨푸드
벌꿀 및 화분 가공품류		코스맥스엔비티	코스맥스바이오, 한미양행
즉석 식품류	CJ제일제당, 롯데푸드, 신세계푸드	오뚜기, 동원홈푸드, SPC삼립, 대상, 아워홈, 풀무원건강생활	이롬, 흥국에프엔비, 프레시지, 지엠에프
기타 식품류		OB맥주, 샘표식품	메디오젠, 엠에스바이오텍

1.2.2 건강기능식품

최근 고령화와 코로나19로 인해 건강기능식품 시장이 계속해서 넓어지고 있다. 우리가 종종 섭취하는 건강기능식품이 일반식품, 그리고 의약품과는 어떤 차이가 있는지 아는 것이 중요하다.

먼저 일반 식품과 건강기능식품의 차이점으로는 '건강기능식품'이라는 문구 또는 인증 마크의 유무이다. 건강기능식품은 '건강기능식품에 관한 법률'에 따라 일정 절차를 거쳐 만들어지는 제품이며, '건강 식품', '자연 식품', '천연 식품'과 같은 명칭은 '건강기능식품'과는 다르다는 점을 알 수 있다.

그렇다면 건강기능식품과 의약품은 어떤 차이가 있을까? 우리가 아는 의약품은 특정 질병을 식섭 치료·예방하고 사람이나 동물의 질병을 진단, 치료, 경감, 처치하는 등 약리학적 영향을 주기 위한 목적이라고 볼 수 있다. 반면에 건강기능식품은 이런 질병의 치료·예방이 아닌 인체의 정상적인 기능을 유지하거나 생리 기능 활성화를 통하여 건강을 유지하고 개선하는 것이 목적인 식품이다.

건강기능식품은 인체에 유용한 기능성을 가진 원료나 성분을 사용하여 제조·가공한 식품을 말한다. 여기서 '기능성'에 대해 생소할 수 있는데 이는 인체의 구조 및 기능에 대하여 영양소를 조절하거나 생리학적 작용 등과 같은 보건 용도에 유용한 효과를 얻는 것을 말한다. 쉽게 말하면 건강기능식품은 건강을 유지하는 데 도움을 주는 식품이다.

현 규정에 따른 건강기능식품은 앞서 말한 효과들을 얻기 위한 목적으로, 정제·캡슐·환·과립·액상·분말·편상·페이스트상·시럽·겔·젤리·바·필름의 형태로 1회 섭취가 용이하게 제조·가공되어 시중에 유통되고 있다.

식품의약품안전처에서는 동물 시험, 인체 적용 시험 등 과학적 근거를 평가하여 기능성 원료를 인정하고 있으며, 건강기능식품은 이런 기능성 원료를 이용하여 만들어지고 있다.

기능성 원료는 식품의약품안전처에서 '건강기능식품공전'에 기준 및 규격을 고시하여 누구나 사용할 수 있는 고시된 원료와 개별적으로 식품의약품안전처의 심사를 거쳐 인정받은 영업자만이 사용할 수 있는 개별 인정 원료로 나눌 수 있다. 다음 표는 고시된 원료와 개별 인정 원료에 대한 설명이다.

[고시된 원료와 개별 인정 원료 설명 표]

구분	설명
고시된 원료	'건강기능식품공전'에 등재되어 있는 기능성 원료
개별 인정 원료	'건강기능식품공전'에 등재되지 않은 원료로, 식품의약품안전처장이 개별적으로 인정한 원료

고시된 원료의 경우에는 공전에서 정하고 있는 제조 기준, 규격, 최종 제품의 요건에 적합할 경우 별도의 인증 절차가 필요하지 않다. 반면에 개별인정 원료의 경우에는 영업자가 원료의 안전성, 기능성, 기준 및 규격 등의 자료를 제출하여 관련 규정에 따른 평가를 통해 기능성 원료로 인정받아야 한다. 여기서 인정을 받은 업체만이 원료를 제조 또는 판매가 가능하다.

건강기능식품공전에는 제1. 총칙, 제2. 공통 기준 및 규격, 제3. 개별 기준 및 규격이 기재되어 있다. 공전상에서는 제3. 개별 기준 및 규격에서 영양 성분과 기능성 원료로 구분하고 있기에 공전을 기준으로 영양 성분과 기능성 원료를 기준으로 기업을 정리하도록 하겠다. 건강기능식품공전은 식품공전과 마찬가지로 '식품안전나라'를 통해 확인할 수 있으니 참고하기 바란다.

다음은 공전을 기준으로 영양 성분과 기능성 원료로 나누어 기업을 정리한 표이다. 식품안전나라 - 전문 정보 - 업체 제품 검색 - 업체 검색 페이지로 들어가서 주제별 검색 - 업종 부분에 건강기능식품으로 설정, 하위 분류에 건강기능식품 전문 제조업으로 설정, GMP 인증 업체에 표시한 후 검색하는 과정을 거쳐 대기업, 중견기업, 중소기업으로 분류하였다.

[영양 성분 구분 표]

구분	대기업	중견기업	중소기업
비타민A	한국 인삼공사, 태극제약	콜마비앤에이치, 코스맥스엔비티, 일양약품, 일화, 종근당건강	한미양행, 노바렉스, 네추럴웨이, 월드웨이, 아미코젠, 네이처퓨어코리아, 한풍네이처팜, 한국 씨엔에스팜, 유유헬스케어, 에스엘에스, 알피바이오, 바이오로제트
베타카로틴		풀무원건강생활, 콜마비앤에이치, 코스맥스엔비티	노바렉스, 네추럴웨이, 네이처퓨어코리아, 한풍네이처팜, 한국 씨엔에스팜, 유유헬스케어, 비오팜, 바이오로제트, 네이처텍
비타민D	한국 인삼공사, 태극제약	풀무원건강생활, 콜마비앤에이치, 코스맥스엔비티, 일양약품, 종근당건강	노바렉스, 네추럴웨이, 팜크로스, 일동바이오사이언스, 네이처퓨어코리아, 유유헬스케어, 알피바이오, 비피도
비타민E		풀무원건강생활, 콜마비앤에이치, 일양약품, 일화	한미양행, 노바렉스, 네이처퓨어코리아, 아오스, 다정, 농업회사법인에스에스바이오팜, 네오크레마
비타민B1		풀무원건강생활, 콜마비앤에이치, 코스맥스엔비티, 일화	한국 바이오팜, 팜크로스, 조아제약, 제너럴바이오, 인성제약, 영풍제약, 한풍네이처팜, 청우식품, 유유헬스케어, 에스엘에스, 비오팜, 네이처텍
나이아신	농협홍삼	풀무원건강생활, 콜마비앤에이치, 코스맥스엔비티, 종근당건강	한미양행, 노바렉스, 인성제약, 한국 씨엔에스팜, 유유헬스케어, 알피바이오, 아오스, 보고신약
판토텐산		풀무원건강생활, 콜마비앤에이치, 코스맥스엔비티	한미양행, 팜크로스, 영풍제약, 네이처퓨어코리아, 한국 씨엔에스팜, 유유헬스케어
비오틴	한국 인삼공사	풀무원건강생활, 콜마비앤에이치, 코스맥스엔비티, 일양약품	노바렉스, 네추럴웨이, 제너럴바이오, 한풍네이처팜, 이롬, 바이오로제트, 네이처텍

구분	대기업	중견기업	중소기업
비타민C	한국 인삼공사, 태극제약	풀무원건강생활, 콜마비앤에이치, 코스맥스엔비티, 엠에스씨, 일양약품, 광동제약, 일화, 종근당건강	한국 바이오팜, 한미양행, 노바렉스, 네추럴웨이, 조아제약, 한풍네이처팜, 에스엘에스, 경남제약, 휴온스내츄럴
칼슘	한국 인삼공사, 태극제약	풀무원건강생활, 콜마비앤에이치, 코스맥스엔비티, 에스디생명공학, 일양약품, 일화, 종근당건강	한국 바이오팜, 한미양행, 노바렉스, 네추럴웨이, 제너럴바이오, 월드웨이, 한풍네이처팜, 이롬, 비피도, 비오팜, 메디언스, 네이처텍
아연		풀무원건강생활, 콜마비앤에이치, 코스맥스엔비티, 에스디생명공학, 일양약품, 광동제약, 종근당건강	한미양행, 노바렉스, 조아제약, 제너럴바이오, 인성제약, 농업회사법인동서웰빙, 네이처퓨어코리아, 젠푸드, 이롬, 비피도
셀레늄	한국 인삼공사	콜마비앤에이치, 코스맥스엔비티	한미양행, 일동바이오사이언스, 아미코젠, 한풍네이처팜, 한국 씨엔에스팜, 유유헬스케어, 바이오로제트, 네이처텍

[기능성 원료 구분 표]

구분	대기업	중견기업	중소기업
홍삼	현대바이오랜드, 농협홍삼, 태극제약	풀무원건강생활, 태경농산, 콜마비앤에이치, 코스맥스엔비티, 엠에스씨, 에스디생명공학, 일양약품, 광동제약, 일화, 에치엔지, 종근당건강	한국 파낙스제조, 풍기특산물영농조합법인, 네추럴웨이, 조아제약, 인성제약, 웅진식품, 서창산업, 농업회사법인청정인삼, 농업회사법인동서웰빙, 농업회사법인한국삼, 비트로시스, 믿음의나무농업회사법인, 그린바이오, 고려원인삼, 화인에프티 비티씨
스피룰리나		콜마비앤에이치, 코스맥스엔비티	한미양행, 노바렉스, 네추럴웨이, 네이처퓨어코리아, 한풍네이처팜, 한국 씨엔에스팜, 유유헬스케어

구분	대기업	중견기업	중소기업
녹차 추출물	현대바이오랜드	풀무원건강생활, 콜마비앤에이치, 코스맥스엔비티, 에스디생명공학, 종근당건강	한국 바이오팜, 노바렉스 네추럴웨이, 월드웨이, 아미코젠, 유유헬스케어, 바이오로제트, 농업회사법인에스에스바이오팜, 네오크레마
알로에 전잎		콜마비앤에이치, 코스맥스엔비티, 종근당건강	한국 바이오팜, 한미양행, 네추럴웨이, 팜크로스, 한풍네이처팜, 유유헬스케어, 비오팜, 휴온스내츄럴
프로폴리스 추출물	한국 인삼공사, 농협홍삼, 태극제약	풀무원건강생활, 콜마비앤에이치, 코스맥스엔비티, 일양약품, 일화	한국 바이오팜, 노바렉스, 팜크로스, 인성제약, 조아제약, 서울프로폴리스, 네이처퓨어코리아, 젠푸드, 메디언스, 네이처텍, 가보팜스
코엔자임Q10	한국 인삼공사	파일약품, 풀무원건강생활, 콜마비앤에이치, 코스맥스엔비티, 일양약품, 종근당건강	한국 바이오팜, 한미양행, 노바렉스, 팜크로스, 아미코젠, 네이처퓨어코리아, 알피바이오, 비오팜, 보고신약, 네이처텍
밀크씨슬 (카르두스 마리아누스) 추출물	현대바이오랜드, 한국 인삼공사, 태극제약	풀무원건강생활, 콜마비앤에이치, 코스맥스엔비티, 일양약품, 일화, 에치와이, 씨티씨바이오, 종근당건강	한국 바이오팜, 한미양행, 네추럴웨이, 제너럴바이오, 한풍네이처팜, 한국 씨엔에스팜, 보고신약
EPA 및 DHA 함유 유지	한국 인삼공사, 농협홍삼	풀무원건강생활, 콜마비앤에이치, 코스맥스엔비티, 일양약품, 에이케이앤엠엔바이오팜, 종근당건강	한국 바이오팜, 한미양행, 노바렉스, 네이처퓨어코리아, 한풍네이처팜, 한국 씨엔에스팜, 알피바이오, 네오크레마
감마리놀렌산 함유 유지	한국 인삼공사	풀무원건강생활, 콜마비앤에이치, 코스맥스엔비티, 종근당건강	한미양행, 노바렉스, 네이처퓨어코리아, 한국 씨엔에스팜, 유유헬스케어, 알피바이오, 비오팜, 네이처텍
공액 리놀레산		파일약품, 풀무원건강생활, 콜마비앤에이치, 코스맥스엔비티, 종근당건강	한미양행, 노바렉스, 네이처퓨어코리아, 한국 씨엔에스팜, 알피바이오, 네이처텍

구분	대기업	중견기업	중소기업
가르시니아캄보지아 추출물	농협홍삼, 태극제약	풀무원건강생활, 콜마비앤에이치, 코스맥스엔비티, 엠에스씨, 에스디생명공학, 일양약품, 광동제약, 종근당건강	한국 바이오팜, 노바렉스, 네추럴웨이, 팜크로스, 조아제약, 인성제약, 영풍제약, 네이처퓨어코리아, 한풍네이처팜, 한국 씨엔에스팜, 유유헬스케어, 비피도, 바이오로제트, 그린바이오, 화인에프티, 네오크레마
마리골드꽃 추출물	한국 인삼공사	풀무원건강생활, 콜마비앤에이치, 코스맥스엔비티, 일양약품, 광동제약	한국 바이오팜, 한미양행, 노바렉스, 팜크로스, 영풍제약, 한풍네이처팜, 한국 씨엔에스팜, 유유헬스케어, 네이처텍
쏘팔메토 열매 추출물	농협홍삼	콜마비앤에이치, 코스맥스엔비티, 일양약품, 종근당건강	한국 바이오팜, 노바렉스, 제너럴바이오, 한풍네이처팜, 한국 씨엔에스팜, 알피바이오, 비오팜, 농업회사법인에스에스바이오팜
NAG(N-아세틸글루코사민)	태극제약	풀무원건강생활, 콜마비앤에이치, 코스맥스엔비티, 종근당건강	한국 바이오팜, 노바렉스, 인성제약, 아미코젠, 네이처퓨어코리아, 한풍네이처팜, 비피도, 메디언스, 네이처텍
난소화성말토덱스트린	CJ제일제당	풀무원건강생활, 콜마비앤에이치, 코스맥스엔비티, 엠에스씨, 에스디생명공학, 대상, 광동제약	한국 바이오팜, 노바렉스, 네이처퓨어코리아, 한풍네이처팜, 천호엔케어, 젠푸드, 유유헬스케어, 알피바이오, 다정, 네이처텍, 휴온스내츄럴
차전자피 식이 섬유		콜마비앤에이치, 코스맥스엔비티, 종근당건강	한국 바이오팜, 한미양행, 팜크로스, 인성제약, 네이처퓨어코리아, 한풍네이처팜, 농업회사법인에스에스바이오팜
프락토올리고당	한국 인삼공사	콜마비앤에이치, 코스맥스엔비티, 일양약품, 광동제약	한국 바이오팜, 한미양행, 락토메이슨, 아미코젠, 한풍네이처팜, 에스엘에스, 아오스, 비피도, 바이오로제트, 화인에프티

구분	대기업	중견기업	중소기업
프로 바이오틱스	현대바이오랜드, CJ제일제당, 한국 인삼공사, 농협홍삼	풀무원건강생활, 콜마비앤에이치, 코스맥스엔비티, 에스디생명 공학, 일양약품, 일동후디스, 에치와이, 씨티씨바이오, 종근당건강	한국 바이오팜, 한미양행, 락토메이슨, 네추럴웨이, 제너럴바이오, 일동바이오사이언스, 아미코젠, 유유헬스케어, 에스엘에스, 아오스, 쎌바이오텍, 비피도, 웰빙엘에스, 한화제약
MSM (디메틸설폰)	한국 인삼공사	콜마비앤에이치, 코스맥스엔비티, 일양약품, 일화	한국 바이오팜, 한미양행, 팜크로스, 인성제약, 한풍네이처팜, 유유헬스케어, 에스엘에스, 비트로시스, 바이오로제트, 그린바이오
히알루론산	현대바이오랜드, 한국 인산공사	풀무원건강생활, 콜마비앤에이치, 코스맥스엔 비티, 에스디생명공학, 일양약품	한국 바이오팜, 한미양행, 노바렉스, 네추럴웨이, 한풍네이처팜, 한국 씨엔에스팜, 천호엔케어, 알씨바이오, 아오스, 비오팜, 보고신약

1.2.3 제약

우리가 흔히 건강에 이상이 발생했을 때 사용하거나 섭취하는 것은 바로 약이다. 제약업은 이런 약을 만들어 판매하는 사업이다. 제약 산업은 허가된 약을 개발하고 생산하며 판매 과정을 거친다. '약'이란 질병이나 상처를 치료하는 데 쓰는 물품을 모두 가리키는 의학 용어로 이 안에는 여러 의약품들과 의약 외품 등이 속한다.

먼저 의약품이란 사람이나 동물의 질병을 진단·치료·경감·처치 또는 예방할 목적 혹은 사람이나 동물의 구조와 기능에 약리학적 영향을 줄 목적으로 사용하는 물품 중 기구·기계 또는 장치가 아닌 것을 의미한다. 의약 외품은 사람이나 동물의 질병을 치료·경감·처치 또는 예방할 목적으로 사용되는 섬유·고무 제품 또는 이와 유사한 것 또는 인체에 대한 작용이 약하거나 인체에 직접 작용하지 않는 기구나 기계가 아닌 유사한 것을 의미한다. 추가로 감염병 예방을 위하여 살균·살충 및 이와 유사한 용도로 사용되는 제제도 의약 외품의 정의라고 이야기할 수 있다.

다음으로는 일반의약품(OTC)과 전문의약품(ETC)에 대해서 설명하겠다. 일반 의약품이란 오용·남용될 우려가 적고, 의사나 치과 의사의 처방 없이 사용하더라도 안전성 및 유효성을 기대할 수 있는 의약품을 뜻한다. 쉽게 말하면 질병 치료를 위해 의사의 전문 지식이 없어도 사용할 수 있는 의약품이다. 때문에 의약품의 제형이나 약리 작용상 인체에 미치는 부작용이 비교적 적은 의약품이기도 하다. 반면에 전문 의약품은 이런 일반 의약품이 아닌 의약품으로, 의사의 처방이 있어야 사용할 수 있는 의약품이라고 이해하면 될 것이다.

[제약 기업 구분 예시]

구분	대기업	중견기업	중소기업
제약	코오롱제약, 태극제약	광동제약, 대웅제약, 보령제약, 일동제약, 동아제약, 유한양행, 녹십자	알리코제약, 신일제약, 삼아제약, 신신제약, 조아제약, 경남제약

1.2.4 기타 산업군

1.2.4.1 외식 및 프랜차이즈

앞서 설명한 산업군 외에도 우리 생활에 밀접하게 연관된 것은 바로 외식업이다. 과거에는 식당에서 음식을 조리하여 판매하는 것이 외식업이었다면 현재에 이르러서는 가정으로 배달하는 영업에서 더 나아가 카페와 같은 공간으로서의 소비까지 외식업의 범주에 속하지 않을까 싶다. 우리 주변에서 흔히 볼 수 있는 패스트푸드점, 카페, 레스토랑 등이 어떤 기업이 운영하는 브랜드인지 모두 알고 있는 사람은 많지 않을 것이다. 이번 파트에서는 외식업의 카테고리별 분류를 통해 어떤 기업이 있는지 간단하게 알아보도록 하자.

1) 종합 외식업

종합 외식업 기업은 말 그대로 카페, 제과·제빵, 요식 등 외식업을 총망라하는 기업들을 의미한다. 쉽게 예상할 수 있듯이 특징적인 점은 기업의 규모가 큰 대기업이라는 점이다.

기업명	대표적 브랜드
씨제이푸드빌(주)	뚜레쥬르, 빕스, 계절밥상
롯데지알에스(주)	롯데리아, 엔제리너스, 크리스피크림도넛
SPC그룹	파리바게트, 던킨도너츠, 배스킨라빈스, SPC삼립, 파스쿠찌

2) 카페 외식업

카페 외식업 기업에는 우리 주변에서 흔히 찾아볼 수 있는 카페들이 있다. 이러한 카페들은 본사 직영으로 운영되거나 본사가 가맹점을 내 주는 프랜차이즈 형태로 운영된다. 대표적인 카페 외식업 기업의 예는 다음과 같다.

기업명	직영	프랜차이즈(가맹)
스타벅스커피코리아	O	X
투썸플레이스	O	O
이디야	O	O
커피빈코리아	O	X

3) 레스토랑 외식업

한국에서의 '레스토랑'이라 하면 다소 고급스러운 이미지가 있었다. 하지만 여기서 레스토랑은 흔히 볼 수 있는 식당이라고 생각하면 되겠다. 앞서 설명한 바와 같이 종합 외식업 기업들도 레스토랑 프랜차이즈를 상당수 운영하고 있으며 이외의 레스토랑 외식 기업의 종류는 다음과 같다.

기업명	대표적 브랜드
더본코리아	빽다방, 홍콩반점, 새마을식당, 역전우동
죠스푸드	죠스떡볶이
놀부	놀부보쌈·족발, 놀부부대찌개, 놀부항아리갈비

4) 패스트푸드 외식업

'프랜차이즈' 하면 대표적으로 떠오르는 패스트푸드 외식업이다. 앞서 언급했던 롯데지알에스의 '롯데리아'와 우리가 너무 흔히 알고 있는 다음과 같은 기업들이 있다.

기업명	브랜드명
비케이알	버거킹
맘스터치앤컴퍼니	맘스터치
한국 맥도날드(유)	맥도날드
농협목우촌	또래오래

1.2.4.2 영양사

식품영양학과를 졸업한다면 가장 보편적으로 생각할 수 있는 진로는 영양사이다. 영양사는 기본적으로 식품의 영양 성분을 파악하여 균형 있는 식단을 구성하는 직업이다. 우리 삶에 필수 요소인 의식주 중 하나를 차지하기 때문에 어느 정도 규모가 있는 기업에서는 영양사를 고용하여 구내식당을 운영하기도 한다. 이 외에도 초·중·고등학생이 균형 잡힌 식사를 할 수 있도록 모든 과정을 감독하고 교육 프로그램을 실시하기도 하는 영양 교사와 고령 사회화가 진행됨으로써 조금씩 주목을 받고 있는 노인 영양사 등이 있다.

다음 그림은 영양사가 갈 수 있는 분야들을 정리해 놓은 그림이다.

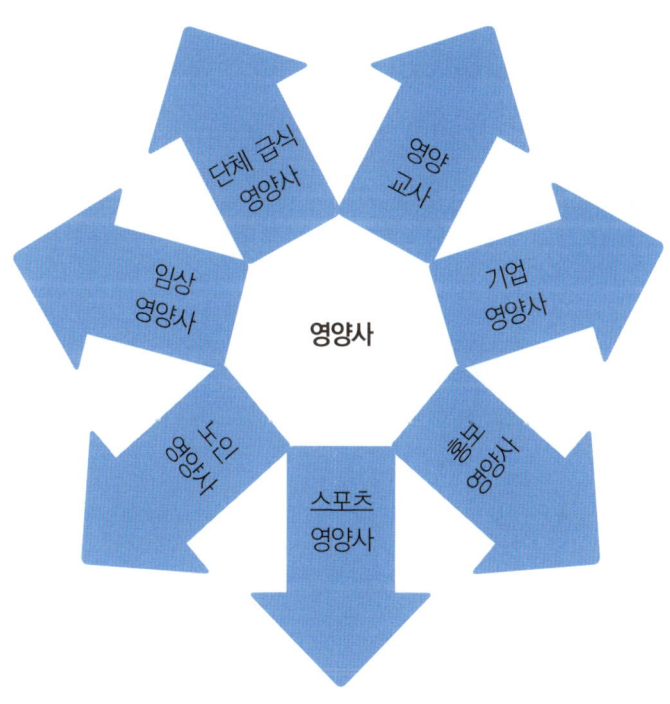

이와 같이 영양사가 선택할 수 있는 분야가 생각보다 넓다. 때문에 조금 더 세심하고 확장된 시야로 접근할 필요가 있다. 다음은 이러한 직무를 가지고 일할 수 있는 기업, 기관들을 표로 나타내었다.

위탁 형태	근무 기업 및 기관
단체 급식 영양사	어린이급식관리지원센터, 초·중등 교육 기관 등
영양 교사	초·중등 교육 기관, 특수 학교 및 외국인 학교
기업 영양사	아워홈, 삼성웰스토리, 현대그린푸드 등 기업체
홍보 영양사	오뚜기, CJ프레시웨이, 대상 등 기업체
스포츠 영양사	건강기능식품 관련 업체, 약국, 다이어트 전문 기업
노인 영양사	병원, 요양 시설
임상 영양사	병원, 보건소 등의 의료 기관

만약 본인이 영양사를 희망한다면 워크넷(https://www.work.go.kr/)을 참고하여 추가적인 정보를 살펴보고, 자신의 목표를 정하여 하나씩 미리 준비해 나가는 것을 추천한다.

TIP
어린이급식관리지원센터

영양사가 갈 수 있는 수많은 분야 중 '어린이급식관리지원센터'라는 기관도 있다. 어린이급식관리지원센터는 식약처에서 운영하는 사업으로, 영양사가 없는 100인 미만의 어린이 급식소(유치원, 어린이집, 지역아동센터 등)에 대한 위생 및 영양 관리를 지원하기 위한 목적으로 진행되고 있다.

또한 어린이급식관리지원센터가 확대됨에 따라 '중앙급식관리지원센터'가 설치되었는데 이는 지역어린이급식관리지원센터(2020년 기준 228개소)를 통합·운영하려는 목적 때문이다. 중앙급식관리지원센터에서는 지역어린이급식관리지원센터를 대상으로 표준 식단, 레시피 및 교육 자료 등을 제공한다. 또한 전반적인 센터 운영을 위한 기준과 지침서를 제공하며, 센터 직원 대상의 교육·컨설팅 및 통합 정보 시스템을 구축·운영, 식품의약품안전처와 같은 관련 기관 간의 소통·협력 통로 역할을 수행하는 등 지역 센터 공통 업무의 표준화·전문화·효율화 및 소통 활성화를 위한 제반 업무를 수행하고 있다.

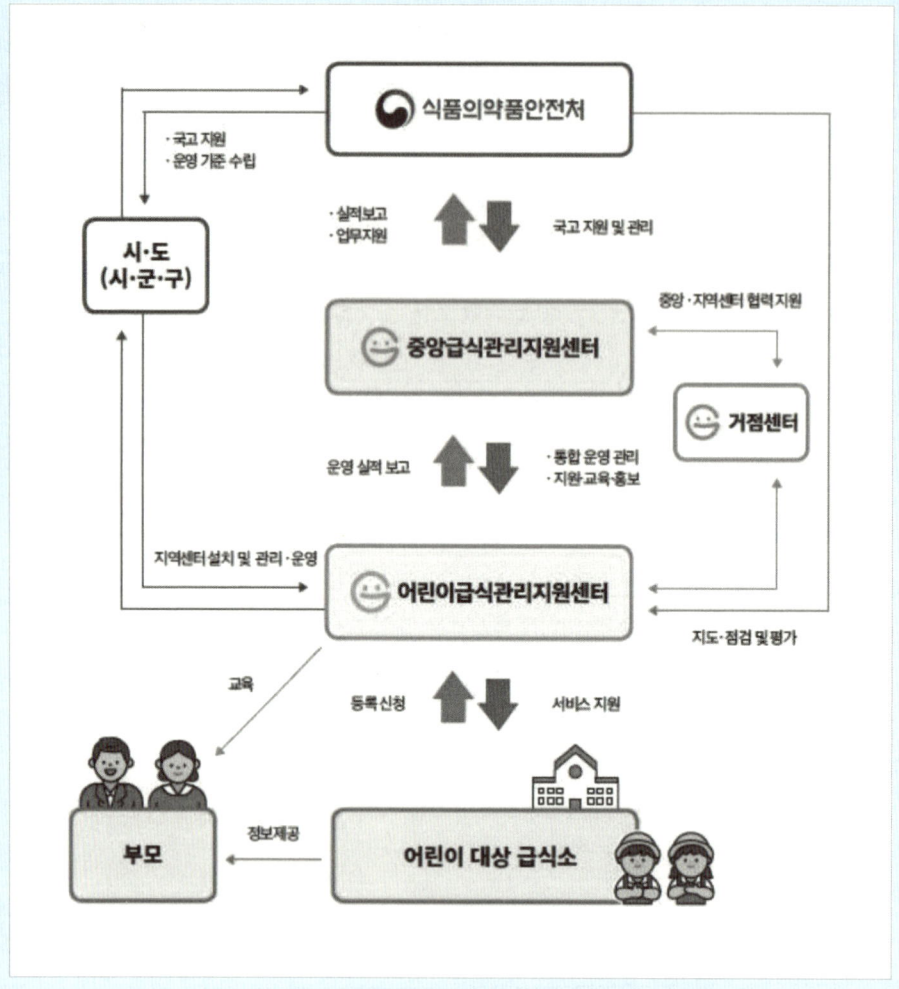

[출처] 어린이급식관리지원센터 홈페이지 https://ccfsm.foodnara.go.kr/

별첨
미래를 위한 건강한 급식, 어린이급식관리지원센터

어린이급식지원관리센터 팀장 남경희 현직자님

센터장은 비상근직으로 센터 사업을 총괄하며 팀장은 사업 계획 및 보고, 운영 관리, 직원 관리 등의 업무를 맡는다. 기획운영팀은 연간 및 세부 업무 계획과 보고, 교육 프로그램의 기획 및 진행, 센터 행정 제반 업무 등을 담당하며, 위생팀은 위생·안전 관리 지원 계획과 지원, 위생 교육 자료 개발 및 프로그램 운영 등을 담당한다. 마지막으로 영양팀은 영양 관리 지원 계획과 지원, 어린이 급식 식단 개발, 영양 교육 자료 개발 및 프로그램 운영 등을 담당한다.

어린이급식지원관리센터의 대표적인 업무는 등록 기관 조리실 위생·안전, 영양 순회 방문 지도가 있으며, 원장·교사·조리원 대상 교육, 어린이 대상 교육, 부모 참관 프로그램 등 대상별 교육이 있다. 매월 식단 개발, 표준 레시피 제공, 가정 통신문 제공, 소식지 개발, 어린이 급식소 관련 최신 동향 안내 등 정보 제공도 한다.

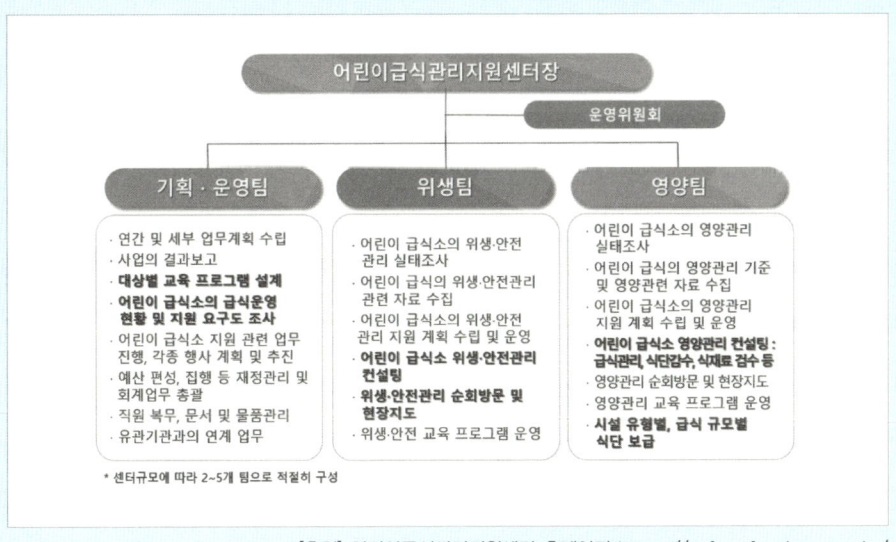

[출처] 어린이급식관리지원센터 홈페이지 https://ccfsm.foodnara.go.kr/

현재 운영 중인 센터 중 한 곳에서는 4억 규모, 센터장 1명(비상근직), 팀장 1명, 기획운영팀 2명, 영양팀 3명, 위생팀 2명으로 이루어졌으며 자료개발과 업무 계획 등은 팀별로 나뉘지만 등록 기관 관리는 담당자를 지정하여 관리하고 있다. 직원별로 담당 기관을 정하여 각 기관의 연간 위생·영양 순회 방문 지도와 대상별 교육을 계획하고, 일정을 조율하고, 방문 지도하는 등을 일괄 실시한다. 타 센터의 경우 위생팀은 위생 순회 방문, 위생 교육 등 위생 관련 업무만 하며, 영양팀은 영양 순회 방문, 영양 교육, 식단 작성 등 영양 관련 업무만 진행하는 등 팀별 특성에 따라 세분화하여 진행하기도 한다.

기존에는 영양사가 없는, 100인 미만의 어린이 급식소 중 센터 서비스를 원하는 기관에서만 센터에 가입하였다. 이에 사업 규모별 가입 기관 수가 정해져 있는 센터들은 가입률을 높이기 위해 지자체 홍보, 어린이집·유치원 연합회 홍보, 사업 설명회, 홍보 물품 제작 등에 많은 노력을 기울였다. 또한 이미 가입된 기관의 관리에서도 가입 기관의 만족도를 높이기 위해 저자세로 임하는 등의 경우도 있었다.

유치원(어린이집)의 식중독 사고가 이슈화된 후 어린이 급식에 대한 관리·감독이 강화되었다는 소식을 접해 봤을 것이다. 2022년 1월부터 100인 미만 어린이 급식소의 센터 의무 가입이 시행되면서 그동안 센터 등록이 되지 않아 법의 사각지대에 있던 시설에 대한 관리가 가능하게 되었다. 이로써, 보다 안전하고 위생적인 어린이 급식소 운영에 도움이 될 것이라고 본다. 전국적인 시행에 따라 어린이 급식소의 위생 안전·영양 관리 인식이 높아지고 센터의 지도 점검이 어린이 급식소 관리의 국가 표준이 될 것이다. 센터의 위상 또한 높아질 것으로 예상되어 센터 직원의 입지도 나아질 것이며 센터 규모와 전문 인력 일자리가 확대될 것으로 예상된다.

1.2.4.3 컨설팅

우리가 일상생활에서 접하는 많은 식품들은 그 제조 과정에서 다양한 생물학적, 화학적, 물리적 위험에 노출되어 있다. 이러한 식품의 안정성에 대해 점검하고 평가하는 식품 인증(HACCP, ISO 22000 등)이 존재하며 기업을 대상으로 인증을 취득할 수 있도록 컨설팅을 주요 사업으로 하는 기업들이 있다. 컨설팅 외에도 식품 안전 교육, 위생 교육 등을 주관하는 기업도 있다. 다음 표에서 몇몇 기업들과 이 기업들이 인증하는 식품 인증·교육에 대해 알아보자.

기업	국내 식품 인증	해외 식품 인증	실시 교육
한국 뷰로베리디스(주)		ISO 22000 FSSC 22000	식품 안전 교육
SGS	HACCP 인증 GMP 인증	ISO 9001/22000 FSSC 22000 AHA(알레르겐 관리) SQF 인증 KOSHER 인증	HACCP 구현 및 심사 교육 ISO 22000 심사원 교육 FSSC 22000 심사원 교육
NFS	HACCP 인증	ISO 22000 FSSC 22000	식품 안전 관리 교육
(사)한국 식품안전협회	HACCP 인증		수입 식품 위생 교육 축산물 위생 교육

제2장

기업 분석을 해보자

식품공전을 토대로 수많은 기업들의 종류에 대해 알아보았으니 이제 기업들에 대한 정보를 알아볼 차례다. 관심이 있는 기업들이 있다면 인터넷 검색을 통해 정보를 알아보는 일은 누워서 떡 먹기이다. 따라서 취업을 준비하는 학생들에게 필요한 것은 기업 정보에서 무엇을 주목해야 하는지와 그 외 참고하면 좋은 정보들이 무엇인지이다.

기업 분석을 해보자

2.1 기업 홈페이지 살피기

 기업에 대해 알아보고자 한다면 그 기업에 대한 정보가 필요하다. 따라서 첫 번째는 기업 홈페이지를 방문해 보는 것이다. 다음은 FIPTA를 예로 기업 홈페이지 배너에서 얻을 수 있는 내용들을 정리한 것이다. 잘 참고하여 자신에게 필요한 정보들을 종합해 보자.

[출처] 식품산업인재양성협회 홈페이지 https://foodmentor.co.kr/

2.1.1 회사 소개

 취업 준비를 위한 정보를 가장 많이 얻을 수 있는 부분은 '회사 소개'이다. 회사 소개에서는 CEO 인사말, 연혁, 가치 체계와 CI, 기업 구조 등 기업의 기초적인 정보들을 확인할 수 있는 곳이다. 각각 탭에서 알아볼 수 있는 정보들은 다음과 같다.

2.1.1.1 CEO 인사말

CEO 인사말 탭에서는 기업의 대표 가치나 단·장기 목표 계획이 명확하게 나와 있으며 이것이 곧 회사의 방향성이므로 기업의 큰 틀을 이해할 수 있다. 기업별 예는 다음과 같다.

CJ제일제당: 국내 종합식품 1위 기업에 안주하지 않고, 미래 성장 동력인 **글로벌 사업을 강화**해 World Best 식품&BIO 기업으로 도약하겠습니다.

풀무원: 우리는 2022년까지 반드시 달성해야 할 5대 비전을 새롭게 정의했습니다. **Global New DP5!**

SPC: 2030년까지 매출 20조 원의 **'그레이트푸드컴퍼니'**로 성장하는 비전을 실현하려고 합니다.

CEO의 인사말은 회사가 최근에 관심 있게 보고 있는 분야이다. CJ를 본다면 '글로벌 사업'이라는 키워드가 있다. 그럼 글로벌적으로 어떤 제품이, 어떻게 판매되고 있으며 매출은 어느 수준인지 그런 자료를 살펴봐야 한다.

풀무원의 경우 'DP5'라는 약어 키워드가 있다. 그럼 DP5라는 의미를 살펴봐야 한다. DP는 Defining Pulmuone으로 해외 사업을 통해 매출 5조를 달성하자는 비전이다. 그럼 풀무원에서 해외 사업에 집중하고 있다는 것을 알 수 있다.
이런 방식으로 기업에서 집중하고 있는 관심 키워드는 잘 알고 있어야 한다.

2.1.1.2 연혁

연혁에서는 기업의 시작부터 현재 진행하는 사업, 행사까지 확인할 수 있다. 이는 과거부터 시작된 기업의 발자취이며 최근 기업 비전 가치 확인이 가능하다.

연혁을 보면 공장 설립일이나 신규 사업, 신제품 출시 등도 함께 볼 수 있다. 이러한 정보를 바탕으로 기업의 방향성을 볼 수 있다. 그리고 최근 신규 공장을 증설했는지, 공장이 노후화됐는지 등도 살펴볼 수 있다. 신규 공장이라면 스마트 팩토리나 최근 기술이 많이 도입된 곳이며 오래된 공장은 수작업이 많이 있는 공장이라 보면 된다. 거기에 맞춰 자신의 능력을 잘 어필하면 좋다.

2.1.1.3 가치 체계

회사마다 각기 다른 이름인 분류, 비전, 미션, 핵심 가치 등으로 표현된다. 회사가 추구하는 가치와 방향성을 확인할 수 있다.

가치 체계는 꼭 살펴보아야 할 내용이다. 비전과 미션, 핵심 가치는 기업의 분위기다. 집의 가훈과도 같다. 가훈을 보면 집의 분위기를 알 수 있듯이 핵심 가치를 보면 기업이 잘 보인다.

예를 들어 '손님은 왕이다'가 기업의 핵심 가치라고 하면 모든 포커스가 고객 서비스에 맞춰져 있을 수 있다. 제품 납기, A/S, 클레임, 고객 상담이 중요 업무일 수 있다.

또한 인재 역량 중에서도 '성실, 충성' 이런 가치를 요구하고 있는데 자신은 '창의'적인 인재라면 조금 더 살펴보아야 할 것이다. 상명하복의 문화에서 창의력은 때론 조직의 걸림돌이 될 수도 있다.

2.1.1.4 CI

기업의 가치를 시각화한 것으로 형태로서의 의미와 색상이 가지는 의미가 각각의 가치와 비전을 담고 있으므로 잘 파악해 두면 도움이 될 수 있다.

취업을 준비한 사람이라면 삼양사와 삼양식품에 대한 에피소드는 다들 알 것이다.
면접 시 같은 회사인 줄 알고 삼양사에 가서 '삼양라면'을 가장 좋아한다고 이야기했다 바로 떨어졌다는 이야기는 정확하게 기업에 대해 알아보지 않았다는 증거이다. CI를 잘 살펴보자.

2.1.1.5 투자정보

기업의 경영 활동 및 각종 정보를 수치화하여 제공한다. 기업의 규모를 실감할 수 있으며 연봉 정보, 사업의 방향성, 경영진들이 분석한 회사의 의견, 역사와 성향 등을 파악할 수 있다.

경영 정보는 회사의 성장세를 알 수 있는 지표이기도 하다. 대략 이 회사가 성장세인지 하락세인지 그 정도는 알고 가면 좋을 것이다. 내가 들어가는 자리가 기업의 성장으로 들어가는지 아니면 다들 떠나는 자리에 들어가는지는 알아야 한다.

2.1.1.6 기업 구조

대기업의 경우 모회사와 자회사로 구분되어 운영된다. 많은 계열사를 가지고 있기에 그룹으로 불리며 다양한 사업 영역을 확인할 수 있다.

그리고 만약 내가 들어간 곳이 계열사라면 본사로 이직 또한 가능하니 이런 루트도 많은 사람들이 활용하고 있는 채널이다.

예를 들어 CJ 계열사로 들어가서 열심히 일한 후에 CJ 본사로 들어가는 경우도 많이 있다고 한다. 대신 맡은 직무에 정말로 최선을 다해 일해야 하는 것은 당연하다고 할 수 있다.

2.1.2 브랜드

중견~대기업 식품기업의 경우 기업 안에 다양한 브랜드를 만들어 식품을 카테고리화하여 판매한다. 대표적인 예를 들자면 CJ제일제당의 '비비고', 청정원의 '순창' 등이 있다. 특히 청정원은 대상(주)의 브랜드로 분류되어 있으며 '순창'이 그 하위 브랜드로 속해 있는 사례이다. 이렇게 각 기업의 브랜드와 제품들을 살펴볼 수 있으며 취업을 준비함에 있어 자신이 관심 있는 식품군에 맞추어 방향을 결정하는 것도 좋다.

사전에 브랜드 계열을 구분해 보는 것도 좋다. 대략 제품군으로 분류해 본다면 많은 도움이 될 것이다. 간혹 면접 시 '우리 제품 중에 먹어 본 것이나, 개선이 필요한 제품은 어떤 것이 있나요?'라고 물어보는 경우가 있다.

2.1.3 인재 채용

무엇보다 중요한 채용 정보를 확인할 수 있는 탭이다. 채용 정보에서는 지원할 수 있는 직무부터 자격 요건, 우대 사항까지 확인할 수 있으니 해당 기업에 관심 있는 직무로 지원하기 위해서는 그 직무를 선발하는지부터 확인해야 한다. 만약 아직 직무를 정하지 못했다면 뒤에 설명할 '직무 키워드별 정의'에서 어떤 직무가 있는지 살펴보는 것이 좋다.

이제 우리는 여러 기업들의 목표와 비전, 채용 직무 등에 대해 전반적으로 알게 되었다. 그렇다면 이제는 보다 현실적으로 접근하여 이 기업의 직원 수가 얼마나 되는지, 평균 근속 연수는 몇 년인지 등을 알아보며 그 기업의 복지와 지속성에 대해 파악해야 한다. 더 나아가서 입사를 하게 된다면 어디서 근무를 하게 되는지 미리 알고 가는 것도 나름 고려해 볼 만한 내용이다. 이러한 궁금증들은 다음과 같은 사이트, 애플 등에서 확인할 수 있다.

2.2 식품안전나라, 내 손안 식품안전정보

'식품안전나라'와 '내 손안(安) 식품안전정보'는 식약처에서 운영하고 있는 사이트와 애플이며 우리나라에서 운영되는 모든 식품 회사의 정보를 담고 있다.

2.2.1 식품안전나라

식품안전나라 메인 홈페이지에는 회수 판매 중지 식품 탭, 제품 검색 탭, 업체 검색 탭 등이 있다. 식품 안전 지식을 비롯하여 식중독 예방 홍보 자료도 확인할 수 있으며, 앞서 서술했지만 건강기능식품 정보 역시도 식품안전나라에서 확인할 수 있으므로 참고하길 바란다.

또한 업체 검색을 통해 관심 있는 기업의 제조원, 즉 제조 파트로 입사하면 근무하게 되는 위치를 대략적으로 파악할 수 있으며 생산되는 품목, 보관 온도, 유통 기한, 제조 공장별 식품의 유형 등을 확인할 수 있다. 그 예로 푸드코닉 검색 시 다음 그림과 같이 2개의 푸드코닉 업체가 검색되며 공장마다 생산하는 식품 유형, 제품을 확인할 수 있다. 뿐만 아니라 내 주변 식품 회사, 가게, 영업장 등 식품과 관련된 모든 영업 형태의 업체부터 주요 법규 위반 사항 등의 정보도 확인할 수 있으므로 식품계 취업 준비생에게 많은 도움이 될 수 있는 정보처이다.

2.2.2 내 손안(安) 식품안전정보

내 손안(安) 식품안전정보에서는 식품안전나라보다 비교적 간편하게 업체 정보를 살펴볼 수 있다. 이 애플리케이션에서도 같이 전국 식품 업체 - 지역별·업종별 검색이 가능하다.

그 예시로 CJ씨푸드㈜ 검색 시 업체의 생산 제품과 생산 중지 제품 목록을 확인할 수 있다. 식품안전나라와 마찬가지로 회수 판매 중지 제품도 확인 가능하므로 참고하길 바란다.

2.3 전자 공시 시스템 DART

금융감독원에서 운영하는 기업 정보 전자 공시 시스템이다. 기업의 정보 제공으로 각 사업 포트폴리오별 시장 특성, 경쟁 상황, 특성 강점 경쟁 요소 등의 정보를 확인할 수 있다.

[출처] 금융감독원 전자공시시스템 홈페이지 http://dart.fss.or.kr

위 그림은 실제 DART 홈페이지의 배너 모습(2021. 09. 03.)이다. 먼저 기업을 객관적으로 분석하기 위해서는 그 기업의 사업 내용이나 재무 상황, 실적 등을 살펴보아야 한다. 이것을 알리는 제도가 바로 '공시'이며 DART의 '공시 서류 검색'에서 각 기업의 공시를 확인할 수 있다. 다음은 실제 공시 서류 검색 항목의 내용이며 기본적으로 '사업 보고서', '반기 보고서', '분기 보고서'를 확인하면 된다.

[출처] 금융감독원 전자공시시스템 홈페이지 http://dart.fss.or.kr

사업 보고서를 열람해 보면 여러 항목들이 있을 텐데, 그중 중요한 몇 가지만 살펴보도록 하자.

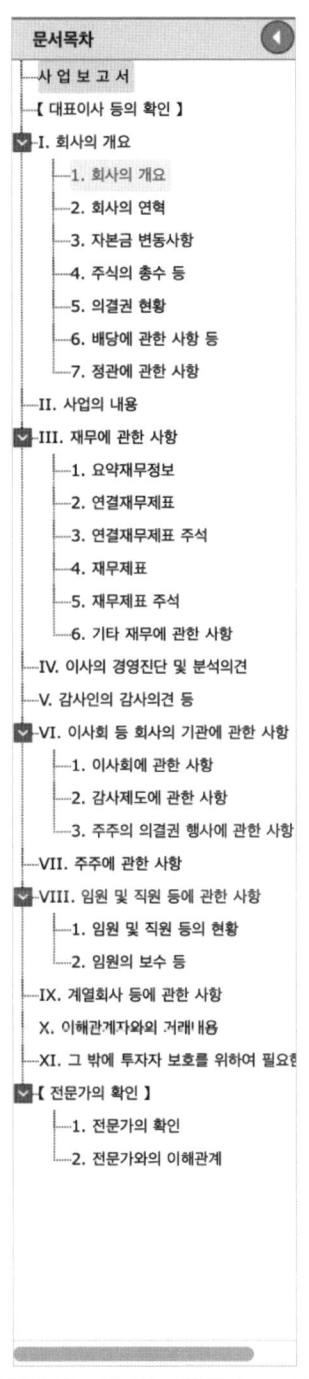

[출처] 금융감독원 전자공시시스템 홈페이지 http://dart.fss.or.kr

첫 번째 '사업의 내용' 항목에는 말 그대로 기업이 추진하고 있는 다양한 사업에 대한 내용이 기재되어 있다. 관심 있는 회사가 주력하고 있는 사업을 파악하는 일은 기본적인 일이니 꼭 확인해야 될 항목이라고 할 수 있다.

두 번째 '재무제표' 항목에는 기업의 매출 총이익, 영업 이익, 당기 순이익 등을 표로 확인할 수 있다. 재무제표를 확인해 보는 일은 기업의 자산 총계로 규모를 파악할 수 있을 뿐만 아니라 기업의 건강 상태를 확인하는 것과 마찬가지이니 꼭 참고하길 바란다.

마지막으로 '임원 및 직원 등의 현황'란에서 1인 평균 급여액으로 급여 정보를 대략적으로 파악할 수 있으며 임직원 등에 대한 학력, 경력 등의 정보를 알 수 있어 그 회사가 추구하는 가치 결정에 중요한 요인을 파악할 수 있다. 또한, 연구소의 석·박사 현황을 나타내는 회사도 있다. 만약 학사 졸업 후 연구소로 가고 싶다면 이곳에 학사 출신 연구원이 있는지 봐야 한다. 학사 출신의 연구원이 있다면 굳이 대학원을 졸업하지 않아도 들어갈 수 있는 가능성이 높은 것이다. 이렇게 학사 학위의 연구원을 채용하는 곳도 있으므로 이러한 정보를 잘 활용하면 유익한 정보를 얻을 수 있다.

2.4 잡코리아

[출처] 잡코리아 홈페이지 https://www.jobkorea.co.kr

수많은 채용 정보 사이트들이 있지만 그중 하나인 잡코리아에 대해 설명하도록 하겠다. 잡코리아 홈페이지에서는 채용 정보, 신입 공채, 인재 정보, 연봉 정보를 확인할 수 있다. 여기서는 구직과 구인 모두 확인이 가능하며, 기업의 정보에 있어서도 대략적인 매출액과 사원 수 등의 다양한 정보들도 찾아볼 수 있다. 채용 정보에 들어가면 여러 구인 기업들의 정보를 확인할 수 있는데 기업의 복지, 어느 분야의 채용을 하는지도 볼 수 있다.

[출처] 잡코리아 홈페이지 https://www.jobkorea.co.kr

잡코리아는 단순한 채용 정보 제공만 이루어지는 사이트는 아니다. 홈페이지의 뉴스·자료 창을 들어가면 자기소개서 작성 시 글자 수 세기와 맞춤법 등을 도와주는 연계 프로그램을 운영 중이다. 추가로 지원자 성향, 학력, 전공에 따라 많이 지원한 기업 등의 빅 데이터 자료를 제공한다. 채용 정보 사이트는 잡코리아뿐만 아니라 사람인, 인크루트, 자소설닷컴 등 다양한 사이트들이 많기 때문에 본인이 얻고자 하는 정보가 있는 사이트를 취향에 맞게 찾아보길 바란다.

2.5 잡플래닛, 크레딧잡

객관적 정보들 외에 주관적 정보를 함께 얻을 수 있는 사이트도 있다. 바로 잡플래닛과 크레딧잡이다. 잡코리아, 사람인, 인크루트 등과 다른 점은 기업 후기를 통해 재직자와 퇴직자 등 실근로자의 이야기를 들어볼 수 있다는 점이다. 따라서 실제 현직자 입장에서의 회사의 복지, 분위기와 방향성을 구체적이고 생생하게 알 수 있으며 분야별, 직급별 연봉 가이드까지 확인할 수 있다.

특징적인 점을 꼽자면 잡플래닛은 기업 평점에 따른 랭킹을 확인할 수 있으며, 기업별 장단점들을 키워드를 통해 한눈에 파악할 수 있어 빠르게 기업에 대한 정보를 파악할 수 있다. 또한 연봉, 면접, 복지 등 현직자 리뷰 수가 타 취업 정보 사이트보다 월등히 많은 편이며 이는 정보의 신뢰성에 어느 정도 좋은 영향을 준다고 생각할 수 있을 것이다.

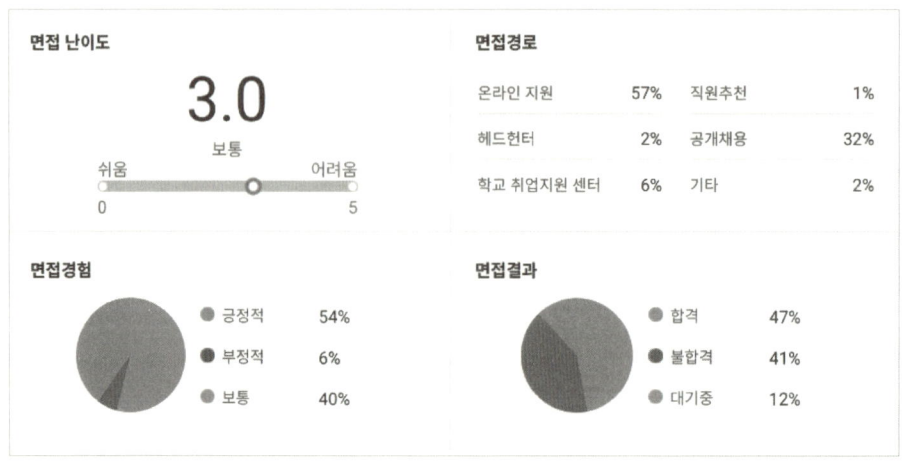

[출처] 잡플래닛 홈페이지 https://www.jobplanet.co.kr/

크레딧잡의 가장 큰 장점은 입사·퇴사율 확인이 가능하다는 것이다. 특히 퇴사율을 파악하는 일이 중요하다고 볼 수 있는데, 이는 복지, 분위기, 업무 강도 등 기업 전반에 대한 현직자들의 간접적 평가로 연결될 수 있기 때문이다.

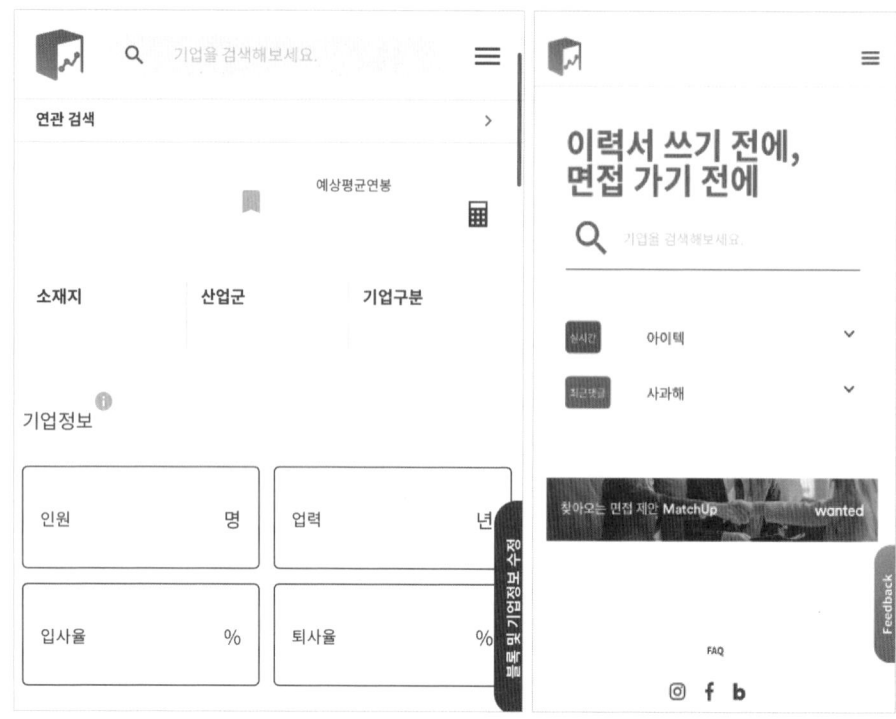

[출처] KREDIT JOB 애플리케이션

　지금까지 취업을 위한 기업 정보를 파악하는 방법에 대해 알아보았다. 객관적인 정보들은 있는 그대로 받아들이면 되지만 기업 정보 사이트의 현직자 후기들은 개개인의 주관적 생각이 개입된 부분이 있을 수 있으므로 스스로 잘 걸러 내어 판단할 필요가 있다. 그리고 현직자들의 후기는 대부분 퇴사한 사람들이 많기 때문에 긍정적인 내용보다 부정적인 내용들이 많다. 글을 읽다 보면 들어갈 만한 회사가 없을 수도 있다. 하지만 그런 정보는 일반적인 모든 회사에서 일어날 수 있는 일들이다. 어디 정말 모든 사람이 만족하는 파라다이스 같은 회사가 있을까? 알고 들어가면 된다.

별첨

[제3장] 준비하기, 직무 키워드 정리

취업 준비를 위한 사전 기업 조사를 마쳤다면 이제 원하는 직무를 생각해 볼 차례이다. 직무를 소개하기에 앞서 기업마다 같은 직무라도 이름이 다른 경우가 너무나도 많기에 대기업, 중견기업 위주로 직무 키워드를 선정하여 정리하였다. 직무는 크게 경영지원, 제조, 영업, IT, 마케팅, 연구개발(R&D), 물류로 나눠진다.

[경영지원]

구분	주요 업무 내용
회계·재무	회사 운영 및 경영 활동을 위해 재정을 안정적으로 조달하며 집행된 자금의 적합한 회계 처리와 경영자 및 외부 고객을 위한 재무 지표를 관리하는 분야 이외 원가 분석을 통해 생산성 지표를 제공해서 생산 효율을 높일 수 있는 정보를 제공함
법무	회사의 법률 문제 전반을 관리 다양한 법적 리스크 예방을 위해 법률을 검토함 법적 업무를 규정하고 원칙에 따라 업무가 진행될 수 있도록 지원하는 분야
총무	기업 이미지 및 기업 활동과 관련하여 재산 관리나 행사 기획과 같은 각종 업무들을 지원하며 국내 외의 자문 및 분쟁 사항을 처리하는 분야 물품 구매, 경조사 등의 업무를 하기도 함
교육	회사와 개인의 성장을 위한 직무 교육, 리더십 교육 등의 다양한 교육 프로그램을 개발, 운영하여 기업의 목표 달성에 필요한 능력을 촉진시키는 분야
인사	회사 운영에 필요한 인적 자원의 최적화 및 전략적인 인사 관리를 수행하여 회사의 목표 달성을 위해 기여하는 분야
구매	구매 전략에 기반하여 효율적인 원·부자재 구매 및 수급 업무가 이루어지며 회사의 이익 극대화를 위해 공급사와 관계사, 상품·마케팅부서와의 구매 조율을 시행하는 분야
CS	고객 관리 및 고객 상담을 통해 클레임 처리 및 피드백 제공과 소비자 단체를 관리하는 직무

- 경영지원: 지원부서가 경영지원부서로 되어 있는 곳은 위의 부서 중 한 곳으로 배치가 될 가능성이 있다.

[제조]

구분	주요 업무 내용
생산 관리	4M(인력, 설비, 자재, 방법)을 효율적으로 운영하여 최적의 생산 효율을 달성하도록 기여하며 제품의 경쟁력 확보를 위해 지속적으로 개선하는 활동을 관리·지원하는 업무
품질 관리	완제품 및 원·부자재, 작업 공정의 표준화를 통하여 제품의 안전성 확보 및 제품의 맛과 품질을 유지하고 향상시키는 업무
공무	제품을 생산하기 위한 시설물 건축 및 설비의 신규 투자 계획을 수립하며, 시설물 유지 보수 및 에너지 관리를 위한 최적의 공정 구축과 계획 수립이 이루어지는 분야
설비 관리	신규 설비 개발, 기존 설비 개선 등 공장 운영 전반과 관련한 제조 설비를 관리하고 부대 시설, 수도 광열비 관리 등 공장의 효율적 운영을 위한 업무를 수행하는 직무
환경 안전	폐기물 등 생산 과정에서 발생되는 부산물들을 친환경적으로 처리하거나 관련 법규에 대해 대응하고 사업장의 효과적 안전 관리를 위해 교육, 평가, 점검 등을 담당하는 직무

[IT]

구분	주요 업무 내용
데이터 분석	빅 데이터 분석을 바탕으로 고객을 이해하고 시계열 분석, 다차원 분석을 제공하기 위한 데이터 추출·적재·분석 업무를 수행하는 직무
기획	IT 시스템의 원활한 운영을 위해 IT 전반의 단·중·장기적 비전 및 최적의 IT 전략을 수립·추진하고 IT 재원 계획 수립 및 관리를 담당하는 직무
보안	기업 내 정보의 누출과 변경, 파괴를 방지하는 업무를 수행하는 직무
ERP	회사 내 전산 관리 프로그램인 ERP의 유지 보수를 담당 시스템 오류 및 update, 전산 장애 복구, 전산 장비 증설 등의 업무를 함

[영업]

구분	주요 업무 내용
국내 영업	제품이나 서비스를 국내에 제공하고 판매하는 분야를 말하며 온라인, 오프라인 등 다양한 분야로 구분됨
해외 영업	제품이나 서비스를 해외에 제공하고 판매하는 분야를 말하며 온라인, 오프라인 등 다양한 분야로 구분됨
영업 지원·관리	영업의 행위가 효율적으로 실행되기 위해 지원 또는 관리하는 분야 대리점이 있을 시 대리점의 매출 및 판매 등도 관리함 대리점 지원 업무와 같이 제품 판매를 위한 최전선에서 지원을 검토하고 시행하는 업무(행사 등)

[마케팅]

구분	주요 업무 내용
디자인	마케팅 효과 극대화를 통한 매출 증대를 목표로 제품 및 증정 제품 등에 대한 디자인 개발 및 개선 관련 업무를 총괄하는 분야
마케팅	체계적인 소비자 및 시장 조사를 통해 시장 트렌드와 소비자 행동을 분석하는 분야 신제품에 대한 아이디어를 제공하기도 함
상품 기획	회사 상황 및 외부 환경을 분석하여 고객의 가치를 높일 수 있는 상품을 기획·개발하고 기존 상품의 상품성을 개선하는 분야
브랜드 관리	시장에서의 회사 및 브랜드의 브랜드 포지셔닝을 수립하고 관리하여 회사의 브랜드 이미지를 향상시키는 분야

[연구개발(R&D)]

구분	주요 업무 내용
제품 개발	새로운 원료·기술·자료 등의 연구와 실험을 통하여 차별화된 신제품을 개발하거나 매출 증대에 기여하고, 기존 제품의 품질 유지 및 개선을 도모하는 분야
제품 분석	제품 개발 및 개선 등에 기본이 되는 물리적, 생물학적, 화학적 분야에 대한 연구를 진행하여 제품의 질적, 기능적 향상을 도모하는 분야 제품 성분 및 법적인 성분을 분석하는 업무도 함

구분	주요 업무 내용
포장재 연구	제품에 사용되는 부자재 및 제품 포장에 관련된 디자인, 개발 등의 업무를 함 최근 친환경 관련 대체 포장재 및 포장 간소화, 친환경 소재 사용 등 연구 범위가 다양해지고 있음

[물류]

구분	주요 업무 내용
물류 (SCM: Supply Chain Management)	물류 거점 관리 및 장비·인프라를 효율적으로 관리, 운영하거나 효율적인 출하, 배송 등의 총괄적인 물류 업무를 수행하는 직무 원·부자재의 입출고 관리

식품 분야를 막론하고 다양한 직무들이 있다는 것을 확인해 보았다. 다음 챕터에서는 식품 관련 분야의 직무에 대해 자세히 알아보도록 하자.

제3장

다양한 직무,
어떤 일을 할까?

다양한 직무, 어떤 일을 할까?

3.1 마케팅

3.1.1 마케팅에 대한 소개

회사마다 역할, 업무적 차이별로 MD(merchandiser), PM(Product Mgmt.), CM(Category Mgmt.), BM(Brand Mgmt.), 제품·상품 기획 마케터, 퍼포먼스 마케터, 홍보 등으로 부르며 모두 통합적으로 마케팅 직무라고 볼 수 있다.

마케팅은 원료 구매부터 공장에서 생산되어 나온 제품의 포장과 디자인, 그리고 적정한 가격을 매겨서 판매하고 재구매하는 식품 회사의 프로세스에서 지휘자 같은 역할을 한다. 만드는 사람, 구매하는 사람, 최종적으로 소비자한테 전달하는 것을 목표로 제품을 처음부터 끝까지 관리하는 것이 바로 마케팅이라고 할 수 있다. 마케팅 직무를 세부직으로 분류하면 다음과 같다.

MD는 유통사에서 조금 더 많이 쓰이는 직책이다. 구매팀, 바이어 등으로 불리기도 하고 상품 자체보다는 매출액 증감이 더 중요한 직책이다.

브랜드 마케팅·매니저라고 하는 BM은 브랜드를 활용하여 사업과 제품을 기획하고 전체적인 프로모션을 운영 및 관리하는 역할이다. 또한 브랜드 관리를 통해 사람들이 느끼는 브랜드의 인식을 관리하는 업무도 한다.

프로덕트 매니저라고 하는 PM(Product Manager)은 상품의 기획부터 생산, 판매, 광고 등 총 프로세스를 책임지고 수행한다. PM의 경우에는 상품 기획 직무라고도 불리며 이는 상품 기획 파트에서 자세히 다룬다.

마케팅은 경영학 전공부터 식품 전공까지 타 직무들에 비해 가장 다양하고 여러 전공이 포진되어 있는 직무이기도 하다.

가끔 식품 전공을 하면 마케팅부서로 취업이 힘들 거라고 생각하지만 실제 식품 업계 마케팅부서에 가면 식품 관련 학과 졸업생도 많고 전혀 다른 학과에서 온 사람들 또한 많다.

구분	마케팅 키워드
내용	#사업 운영 #제품 운영 #신제품 육성 #마켓 센싱 #판매 촉진 #매출 및 손익 관리 #소통 #논리적 능력 #브랜드 관리 #시장 데이터 분석 #트렌드 #판매 전략 #소비자 심리 #식품 지식 #창의력 #광고 #소비자 니즈 #리뉴얼
성격	#혁신 #적응성·융통성 #리더십 #독립성 #사회성 #성취·노력 #책임과 진취성
업무 수행 능력	#듣고 이해하기 #판단과 의사 결정 #창의력 #글쓰기 #읽고 이해하기 #문제 해결
지식	#영업과 마케팅 #경영 및 행정 #의사소통과 미디어 #디자인 #심리
환경	#4차 산업 기술 #빅 데이터 분석 #결과에 대한 책임 #클라우드 시스템 #연설·발표·회의 #의사 결정 권한

3.1.2 마케팅 멘토와의 대화

3.1.2.1 외국계 F&B 마케터

#직무 소개

멘티 직무 부문에 대해서 질문을 드리겠습니다. 마케팅은 어떤 업무가 진행되나요?

멘토 익히 알고 있는 STP(Segmentation, Targeting, Positioning: 시장 세분화, 표적 시장 선정, 위상 정립) 4P(Product, Price, Place, Promotion: 제품, 가격, 유통 경

로, 판매 촉진), 3C(Customer, Competitor, Company: 고객, 경쟁사, 자사)가 가장 기본이고 시작입니다. 우리가 가진 것과 부족한 것은 무엇인지, 경쟁사의 강점과 약점은 무엇인지 그리고 고객들의 니즈와 니즈들 중 아직 제공되지 않은 것들 'Unmet Needs(미충족 수요)'을 찾는 것부터 시작을 합니다. 그래서 그 니즈를 만족시켜 주기 위해서는 우리가 뭘 제공할 수 있는지를 찾는 게 시작입니다. 거기서부터 제품의 콘셉트를 잡고, 어떤 사람을 대상으로 어떤 니즈를 가진 고객들에게 니즈를 충족시키는 제품을 만들어야겠다고 하는 것이 하나의 콘셉트입니다. 그 후에 제품 개발도 해야 하고 시장의 흐름에 대해서도 많이 살펴봐야 하며 경쟁자들은 무엇을 하는지 등을 보는 것이 마케팅 업무에서 가장 근간이 되는 업무입니다.

멘티 담당 팀은 어떻게 구분되어 있나요? 팀별로 어떤 일을 하는지 궁금합니다.
멘토 마케팅 업무는 회사마다 업무 내용이 다릅니다. 한 브랜드를 A부터 Z까지 한 사람이 혹은 두세 사람이 전부 관리를 하는 경우도 있고 모두 쪼개서 관리하는 회사도 있습니다. BM(브랜드 매니저), PM(프로덕트 매니저)들이 한 개의 브랜드 혹은 다수의 브랜드를 처음부터 끝까지 챙기는 방식이 있는 반면, 다 분리해서 일을 하는 경우도 있습니다. 현재 직장을 예로 든다면 마케팅 산하로는 프로모션을 담당하는 부서와 상품 개발을 하는 부서로 분리되어 있습니다. 저는 상품 개발로 초점이 맞춰져 있습니다.

#직무 선택 이유

멘티 첫 직장부터 현 직장까지 식품 기업을 선택한 이유가 있었나요?
멘토 정확히는 F&B 분야가 포함되는 FMCG(Fast Moving Consumer Good), 즉 일상 소비재에 관심이 있었습니다. 왜냐하면 고객과 가깝고 밀접한 산업이며 빠른 라이프 사이클로 인해 변화를 즉각적으로 체감할 수 있는 점이 흥미로웠기 때문입니다. TV와 같은 가전제품의 경우, 구매 주기가 굉장히 긴 반면, 펜이나 음료류 같은 상품들은 구매가 일 년에 수십 회씩 일어나는 것들이죠. 그중 식품은 구매 주기가 아주 짧기 때문에 소비자와 더 가까이 있으면서 신제품을 빨리 출시하는 점이 좋았습니다.

#직무 어려운 점, #보람

멘티   **상품 개발 업무를 수행하는 중에 어려운 점과 또 보람을 느꼈을 때는 언제인가요?**

멘토   마케팅은 10년을 하고 20년을 해도 정답이 없습니다. 그래서 마케팅이 어려운 거 같습니다. 정량적인 부분보다는 정성적인 부분이 상당히 많아서 어렵고 결국에는 소비자들이 제품을 구매해 줘야 하는 형태이기 때문에 소비자들과 얘기를 많이 해야 원하는 걸 알 수 있습니다. 하지만 소비자들의 요구는 실제 구매 실적과 다르게 나타나는 경우가 많습니다. 예를 들어 몸에 좋은 건강한 음료를 선호한다고는 하지만 막상 출시한 건강 음료의 구매량은 많지 않습니다. 고객의 니즈와 실제 구매 형태는 다른 거죠. 그래서 이걸 알기 위해서는 왜 소비자들이 그런 말을 하는지, 그리고 직설적인 질문보다는 여러 질문을 돌려서 함으로써 소비자들이 실제로 원하는 것이 무엇인지를 알아내야 합니다. 그게 쉽지 않은 부분이죠.

그리고 어려운 점은 부서와의 관계입니다. 마케팅부서는 여러 부서와 일을 하는 부서입니다. 이해관계가 다 다른 부서 사람들과 함께 업무를 하는 것이 쉽지 않습니다. 이 부분은 직접 경험해 보셔야 알 수 있는 부분입니다.

보람을 느끼는 부분은 본인이 개발한 상품이 판매가 잘되고 고객들에게 사랑받고 좋은 피드백을 들을 때인 거 같습니다. 그래서 마케팅을 하고 싶어 하는 거 같습니다.

#취업 준비, #부전공, #복수 전공

멘티   **마케팅 직무로 회사에 입사하기 위해 따로 취업 준비를 한 게 있다면 무엇이었나요?**

멘토   특별히 회사 취업을 위해서 더 준비했던 건 없었습니다. 대학교 시절에는 광고 관련 공모전 경험을 했습니다. 저는 대학교 때 경영학 전공 베이스가 있었기 때문에 추가적으로 공부를 한 건 없었습니다. 하지만 경영학이 아닌 다른 분야를 전공하신 분이 마케팅을 하기 위해서는 경영학 공부는 기본적으로 필요한 것 같습니다. 개인적으로 느꼈던 것은 경영학을 부전공이나 복수 전공으로 하고 계시다면 기본 학점을 채우는 것 이상의 지식이 있어야 좋을 것 같습니다. 물론 모든 분이 그렇지는 않겠지만 적어도 제 경험상 대학교에서 프로젝트를 할 때도 경영학 전공자와 그 외 부전공, 복수 전공 학생들을 비교해 보면 참여도부터 차이가 납니다. 그래서 제가 면접관을 할 때도 경영학 부전공, 복수 전공자에 대해서 별로 크게 기대하지 않았습니다. 대체적으로 학점만 채웠을 뿐이지 경영학을 전공한 분들에 비해 기본적으로 마케팅에 관련된 학업적인 부분에서 떨어진다고 생각하기 때문입니다.

정말 마케팅을 하고 싶다면 기본 학점을 채우는 것 이상으로, 경영학을 전공한 사람들 수준까지 깊게 공부를 하는 게 좋습니다. 실무에 가면 학교에서 경영학을 전공한 사람도 마케팅에 대해서 알기 쉽지 않습니다. 부전공, 복수 전공으로 경영학을 전공한 사람은 더 부족하지 않을까 하는 생각입니다.

멘티 **식품 기업 마케팅 직무로 들어가기를 희망하는 분들에게 권장하고 싶은 경험이나 활동 또는 공부가 있을까요?**

멘토 먹거리에 관련된 지식이 있으면 장점이 될 수 있습니다. 관련 학과를 전공하는 것도 좋고요. 식품 관련 전공자들은 일반 경영학 전공자들보다는 분명 그 부분에 대해서는 강점이 있습니다. 본인이 전공한 분야에 대해서는 당연히 잘 알아야 하고 거기에 경영학을 전공한 사람만큼 경영학적인 지식이나 경험이 더해진다면 식품 지식이 있는 사람이 식품기업 마케터로서 훨씬 더 유리하겠죠.

다른 활동으로 저는 광고 공모전을 학부 때 했었고 결론적으로 도움이 됐습니다. 지금 생각해 봐도 도움이 될 거 같습니다. 마케팅은 혼자 할 수 있는 직무는 아닙니다. 회사 전체와 관련되어 있는 부서입니다. 넓은 업무 영역을 관리하는 게 중요합니다. 제가 생각하는 마케터의 주요 포인트는 '관리'와 '센스'가 아닐까 합니다. 첫째, 관리 포인트입니다. 관리에 있어서 팀 프로젝트나 공모전을 통해 조직 내에서 커뮤니케이션을 하고 전략을 짜 보는 경험이 중요하고 실무에서도 그런 것들을 높게 사고 있습니다. 저도 면접을 볼 때 프로젝트를 뭘 했는지 질문을 많이 받았습니다. 그렇다고 제가 공모전에 많이 참가했거나 수상을 한 건 아닙니다. 물론 상까지 받으면 더 좋았겠지만 지금 보면 그런 경험 하나하나가 중요했다고 생각합니다. 막막하고 어렵지만 그래도 프로젝트를 처음부터 끝까지 한번 해 봤다는 차원에서 중요하고 도움이 되었던 경험이었던 거 같습니다.

둘째, 센스에 대해서는 되게 추상적인 면이긴 합니다. 사실 마케팅이 되게 추상적이거든요. 그래서 어렵습니다. 무엇을 했다고 증명을 하는 게 어렵습니다. 대체로 마케팅을 하는 사람들을 보면 트렌드에 빠르고 민감하죠. 그것도 일종의 센스라고 볼 수 있죠. 식품은 FMCG 속에서 상당히 빠르게 돌아가는 트렌드 속에 있습니다. 그래서 마케터들에게는 그 트렌드들이 어떻게 돌아가는지를 흥미롭게 보는 게 도움이 됩니다. 어떤 것이 유행이면 그게 왜 유행인지까지 봐야 하는 거죠. 그냥

'유행이더라' 하고 끝나면 안 되죠. 그 유행이 왜 유행이 됐을까, 여기까지 들어가서 봐야죠. 그래서 그런 것들을 다루는 게 소비자 심리학입니다. 대학교 수업에도 있을 거예요. 마케팅을 할 때 심리를 아는 것도 중요하죠. 마케팅에서 근무하시는 분들 중에는 드물게 심리학을 전공하신 분들도 계십니다. 하지만 심리학이 어려운 학문 분야이기 때문에 깊이는 아니더라도 심리에 대한 책이나 수업을 들어보는 것도 도움이 많이 되니 참고하시기 바랍니다.

#직무 능력, #신입 사원

멘티 마케팅 직무에 중요한 업무 능력이 무엇인가요? 그리고 어떤 사람이 신입 사원으로 들어오면 좋을 것 같으신가요?

멘토 다양한 경험을 해 보는 게 좋습니다. 마케팅은 하나를 깊게 아는 것도 중요하지만 얕게 두루두루 아는 것도 중요합니다. 둘 다 소화하면 가장 좋겠지만 개인의 성향과 관련된 부분이라 가능할지는 모르겠습니다. 예를 들면 연구직은 하나를 깊게 연구한다면 마케팅은 여러 가지를 다양하게 아는 것이 좋습니다. 즉, 세상이 어떻게 돌아가는지 대충은 알아야 하고 그게 트렌드를 읽는 능력이죠. 개인적으로 학생분들이 처음부터 취업에 대한 분야를 너무 좁힐 필요는 없을 것 같습니다. 다양하게 여러 분야를 겪다 보면 관심이 가는 분야가 있을 겁니다. 취업 전에 대부분의 회사는 지원자들에게 전문가 수준의 지식을 요구하지 않습니다. 대신, 그 업계 전반의 기초적인 지식을 넓게 아는 것을 중요하다고 생각합니다. 전반적으로 다양한 체험들을 많이 하세요.

요즘은 정말 생각지도 못한 분야가 서로 결합하는 경우가 많습니다. 그래서 다양한 경험이 중요하다고 생각합니다. 마케팅에는 라이프 사이클이라고 부르는 게 있잖아요. 처음에는 서서히 성장하다가 정점을 찍은 다음 쇠퇴를 합니다. 하지만 쇠퇴를 하지 않도록 정점을 계속 유지해 나가는 게 브랜드 관리의 본질입니다. 즉 기존 고객들로만 브랜드를 평생 유지할 수는 없기 때문에 신규 고객을 계속 유입하는 것이 중요합니다. 오래된 브랜드들도 다시 활력을 주기 위해 프로모션 등 마케팅을 하는 것도 이런 이유에서입니다. 예시로 기존 브랜드 제품에 완전 다른 성격의 분야를 붙이는 형식의 마케팅을 하기도 합니다. 그런 것들은 다양한 경험을 통해서 나올 수 있는 것들이라 학생 때 여러 가지를 해 보면 좋다고 말씀드리는 것입니다.

영어 공부도 중요합니다. 한국에 있는 외국계 기업들 중에 알려지지 않은 회사들이 정말 많습니다. 알려지지 않은 이유는 일상적으로 접할 수 있는 소비재 분야가 아닌 경우여서 그렇습니다. 마케팅 업무를 잘하는데 영어까지 잘하는 사람은 드뭅니다. 영어를 정말 잘해서 외국계 회사에서 마케팅을 하는 사람들도 있습니다. 말씀드렸듯이 업무에서는 커뮤니케이션이 중요하기 때문에 마케팅을 아무리 잘해도 본사와 소통이 안 되면 업무하기가 힘들기 때문입니다. 그런 이유로 외국계 회사에서는 높은 자리로 올라갈수록 마케팅 능력보다 영어가 더 중요해지기도 합니다. 직위가 올라갈수록 실무보다는 각 부서를 코디네이션 하는 업무가 더 많아지기 때문이죠.

아니면 마케팅을 지원하려고 할 때 국내 회사를 대상으로 하기보다는 외국계 회사를 목표로 지원 폭을 좀 더 넓혀도 좋을 거 같습니다. 대신 영어 공부를 꾸준히 해야겠죠. 어떤 사람은 "구글 번역기도 있는데"라고 말씀하시는 분도 있지만 아무리 번역 기술이 좋아졌다고 해도 사람이 직접 말로 설명하는 거와는 분위기가 너무 다르기 때문에 꾸준히 공부하기를 권장합니다.

신입 사원으로 제가 누군가를 뽑는다면 기본적인 인성을 먼저 볼 것 같습니다. 여러 부서와 일도 해야 하고 자기 일도 잘하는 것도 중요하지만 주변 사람들과 같이 갈 수 있는 인성이 더 중요하다고 생각하기 때문입니다. 여러 역량 중 우선순위를 매기기는 어렵고 자리마다 다를 것 같습니다. 아마 외국계라면 당연히 영어가 우선일 수도 있고 국내 회사라면 직무 경험이 더 우선일 수 있으니까요.

#자격증

멘티 빅 데이터 관련 자격증도 취업에 도움이 될까요?

멘토 해당 자격증이 얼마나 공신력이 있는지가 중요합니다. 사실 면접관은 그 자격증이 굉장히 잘 알려지지 않은 이상 해당 자격증이 얼마나 공신력이 있는지 잘 모릅니다. 그 자격증이 속한 분야를 어떻게 공부했는지 어떻게 도움이 되는지를 자기소개서에 쓰고 말하는 게 중요합니다. 다른 자격증들도 마찬가지입니다. 따라서 자격증이 중요하기보다는, 그 자격증이 속한 분야를 본인이 얼마나 잘 알고 있고 실무에 어떻게 적용할 수 있을지를 풀어내는 것이 더 중요합니다.

#디지털 마케팅

멘티 보통 '디지털 마케팅'이라고 하면 경영학 전공자나 웹 콘텐츠에 특화된 공부를 한 사람을 채용할 것 같은데, 그렇지 않은 사례도 보았습니다. 디지털 마케팅에 대한 교육을 회사 차원에서 지원해 주나요?

멘토 디지털 마케팅이라고 해서 꼭 IT 지식이 있어야 하는 것은 아닙니다. IT 지식이 필요한 자리도 있고, 필요하지 않은 자리도 있습니다. 그러나 당연히 IT 관련 배경지식이 있으면 훨씬 좋습니다. 디지털 마케팅의 범위는 굉장히 넓습니다. 빅 데이터를 디지털이라고 볼 수도 있고, 홈페이지나 SNS 관리를 디지털 마케팅이라고 할 수도 있습니다. SNS 관리 및 운영 등의 디지털 마케팅을 하는 직무를 채용한다고 해도 IT 지식이 있는 사람이 필수적으로 채용하지는 않을 것입니다. 다만, 실제로 SNS 관리나 운영을 해 본 사람은 유리할 것입니다.

#향후 전망

멘티 지금 직무의 향후 전망이나 지속 가능성에 대해 어떻게 생각하시나요?

멘토 마케팅 직무는 앞으로도 계속 중요하다고 생각합니다. 정성적인 부분이 많기 때문입니다. 빅 데이터의 사용 같은 경우도, 마케팅은 정답이 없기 때문에 정량적인 면을 참고하여 의사 결정 시 도움을 받고자 하는 편입니다. 하지만 결정은 결국 사람이 하는 것이고 정성적인 부분을 무시할 수 없습니다. 그런 부분에서 아직은 AI 등이 대체할 수 없다고 생각합니다.

3.1.2.2 서울우유협동조합 마케터 박재범

#직무 소개, #직무 프로세스

멘티 서울우유협동조합에서 현재 어떤 일을 진행하고 계신가요? 업무는 어떤 프로세스로 진행되는지 궁금합니다.

멘토 제조업은 기본적으로 제품을 만들어 고객에게 판매하는 업무입니다. 대부분의 국내 식품 회사가 비슷한 구조를 가지고 있습니다. 원료를 구매해서 가공하여 제품을 만들고 포장하여 적정한 가격을 매깁니다. 이후 다양한 유통 경로를 통해 판매하고 소비자들이 구매하는 것이 가장 일반적인 프로세스입니다. 이러한 일련의 과정에서 마케팅은 지휘자 역할을 합니다. 오케스트라 안에서도 여러 악기의 기능들이 있듯이 그중에서도 마케팅은 지휘자 역할을 한다고 생각하면 됩니다. 다시 말해 소비자에게 제품을 전달하는 것이 제조업의 목적이고 그중에서도 지휘자의 역할이 곧 마케팅의 역할입니다. 시장에는 여러 욕구를 가진 소비자들이 다양하게 분포합니다. 우리는 그런 소비자들의 욕구를 충족시킬 수 있는 상품을 만들어 내는 것입니다. 이 모든 것은 시장과 소비자를 관찰하는 것으로부터 시작됩니다. 예를 들어 진한 딸기 우유를 좋아한다더라, 라는 시장의 목소리가 들리면 마케팅 담당 기획자의 업무가 시작됩니다.

"종이 팩에 200ml 정도 우유와 진한 딸기 시럽을 넣어서 한 팩으로 만들어 천 원 정도에 판매한다면 잘 팔릴 것이다"라고 콘셉트를 만들고 그 콘셉트를 구체화해서 내부 논의를 시작합니다. 이후 계속해서 실현 가능성을 내 외부에서 검토합니다. 즉 테스트 제품을 실제 만들어 보고 연구소에서는 비슷한 제품을 해외 시장에서도 찾아보고, 실제 유사한 제품을 먹어 보면서 상품의 차별점과 경쟁력을 갖출 수 있는지를 검토합니다. 이렇듯 어느 정도 정보가 쌓이면 내부 의사 결정 과정을 거쳐 출시를 결정하게 됩니다. 이후부터는 구체적으로 상품의 스펙을 결정합니다. 어떤 공정으로 생산을 할 것인가 등 품질은 안정적인지, 유통 기한, 법적 표기 사항, 영양 분석 등 다양한 테스트를 거치게 됩니다. 이런 과정을 거쳐 제품이 나오면 판매처와 컨택을 진행합니다. 대형 마트, 편의점 등에서 협상을 진행하고 최종적으로 제품 프로필을 만들어서 전달합니다. 이후 영업부에게 전달이 되면 판촉, 시음 행사 같은 활동으로 제품을 판매합니다. 이때 마케팅은 주로 프로모션 쪽으로 광고를 어떻게 할 것인지 고민합니다. 사용 가능한 예산 내에서 모델을 선정하고 광고를 진행하기도 합니다. 이렇게 전반적인 상품에 대한 시작부터 끝까지의 지휘 역할을 하는 게 일반적인 마케팅 직무가 하는 일입니다.

앞서 말한 경우는 신제품 런칭에 대한 마케팅 업무인데 매일 신제품이 나오지는 않기 때문에 이외도 여러 업무가 있습니다. 기존에 만들어 놓은 제품 같은 경우에는 마케팅에서 픽해서 어떤 프로모션을 광고하거나 세일즈 하는 과정을 통해 매출에 대한 손익을 관리하는 업무를 진행합니다. 원가의 변동에 따른 제품의 가격을 결정하고 시장 조사와 모니터링을 하는 활동 또한 마케팅에서 한다고 생각하시면 됩니다.

#직무 구분

멘티 마케팅 직무팀은 어떻게 구분되어 있나요? 각 부서별로 어떤 업무를 하는지 궁금합니다.

멘토 대부분의 회사들이 상품의 유형별로 마케팅 직무를 나누고 있습니다. 식품의 유형별로 구분되어 있다고 보시면 됩니다. 젖소에서 나온 원유를 가지고 그 원료를 살균하고 균질 과정을 거치면 우유가 됩니다. 거기에 유산균을 접종시켜서 발효를 시키면 요구르트가 되는 것이고 딸기를 넣으면 딸기 우유가 되는 것이죠. 이런 식으로 카테고리마다 분류하여 마케팅 직무가 나누어 있습니다. 우유 마케팅, 발효유 마케팅, 치즈 마케팅, 또는 우유상품기획팀, 냉장상품기획팀, 마케팅1팀(냉장·신선), 마케팅2팀(상온·가공) 등 보통 이렇게 구분되어 있습니다.

일반적인 마케팅의 기능은 상품 개발, 상품 운영, 상품 출시·철수, 마케팅 믹스(4P) 활동을 하는 직무입니다. 식품 회사에서는 주요 직무 중에 하나입니다. 제조업 이외에 유통업에서도 마케팅은 MD, 상품기획팀, 상품개발팀 등으로 마케팅 기능을 수행하고 있습니다.

#직무 선택 이유

멘티 현재의 마케팅 직무를 선택하신 이유는 무엇인가요?

멘토 본인의 희망도 중요하지만 결국 회사에서 직무를 정해 주는 것이 대부분입니다. 여러분이 만약 영양사로 근무 중이어도 회사에서 타 부서로 이동하라면 갈 수밖에 없습니다. 그렇지만 자기가 희망하는 직무가 있다면 갈 수 있습니다. 예를 들어 학교에서도 그렇듯이 본인이 원한다면 전과를 할 수도 있고 대학원에 진학하거나 이후에 다른 분야에서 종사할 수도 있는 것처럼 회사도 마찬가지입니다. 사실 마케팅 직무를 선택한 것은 신입 사원 때 회사의 부서 매치에 의해 정해지게 되었습니다. 만약 본인이 마케팅 직무에 관심이 있어서 마케팅 업무를 하고 싶다고 해도 회사에서는 여의치 않을 수가 있습니다. 더구나 신입 사원의 경우에는 마케팅기획부서보다는 영업현장 등 필드에 주로 배치하는 경우가 많은데 그게 오히려 좋을 수 있기 때문이죠. 본사의 기획부서보다는 신입 때 현장의 경험이 이후에 마케팅 직무에서 지휘하는 업무에 도움이 될 수 있습니다. 지휘를 하려면 현장을 잘 알아야지 지휘를 할 수 있기 때문이죠.

마케팅은 뭔가 창조할 수 있는 일이고 늘 새롭게 때문에 마케팅에서 쭉 근무하게 되었습니다. 예를 들어 경영지원부서나 생산부서의 경우 매뉴얼이 정해져 있는 상황에서 숙련된 기술로 전문성을 발휘하는 직종이라면 마케팅은 늘 변화하는 시장환경과 다양한 소비자 속에서 보다 역동적이고 다이내믹한 직종이라고 할 수 있습니다. 그래서 저는 더욱 마케팅 직무에 매력을 느낀 것 같습니다.

#직무 차이점

멘티 입사 전 생각했던 업무와 동일하거나 다른 점이 있으신가요?

멘토 입사 전에는 마케팅 업무를 잘 몰랐던 것 같아요. 잘 알지 못했기 때문에 그걸 비교하기가 좀 어려운 것 같아요. 하지만 요즘은 정보가 많습니다. 유튜브에도 많은 자료가 있고 인터넷에도 정보가 많기 때문에 미리 찾아본다면 여러분이 생각하는 방향과 실제 업무가 많이 비슷할 것입니다.

#직무 어려운 점, #보람

멘티 직무를 수행하면서 어려웠던 점은 무엇이고, 이 직무 선택에 보람을 느꼈을 때가 있다면 언제인가요?

멘토 사실 마케팅이라는 것은 특정 전공자의 전유물이 아닙니다. 직무 자체가 유연하고 사물의 꿰뚫어 볼 수 있는 통찰력과 인사이트가 중요한 직무입니다.
마케팅 직무의 경우 내가 개발한 상품이나 어떤 프로모션이 시장에서 고객들의 반응이 나오고 제품이 팔릴 때 보람을 느낍니다. 제품이 소비자의 선택을 받아 매출이 올라가는 것을 보고 점점 시장 점유율도 늘어나는 것들을 보면 정말 기분이 좋습니다. 히트 상품 하나가 회사를 먹여 살리는 경우를 우리는 주변에서 간혹 봅니다. 반면 시장에 야심 차게 출시한 제품이 소비자의 외면을 받을 때는 정말 힘들고 어렵습니다. 결국 마케팅 담당자는 제품과 성패를 같이 한다고 보시면 맞을 것 같습니다.

#직무 역량

멘티 마케팅 직무에 필요한 역량이나 해 봤으면 하는 경험이 있을까요?

멘토 마케팅은 기본적으로 호기심과 열정이 있어야 합니다. 많이 아는 것이 중요한 것이 아닙니다. 만약 유명 마케팅 교수가 많이 안다고 그 사람이 우리 회사에서 히트 제품을 낼 수 있을까요? 그건 아닙니다. 특히 마케팅에서 이론과 실전은 다릅니다. 그런데 예를 들어 유명한 과학자가 특정 전자 회사에 갔다면 성공할 수도 있죠. 일반적으로 기술은 법칙이 존재하고 과학적 근거가 뒷받침되어 있기 때문입니다. 하지만 마케팅은 시대에 따라 방법이 많이 달라집니다. 새로운 교육을 받은 사람이 새로운 소비자로 등장하기 때문에 기존에 같은 마케팅 방법을 사용한다면 통하지 않습니다. 즉, 변화에 빨리 대응하고 열정이 있는 사람. 새로운 것들을 빨리 흡수하고 행동으로 실행할 수 있는 사람들이 많이 있으면 좋겠어요. 그런 사람들이 직무에 적합하고 와서도 적응도 잘합니다. 식품도 패션과 같이 유행이 존재합니다. 매일 새로운 신기하고 맛있는 제품이 쏟아지고 있습니다. 요즘은 못 먹는 시대가 아니라 골라서 먹는 시대이다 보니까 사람의 입맛이 유행에 민감하고 변화무쌍합니다. 그래서 다양한 경험을 많이 해 봤으면 좋겠고 기본적으로 식품을 좋아해야 한다고 생각합니다. 커피를 못 먹는데 커피 회사에서 근무한다는 것, 술을 못 먹는데 주류 회사에 취업한다는 것은 비효율적일 수도 있습니다. 관심이 있는 분야에서 제품을 단순히 만져 보고 먹는 것이 아니라 특이 사항도 보고 디자인, 성분도 분석해보고 SNS에 공유도 하면서 관심 있는 사람끼리 대화를 나누는 것 자체가 좋은 경험이라고 생각합니다.

#직무 트렌드

멘티 식품 분야의 트렌드를 읽는 노하우는 무엇인가요?

멘토 많이 보고 많이 읽고 많이 경험하는 게 좋습니다. 반드시 식품이 아니어도 다양하게 경험하는 게 중요합니다. 마케팅은 탐지하고 통찰하는 능력이 있어야 해요. 단순히 이걸 보는 것으로 끝나는 것이 아니라, 왜 그럴지에 대해서 호기심과 통찰 능력을 가지고 이면을 볼 줄 알아야 합니다. '소비자가 왜 이것을 선택할까?', '왜 우유를 살 때 사람들이 유통 기한이 긴 것을 찾아 진열대 맨 뒤에 있는 것을 살까?' '저 사람은 분명히 하루 이틀 안에 다 먹을 건데도 불구하고 유통기한이 긴 게 안전하고 좋을 것이다'라고 생각하는 소비자의 심리를 읽을 줄 아는 그런 사람이 되어야 합니다. 트렌드를 잘 읽는 통찰력, 탐지할 수 있는 능력이 있어야 합니다. 바다에서도 물고기를 잡으려면 탐지기를 이용해서 그물을 던지듯이 마케팅도 마찬가지입니다. 망망대해에 그물을 던지는 것은 비용과 자원을 낭비하는 것이고, 자원에는 항상 한계가 있습니다. 비용, 기계, 인력 모두 한계가 있기 때문에 시장을 잘 탐지해야 하고 그에 맞게 적절히 자원을 활용하여 마케팅을 해야 합니다.

#직무를 희망하는 후배들에게 한마디

멘티 **마케팅 직무를 희망하는 후배들에게 한마디 조언 부탁드립니다.**

멘토 항상 관심과 열정을 가지고 도전해 보라는 말을 하고 싶습니다. 만약 본인이 진정으로 마케팅부서에 가고 싶다면 면접이나 자기소개서를 준비할 때도 창의적인 경험을 많이 이야기했으면 좋겠어요. 예를 들면 본인이 인턴인 연수, 아르바이트 등 여러 가지 경험을 가지고 있다는 것은 다른 지원자들도 다 하는 것입니다. '○○에서 ○○을 함에 있어 나는 어떤 점을 다르게 보고 이렇게 다르게 생각해서 ○○게 했더니 ○○ 결과를 도출했다'처럼 말이죠.

제가 기억에 남는 사례가 하나 있는데, 외국 유명 명품 화장품 회사에 취업하고 싶은 학생이 있었습니다. 그 학생은 그 회사에서 근무하고 싶다는 마음 하나만으로 무작정 프랑스 본사에 가서 방을 얻고 회사 근처에서 아르바이트로 청소부로 일하게 되었습니다. 청소부로 일하면서 그 학생은 자연스럽게 본인이 원하는 목표와 가까워졌습니다. 결국은 그 학생은 한국에 있는 지사에 취업에 성공해서 근무하게 되었다는 사례가 있습니다. 이렇게 해당 분야에 진정한 관심이 있다면 나만의 스토리가 만들어집니다. 이러한 스토리를 잘 만들어서 회사에 지원한다면 그 회사의 오너 입장에서는 열정과 흥미가 있는 사람, 즉 열심히 일할 사람이라고 판단하게 됩니다. 본인이 진정으로 원하는 분야가 있으면 이렇게 차별화된 스토리를 준비하면 좋겠습니다.

마케팅은 매력 있는 직무입니다. 겉으로 보는 것과는 다를 수 있습니다. 상품 기획, 광고, 프로모션만 생각하면 큰 오산입니다. 끊임없이 데이터를 바탕으로 소비자와 시장을 관찰하고 모니터해야 하며 상품의 성패를 책임지는 부담감이 큰 직무입니다. 하지만 그만큼 보람도 있는 직종입니다. 내가 기획한 상품 내가 이름 붙인 상품이 시장에서 소비자의 선택을 받을 때가 제일 행복한 순간입니다.

3.1.2.3 제약사 마케터 김송이

#직무 소개, #직무 프로세스

멘티 현직자님은 어떤 일을 하시고, 어떤 프로세스로 업무가 진행되었는지 궁금합니다.
멘토 저는 현재 마케팅팀 소속입니다. 주 업무로는 마케팅 업무를 담당하고 있으나, 상품기획 업무도 포함되어 있습니다. 기본적으로 상품기획 업무와 마케팅 업무는 매우 밀접하게 연결되어 있습니다. 회사에 따라서 분리되어 있어 협업의 형태로 운영되기도 하지만 한 개의 부서에서 동시에 진행하기도 합니다. 제가 소속되어 있는 회사에서는 팀은 분리되어 있으나 마케팅팀에서의 상품기획 업무, 개발팀에서의 마케팅 업무와 같이 필요에 따라 함께 해야 하는 부분도 존재합니다. 설명을 용이하게 하기 위해 상품기획과 마케팅 업무를 각각 설명드리도록 하겠습니다.
우선 상품기획의 업무는 다음과 같은 방식으로 진행됩니다.
첫째, 자체적인 조사를 통해 상품을 찾아보고, 제안을 하는 방식입니다.
마케팅책의 원론에 나오거나, 소비자 또는 실무자가 생각하는 이상적인 방법입니다.
둘째, 톱-다운 제안이 있습니다. 대표 또는 임원진의 제안으로 새로운 상품을 검토하는 것입니다. 해당 방법은 이상적이지는 않지만 회사 규모와 상관없이 종종 이루어지는 일입니다.
셋째, 영업팀, 유통사나 MD 측에서 상품에 대한 역제안이 오는 경우가 있습니다. 요즘에는 제조사에 PB 상품을 요구하는 유통사가 많아지기도 하고, 브랜드가 약할 경우 채널에 맞춰서 상품을 개발하기도 합니다.
하지만 3가지 모두 제가 1차적으로 상품화 가능 여부 및 시장에 대한 검토를 마친 후에 개발팀에 상품 기획서를 전달합니다.
그것을 통해서 개발팀에서는 연구소나 OEM사에 전달하여 제제 개발 등이 이루어집니다.

마케팅팀에서는 해당 상품기획에 대한 상품 콘셉트에 대한 패키지, 유통 채널 검토, 소비자가 검토, IMC(Integrated Marketing Communication) 기획 등을 진행하면서 동시다발적으로 NPD(New Product Development) 프로세스가 진행됩니다. 마케팅팀은 해당 제품의 개발 방향이 맞는지, 소비자에게 진짜 필요한 제품인지 아닌지를 상품기획과 개발이 진행되는 도중에도 끊임없이 고민하며 준비해야 합니다. 만약 일치하지 않는다면 이미 진행 중일지라도 과감히 중단하는 결단을 내릴 줄 알아야 합니다.

#직무 구분

멘티 담당 직무의 팀은 어떻게 구분되어 있나요? 각 부서별로 어떤 일을 하는지 궁금합니다.

멘토 마케팅팀은 각자의 브랜드를 맡게 되는 BM 체제입니다. 제약사이기 때문에 크게는 의약 파트와 식품 파트로 나눠져 있습니다. 의약 파트에서는 ETC(전문의약품), OTC(일반의약품), 의료 기기 등을, 식품 파트에서는 일반식품과 건강기능식품을 담당합니다. 마케팅팀과 마찬가지로 개발팀(상품기획)도 동일하게 파트가 구성되어 있습니다.

개발팀과 마케팅팀의 직무적 차이의 핵심은 업무의 관점이 상이하다는 점입니다. 개발팀은 상품개발의 시작과 출시되는 전체적인 스케줄을 관리하는 데 반해, 마케팅팀은 담당 브랜드의 전체적인 시장 트렌드 분석과 SKU(Stock Keeping Unit/상품 재고 관리 단위) 관리 및 소비자 반응을 등을 통해 브랜드의 수명주기를 관리하는 업무를 합니다. 동일한 상품을 판매하기 위한 일련의 과정을 다루더라도 그 방향이 '개발'에 있느냐 '판매'에 있느냐에 따라 매우 상이하게 진행될 수 있습니다.

#직무 차이, #직무 세분화

멘티 회사 전체적인 팀별 직무 구분이 궁금합니다.

멘토 회사의 모든 팀별 직무를 상세히 소개해 드릴 수는 없습니다. 회사마다 업무의 범위가 상이하고 부서 구성도 상이하기 때문입니다. 저희 회사에 국한해 간단하게 설명드리면 본사에는 소개해 드린 마케팅팀과 개발팀 외에 인사, 재무, 영업팀, 영업관리팀, 구매팀, 디자인팀, CS팀, 해외영업팀 등이, 공장에는 생산관리팀, 품질관리팀, 품질보증팀 등이 구성되어 있습니다. 팀이 분리되어 있다고 하여 모두 상이한 업무를 하는 것은 아니고, 유기적으로 연결되어 있습니다. 단독으로 업무를 진행하는 것은 불가능하고, 서로 협업이 필요합니다.

#직무별 분할

멘티 멘토님 팀에서의 직급별 직무의 역할과 권한이 어떻게 다른지 궁금합니다.

멘토 실무자 직급은 브랜드 전략 수립, 판매 계획 수립, 신제품 런칭, 시장조사, MR(Medical Representative/의약정보 담당자(제약영업담당자로 사용))교육, 제품 홍보 등을 합니다.

관리자 직급은 실무자들이 브랜드에 대한 기획서나 제안서를 보고할 때 검토하고 피드백하면서 방향성을 제시합니다. 관리자는 실무자가 제안한 아이디어에 대한 의견을 전달합니다. 실무자는 때에 따라서 팀장님이 부정적인 피드백을 하면 다시 설득하여 업무를 진행하고자 노력합니다. 제가 다니고 있는 회사는 실무자의 이야기를 되도록 반영해주려고 하는 편입니다.

#직무 설명과 차이

멘티 MD와 마케팅에서의 상품 기획 직무는 어떻게 다른가요?

멘토 MD는 유통사에서 좀 더 많이 쓰이는 직무로서 상품 자체보다는 매출액의 증감이 더 중요한 분들입니다. 이분들은 상품의 소싱과 아이디어를 찾고, 이 아이디어에 어울리는 제조사를 발탁하는 업무를 합니다.

상품기획은, 그와 반대로 시장에서 고객이 찾는 상품이 무엇일지, 우리가 만들면 어떤 부분에서 경쟁력을 가져갈지, 그것이 원료(성분), 효과, 소비자가 등 어떤 부분에서 매력을 느낄수 있는지와 또 법적인 부분에 대한 상식을 가지고 있어서 표현이 가능한 제품명과 문구에 대해서까지 고민을 합니다.

결과적으로 MD는 이런 상품기획을 통해 나온 상품에 대해서 우리 채널과 잘 맞고, 고객과 잘 맞아서 매출이 많이 나올 수 있을지에 대해서 고민한다고 보시면 됩니다. 다만, 최근에는 유통사 MD분들이 현장 상황에 맞게 상품에 대한 콘셉트를 제안하는 경우도 있습니다.

#어려운 점, #보람

멘티 직무를 수행하면서 어려운 점은 무엇이고, 직무 선택에 보람을 느꼈을 때는 언제인지 궁금합니다.

멘토 어려운 점은 작업하는 카테고리가 바뀔 때마다 새로운 공부를 해야 하는 것입니다. 예를 들자면, 종합 식품 기업도 HMR, 디저트 등 다루는 상품이 매우 다양한데, 담당하는 카테고리마다 특성이 달라 다시 공부를 해야 합니다. 하지만 이 부분은 어려움이면서 즐거움이기도 합니다. 새로운 카테고리를 다루는 것은 새로운 마음으로 열심히 할 수 있는 동기부여도 되기 때문입니다.

보람을 느꼈을 때는, 상품이 출시된 후 소비자의 반응을 살필 때입니다. 저는 제가 출시한 상품의 반응을 블로그나 소비자 후기를 통해 꼭 찾아보는 편입니다. 상품의 콘셉트에 맞게 소비자가 칭찬을 하거나, 재구매에 대한 글을 남겨줄 때 보람을 많이 느낍니다. 또한 길거리를 지나다가 휴지통이나, 버려져 있는 껍질이 제 상품일 때 잘 팔리는 증거라는 생각이 들어 뿌듯하고 기분이 좋습니다.

#직무 수행 능력

멘티 마케팅 직무에서 필요로 하는 중요한 업무 능력이 무엇인가요?

멘토 먼저 시장의 흐름을 잘 읽는 능력이 필요하다고 생각합니다. 시장의 흐름을 못 읽거나 그에 대해 뒤처지면 제품을 출시해도 소용이 없기 때문입니다. 그다음으로 성실성과 열심히 하는 자세가 중요하다고 생각합니다.

#직무 준비

멘티 일반적인 식품 회사의 상품기획자와 달리 멘토님께서 재직 중이신 제약 회사의 상품기획자는 의약 계열 지식이 필요할 것으로 생각됩니다. 만약 그렇다면 이에 대한 공부를 따로 하신 건가요?

멘토 다니는 곳은 제약 회사지만 저는 일반식품과 건강기능식품 카테고리 담당자이기 때문에 의약 관련 지식을 요구하는 부분은 없었습니다. 하지만 개발 본부장님이 약사이며, 의약품을 주로 하셨습니다. 그래서 의약 계열 상품 개발 프로세스나, 관련 지식을 가지고 이야기하면 조금 더 이해도가 높아졌습니다. 때문에 의약 지식을 알고 있다면 업무 시에 조금 더 편하게 업무를 할 수 있습니다.

추가적으로 취업 준비생분들이 궁금해하실 부분 중에 의약개발팀에도 식품 전공자도 있습니다. 제약도 다양한 카테고리가 있기 때문에 제약사별로 다르지만 약사가 개발자인 곳도 많으나 ETC(Ethical dru/ 전문의약품)가 주 품목이 아니고 OTC(Over the counter/ 일반의약품)인 경우에는 약학과 외에도 다양한 전공이 있으며, 통상적으로 석사 이상을 뽑습니다.

석사 이상을 선호하는 이유는 보통 식품과 의약품 모두 해외 논문을 서치하는 일도 있으며, 실험실 경험을 선호하는(연구부서와의 업무 시 소통 등 때문에) 부분이 있기 때문입니다.

#직무 에피소드

멘티 업무를 수행하시면서 가장 기억에 남는 상황이나, 문제가 발생했던 사건이 있으시다면 당시의 상황이 어땠는지, 그리고 그 문제를 어떻게 해결하셨는지 구체적으로 말씀해 주실 수 있나요?

멘토 신제품 출시를 했는데, 개발에 소요되는 시간도 오래 걸렸고, 출시되기까지의 기간도 굉장히 길었던 적이 있습니다. 런칭 전, 예상되는 물량이 많아서 공장과 생산일정에 대한 협의를 모두 마쳤고 공장은 전부 생산이 가능하다고 답변하였습니다. 그러나 막상 생산을 시작하니 기존에 협의했던 납기일정대로 진행이 불가능한 상황이었습니다. 결국 런칭을 일주일 뒤로 미루고, 공급해야 하는 유통사에 양해를 구했습니다.

그런데 그 제품이 출시된 이후에도 문제가 발생했습니다. 출시한 시점이 여름이 시작되는 시점이어서 기온이 올라가는 때였는데, 갑자기 곰팡이 클레임이 들어온 겁니다. 제 입장에서는 조건별 실험은 전부 완료했는데 클레임이 들어오니 당황스러웠습니다. 그래서 직접 판매 현장을 점검하러 다녔습니다. 보통 소비자가 아닌 유통사 현장 CS에 관련된 클레임은 영업 사원이 처리하였지만 동시 다발적이어서 현장 체크가 필요하다고 생각했기 때문입니다.

직접 가서 보니 이유를 알 수 있었습니다. 제품의 콘셉트가 '커피 앤 디저트'라고 해서 커피와 함께 먹는 디저트로 커피 구매 고객에게 추가 구매를 유도하는 제품이었습니다. 이 콘셉트 때문에 유통사에서는 커피 머신 위에 제품 진열을 권장하였는데, 여름인데 커피 머신은 뜨겁고 천장에서는 에어컨 찬바람이 나와서 온도차 때문에 제품에 이상이 생겼던 것이죠.

현장 조사 뒤 바로 유통사에 제품을 냉장 디저트 쪽에 진열해 달라고 요청했습니다. 특히나 유통사의 경우 한두 건의 클레임만 들어와도 제품 발주를 정지해 버리는 경우가 있어서 몹시 위중한 상황이었고, 실제로 그렇게 된다면 제품을 준비했던 6개월의 기간은 물거품이 되는 것이기 때문에 힘들었던 기억이 납니다.

그래도 현장 확인 후 냉장매대에 진열되면서 위와 같은 문제는 없어졌고, 이후 제품은 안정적으로 판매가 잘 되었습니다.

#이직

멘티 마케팅 분야는 다른 직무에 비해 이직이 잦은 직무인 걸로 알고 있습니다. 그 이유 중 하나로 한 회사에만 오래 머물러 있으면 전문성은 깊어지지만 트렌드 감각이 좁아지기 때문인 걸로 알고 있습니다. 혹시 이에 대해 어떻게 생각하시나요?

멘토 마케팅팀에는 다양한 카테고리를 담당해 본 사람도 있고, 식품만 경험하신 분들도 계십니다.

하지만 식품에서도 카테고리가 매우 다양하고, 더 성장해 나가기 원하시는 분들은 이직을 많이 하는 편입니다. 마케터들과 이야기하다 보면 일반적인 회사보다는 IT 계열의 회사나 스타트업 마케터분들의 이직이 더 활발한 편입니다.

한 회사에만 있다고 해서 트렌드 감각이 무뎌지는 것은 아니지만, 개인에 따라 연차가 쌓일수록 시야가 좁아질 수도 있습니다. 그렇게 때문에 계속해서 기사와 트렌드 조사를 하며, 다른 분야의 마케터들과도 교류해야 한다고 생각합니다.

개인적으로는 한 회사에 오래 계신 분들도, 또 계속해서 이직을 하시는 분들도 대단하다고 생각합니다. 회사를 다녀 보면 한 회사에 오래 있는 것도 쉽지 않고, 이직을 계속 하는 것도 쉽지 않기 때문입니다. 두 가지 모두 개인의 선택일 뿐 정답은 없다고 생각합니다.

3.2 상품 기획

3.2.1 상품 기획에 대한 소개

식품에서 상품 기획·개발 직무의 구분은 회사마다 다르다. 보편적으로, 일반 식품 회사 및 유통사의 상품 기획·개발 직무는 크게 마케팅, MD에 포함되는 것으로 간주하며, 제약 회사와 건강기능식품 기업의 경우 상품 기획은 PM(Product Manager)라고 소개한다. 제약과 건강기능식품은 영양학, 생리학과 같이 요구하는 특수 지식이 일반 식품에 비해 더 많으며, 따라서 일반 식품 회사의 MD보다 연구적인 성격이 강하다. 이러한 제약과 건강기능식품을 포함한 제조사 PM은 제품의 패키지 디자인부터 제품에 들어가는 성분 및 관련 법령 하나하나까지 모두 검토하는 업무를 담당하며, 품질 관리 업무를 일부분 담당하는 경우도 있다. 유통사와 제조 기업 상품 기획 및 개발팀의 공통적인 업무는 상품 기획을 위주로 시장성 및 시장의 흐름을 파악, 고려하여 제품을 개발하는 것이라고 보면 된다.

구분	상품 기획 키워드
내용	#PM #제품 기획 #시장 데이터 분석 #커뮤니케이션 #식품 시장 #고객 트렌드 #유통 채널 #고객 분석 #통계학 #심리학 #사회학 #조사 분석 #분석력 #합리적 판단력
성격	#혁신 #분석적 사고 #적응성·융통성 #사회성 #스트레스 감내성 #성취·노력 #꼼꼼함
업무 수행 능력	#창의성 #학습 전략 #판단과 의사 결정 #선택적 집중력 #품질 관리 분석
지식	#영업과 마케팅 #상품 제조 및 공정 #디자인 #의사 소통과 미디어 #경영 및 행정
환경	#갈등 상황 #연설·발표·회의 #공문·문서 작성

3.2.2 상품 기획 멘토와의 대화

3.2.2.1 건강기능식품 상품기획

#직무 프로세스

멘티 현재 직장에서 어떤 일을 하시는지, 그리고 어떤 절차로 업무가 진행되나요?

멘토 제품 기획부터 출시까지 상품화 과정을 전체적으로 컨트롤하고 있습니다. 먼저 기획 개발 단계에서는 시장 조사를 통해 차별화된 제품을 기획합니다. 이때, 제품의 섭취대상 및 구매결정자를 설정하여 이에 따라 사용할 원료, 제품의 목적과 제형, 포장 단위 등을 기획합니다. 그 이후에는 이 제품을 생산할 수 있는 제조사를 탐색합니다. 몇몇 제조사로부터 가견적과 생산방식 등을 소통하며 제조사를 비교 분석하여 확정합니다. 이를 바탕으로 시제품 의뢰 단계를 거쳐 최종 단가를 확정하고, 이를 바탕으로 내부적으로 검토하여 제품 진행 여부를 결정합니다. 진행이 확정되면, 제조사와 계약을 통해 발주를 진행합니다. 여기서부터 본격적으로 제조사에서 제품을 생산하고 자사 물류 창고로 입고까지의 과정을 컨트롤합니다. 제조사와 같이 품목 제조 신고 및 공인 영양 성분 분석 진행 표기사항을 검토합니다. 이를 기반으로 광고 심의를 진행합니다. 이후 부자재 제작부터 제품 생산 일정 등을 체크합니다. 제품 출시 이후에는 제품의 판매 분석을 통해 제품의 개선 사항을 분석하여 리뉴얼을 진행하기도 합니다.

#직무 구분

멘티 담당 직무 팀은 어떻게 구분되어 있나요? 구분되어 있다면 각 부서별로 어떤 일을 하였는지 궁금합니다.

멘토 제가 일했던 기업은 건강기능식품을 담당하는 기획마케팅팀 산하에 제품기획개발팀이 있었습니다. 이 외에 디자인팀, 홍보마케팅팀이 있었습니다. 이후에는 제품기획개발팀이 기업부설연구소로 독립적인 부서가 되기도 했습니다. 제품기획개발팀의 업무는 제품의 방향성을 정해 제품을 기획하고 표시 사항 검토, 제품 출시까지의 각 단계별 진행사항을 파악하고 일정을 관리합니다. 이 외에도 건강기능식품 심의 진행 및 상세페이지 광고문구 등을 검토합니다. 제가 있던 팀에서는 상세페이지 초안을 기획하기도 했습니다. 디자인팀은 제품의 패키지 구성에 함께 참여하기도 하고, 패키지 디자인 개발과 상세페이지 등 홍보물 기획안을 구현합니다. 마지막으로 마케팅팀을 온라인 사이트를 운영하고, 상세페이지 및 홍보 방법을 고안하고 구현하는 업무를 했습니다.

#직무 선택 이유, #직무 차이점

멘티 제품 개발 및 RA(Research Associate) 직무를 선택한 이유는 무엇인가요? 입사 전 생각했던 업무와 동일하거나 다른 점이 있었나요?

멘토 제품 개발 직무를 선택한 이유는 직접 제품을 기획하고, 구현하는 것이 재미있고, 뿌듯하기 때문입니다. 예전부터 식품에 관심이 많아서 식품을 구경하고, 분석하는 것을 좋아했습니다. 그리고 제품을 통해 소비자에게 건강이나 맛의 즐거움, 편리함을 넘어 올바른 식습관을 제시해줄 수 있는 직무이기에 선택하게 되었습니다.

#직무 어려운 점, #보람

멘티 직무를 수행하면서 어려운 점은 무엇이었고, 이 직무 선택에 보람을 느꼈을 때는 언제인지 궁금합니다.

멘토 먼저 직무를 수행하면서 어려웠던 점은 건강기능식품 사업이 신사업이었기 때문에 입사 후 바로 업무에 투입되어 업무의 체계를 만드는 게 어려웠습니다.
업무를 하면서 느꼈던 보람은 제품의 판매량이 상승함에 따라 재발주 시점이 빨리 왔을 때입니다.

#업무 능력

멘티 제품 개발에 필요로 하는 중요한 업무 능력이 무엇인지 궁금합니다.

멘토 문제 해결 능력이라고 생각합니다. 소비자의 요구에 따라 제품을 제시하기도 하고, 어떤 공정으로 제조할 수 있을지 항상 고민하기 때문입니다. 또한, 제품을 재출시하기까지 예상치 못한 문제가 발생할 수 있어 어떻게 처리하느냐가 중요하기 때문입니다.

#직무 에피소드

멘티 첫 직장부터 현재까지 입사 후 가장 기억에 남는 일이 있다면 말씀 부탁드립니다.

멘토 먼저 첫 직장에서 품질관리 직무를 수행하며, 제품의 개선사항을 분석해 제품리뉴얼을 이끈 경험입니다. 제품의 클레임과 관능을 분석해 보고서를 연구소로 이관시켜 리뉴얼 이끌 수 있었습니다. 직무를 수행하며 공정이나 현장이 아닌 제품에 직접적인 개선에 참여한 것이 처음이었기 때문에 특별했습니다.
두 번째도 품질관리를 수행하며 있었던 경험입니다. 정해져 있는 업무 기준이 현장에서 조금씩 다를 때가 있었고, 저는 원칙대로 하려고 했었기 때문에 어려웠던 부분이 있었습니다. 그때, 선배가 해준 조언이 기억에 남습니다. '품질 관리를 하는 이유는 제품을 원칙적으로 생산하는 것도 중요하지만, 무엇보다 더 나은 품질의 제품을 생산하기 위함이라고" 이 말이 제게 업무의 목적을 다시 되새기고, 힘이 되었습니다.

멘티	업무를 하실 때 문제가 발생했던 사건이 있으시다면 당시의 상황이 어떠했는지, 그리고 그 문제를 어떻게 해결하셨나요?
멘토	제품 개발 당시 주된 오프라인 판매 채널이 한의원이었습니다. 소비자들이 한의원에 내원하는 환자들이었고 제품의 기능성이 '스트레스로 인한 피로 개선, 에너지 대사와 간 건강에 도움을 줄 수 있음'이었습니다. 일반 건강기능식품 시장에서는 간 건강에 대한 홍보가 소비자에게 플러스 요인이라서 간 건강이 부각되는 제품명을 정했는데, 판매 채널이었던 한의원에서는 한약이 간 건강에 안 좋다는 인식이 있어 간 건강을 홍보하는 것이 판매 채널 특성과 맞지 않다는 의견이 있었습니다. 그래서 제품명을 바꿔서 출시한 적이 있습니다. 이 경험을 통해서 판매 채널과 타깃에 따라 제품을 개발할 때 고려해야 할 점이 다양하다는 것을 알 수 있었습니다.

#이직 이유

멘티	품질 관리로 근무하셨다가 제품 개발로 직무를 옮기신 이유가 무엇인가요?
멘토	취업 당시에 품질 관리 직무가 폭이 넓어서 품질 관리 직무로 취업을 했지만, 학부생 때부터 제품 개발 직무를 희망했기 때문에 기회가 생겨 이직하게 되었습니다.

#이직 이력

멘티	품질 관리 직무에서 근무한 이력이 건강기능식품 연구 개발 직무로 이직하실 때 어떤 도움이 되었나요? 이직에 성공하셨던 노하우도 궁금합니다.
멘토	품질 관리 직무로 재직 당시에 클레임 관리 업무도 같이 진행했습니다. 클레임이 발생하면 그것에 대한 원인을 파악하고 제품을 개선시켰습니다. 이런 경험이 세품 개발직으로 근무하는 데 도움이 되었습니다. 퇴사 후 이직 전에 제품 개발을 하고 싶어서 창업을 준비했던 적이 있는데, 고객 체험단을 운영하며 고객들의 니즈를 파악하고 고객들의 의견을 피드백하는 일이었고 이런 과정이 제품 개발 직무에도 도움이 되었던 것 같습니다.

#직무 역량

멘티 만약 다시 대학생으로 돌아간다면 해 보고 싶은 경험이나 키우고 싶은 역량이 있으신가요?

멘토 학부 연구원 생활을 조금 더 길게 하거나 석사 과정을 밟아보고 싶습니다. 다양한 과제를 통해 연구하는 방행과 관점을 미리 배워 보는 것도 업무에 도움이 될 것 같기 때문입니다. 그리고 제2 외국어로 영어나 일본어를 제대로 배우고 싶습니다. 자료조사의 효율과 폭을 넓힐 수 있기 때문입니다.

3.3 영업

3.3.1 영업에 대한 소개

영업은 회사의 상품을 클라이언트에게 판매하는 직무를 뜻하고 이익을 창출하기 위해 벌이는 판매 활동을 말한다. 영업직은 단순히 물품이나 서비스를 거래하는 일에 그치는 것이 아니라, 이와 관련된 신규 시장 개척 전략 수립, 판촉 활동, 고객 관리 매출 보고 등의 업무를 담당한다.

구분	영업 키워드
내용	#클라이언트 #이익 창출 #판촉 활동 #고객 관리 #물류와 유통에 대한 이해
성격	#사회성 # 리더십 #신뢰성 #협조 #책임과 진취성 #스트레스 감내성 #적응성·융통성
업무수행능력	#인적 자원 관리 #물적 자원 관리 #판단과 의사 결정 #사람 파악 #서비스 지향 #행동 조정
지식	#영업과 마케팅 #경제와 회계 #고객 서비스 #경영 및 행정 #심리 #상담
환경	#의사 결정 권한 #연설, 발표, 회의하기 #치열한 경쟁 #마감 시간

3.3.2 영업 멘토와의 대화

3.3.2.1 종합 식품 회사 영업

#직무 소개

멘티 현재 영업 직무에서 일하고 계시는데 어떤 프로세스로 업무가 진행되나요?

멘토 영업은 B TO B와 B TO C, 그리고 Online 이렇게 세 가지 경로가 있습니다. 첫째로, B To B는 Business To Business의 약자로, 기업에서 바로 고객에게 납품 등의 거래를 하는 것이 아니라 기업이 또 다른 기업(업체)과 거래를 하는 것을 뜻합니다. 치킨을 제조할 업소용 기름 납품 및 프랜차이즈 음식점에 철판 등의 집기 납품을 예로 들 수 있습니다.

그리고 제기 담당하고 있는 업무인 B To C는 Business To Customer의 약자로, 이마트, 롯데마트, 집 앞의 슈퍼마켓과 같은 대리점 등록까지 관리하는 업무를 뜻합니다.

마지막으로 Online sales는 카카오나 옥션, 11번가 같은 온라인 채널을 관리하는 것을 말합니다. 저희 쪽 온라인에서는 아직 판매 시스템이 완벽하게 구현되지 않아 신입 사원도 뽑긴 하지만 대부분 과장급 이상의 업무에 능숙한 인원을 보내려 하고 있습니다.

멘티 영업직은 본인이 선택 가능한가요? 아니면 임의 배정이 되는 건가요?

멘토 신입 사원 교육을 받은 후에 면담으로 진행되는데 저는 인턴십 당시 소속되었던 팀으로 재배치가 되었습니다. 면담을 할 때 희망하는 곳을 이야기하면 그곳으로 갈 수도 있어 본인의 의사도 어느 정도 반영이 되는 자율성이 있다고 생각합니다.

#B to C 업무

멘티 B to C의 주요 업무는 무엇인가요?

멘토 매장의 제품이 고객에게 지속적으로 팔릴 수 있도록 매장을 관리하는 것이 주 업무입니다. 예를 들어, 한 대형 마트에는 보통 700~800개 정도의 제품이 진열되어 있는데 제품마다 2주 간격으로 프로모션 등의 행사를 바꾸게 됩니다. 이런 행사는 대형 마트의 본부와 회사의 담당 본부가 계약을 맺어 2주씩 정해진 기간마다 변경하는 시스템이라고 이야기할 수 있지요.

영업 직무의 인원당 4~5개의 거래처를 담당하는데, 전국의 매장 크기와 동선이 각기 다르지만 매장마다 최초 계약대로 행사가 잘 실시되고 있는지 즉, 본부에서 주관하는 행사를 점포에서 실행하도록 관리하는 게 주 업무라고 할 수 있습니다.

식품 회사 영업 직무의 경우 대부분의 업무가 비슷하다고 생각하면 됩니다.

#직무 역량

멘티 영업 업무 중에서 특히 중요한 점이 무엇인가요?

멘토 커뮤니케이션 능력이 가장 중요합니다. 이는 본부 내부와 거래처 내부 모두 해당됩니다. 특히나 본부에서의 커뮤니케이션이 잘 되지 않으면, 점포에서 원하는 상황과 시간에 제품을 공급해 주지 못하는 상황이 발생할 수도 있기 때문에 커뮤니케이션 능력을 잘 키워야 합니다.

멘티 영업 직무도 제품 판매 시 생산 공정과 같은 제품 특성에 대한 이해가 필요한가요?

멘토 저는 면접 당시 제품의 제조 공정이나 가공육의 함량 비율에 대해 많이 알고 있었기 때문에 경쟁 제품과의 비교 분석이 가능하다는 장점을 부각했습니다.

그러나 입사하게 되면 업무량 때문에 실제로 제품을 상세하게 살펴볼 수 있을 만큼 여유가 많지 않습니다. 다만 현장에서는, 경쟁사 때문에 현장 사원들에게 우리 제품에 대한 분석 자료를 배부하기도 합니다. 그런 자료 분석은 영업 담당이 아니라 제품 담당이 하는 것이고, 영업 담당은 주요 특징을 거래처에게 빨리 전달해 주는 역할을 할 뿐입니다.

덧붙여 말씀드리자면, 대기업은 직무가 상세하게 분류되어 있기 때문에 담당한 업무에 몰입할 수밖에 없습니다. 반면에 중소기업은 생산 과정부터 납품까지 모두 컨트롤하는 경우가 많고, 영업 사원이 제품 분석도 일정 부분 담당하는 경우도 있습니다.

멘티 업무 도중 돌발 상황 해결 시 필요하다고 생각하시는 역량이 있다면 말씀해 주세요.

멘토 영업은 불시에 일어나는 상황이 많습니다. 이때 즉각적인 위기 대처 능력이 필요합니다. 실제로 제 담당 점포에 물건 납품이 안 된다면, 이것으로 인해 거래처에서 제품 클레임을 거는 경우가 있습니다. 그렇게 되면 책임을 질 수 있는 상황이 될 수 있기 때문에 즉각적으로 임기응변을 해야 합니다.

#직무의 장단점

멘티 영업직이 타 직무보다 업무 강도가 강하다는 이야기가 있는데 어떻게 생각하시나요? 그리고 영업직의 장단점도 말씀 부탁드립니다.

멘토 먼저, 업무 강도에 관해서는 개인의 성향 차이가 크다고 생각합니다. 영업직의 경우에는 매일 외근을 나가기 때문에 자유롭고 유동적으로 움직일 수 있다는 점이 장점이지만, 매일 운전을 해야 하는 일이다 보니 체력 소모가 많다는 단점이 있습니다.

그리고 사람과 어울리는 것이 힘들지 않고 즐겁다면 영업 직무를 잘 해낼 수 있다고 생각합니다. 거래처에 나가면 업무에 관련된 이야기만 하는 것이 아니라, 인생 선배로서 다양한 이야기를 해 주시기도 하기 때문입니다.

회사는 매출을 만들어 내는 조직이고, 영업직은 이런 회사의 최전선에 있다고 이야기할 수도 있는 요직이기 때문에 영업에 니즈가 있다면 꼭 추천하고 싶습니다.

#AI의 직무 대체 가능성

멘티 영업 직무가 AI로 대체될 수 있다는 예측이 있는데 어떻게 생각하시나요?

멘토 영업 직무가 AI로 대체될 직무는 아니라고 생각합니다. 오프라인의 고객들이 온라인으로 이동하는 상황에서, 오프라인 매출이 감소해 점포가 폐점하는 경우에는 담당하는 영업 거래처가 줄어들면서 인원 감축은 있겠지만, 영업의 특성상 직무 자체가 데이터로 이루어질 수 있는 부분은 아니기 때문입니다. 공기업이 아닌 모든 회사는 수익을 내야 한다는 점에서 영업이라는 직무가 필요합니다. 영업 직무는 사람 대 사람으로서의 관계가 데이터 못지않게 중요합니다.

#직무를 희망하는 후배들에게 한마디

멘티 영업 직무를 희망하는 분들에게 전해 주고 싶은 말이 있다면 말씀해 주세요.

멘토 영업직은 사람을 대하는 것에 대한 부담이 없는 사람들에게 추천합니다. 또한 이런 성향의 사람들조차 상처를 받고 퇴사하는 경우도 있기 때문에 내향적인 사람들에게는 다소 도전적일 거라 생각합니다. 사무실에 하루 종일 앉아 있기 힘들고 외향적인 성향을 지니고 있는데 영업에 관심이 있다면 도전해 보는 것도 나쁘지 않다고 생각합니다. 영업 직무는 회사에서 가장 지원을 많이 하는 조직이고 현장에서 배울 수 있는 것이 많은 직무이기 때문입니다.

3.4 연구 개발

3.4.1 연구 개발에 대한 소개

연구 개발 직무는 보통 R&D 직무라고 부르는데, R&D란 Research and Development의 약자이다. 시장과 소비자의 요구에 부합하는 신제품을 개발하고 품질 유지와 개선 업무 등을 맡게 된다. 다양한 연구를 바탕으로 기업의 기술 경쟁력을 높이는 활동을 주로 수행한다. 최근에는 상품의 차별화에 관심을 가지면서 제품의 개발(R&D)에 대한 관심이 더욱 높아지고 있다.

식품 산업에서 연구 개발 직무는 선행 기술 연구, 제품 공정 기술 개발, 신소재 탐색 및 개발 등 다양한 분야를 연구하고 개발한다. 기초 연구와 응용 연구 등의 성과를 제조와 생산 과정에 적용하여 상품화하는 과정을 거치는데, R&D 직무의 경우 크게 연구와 개발 두 범주로 나누어 생각할 수 있다. "제품의 요람부터 무덤까지"라는 말은 제품 개발 업무를 가장 잘 설명하는 말이다. 제품을 기획하고, 아이디어를 내고, 시생산, 본생산을 거쳐 제품 출시에 이른 후 제품의 수명이 다할 때에는 리뉴얼을 해 주고, 그래도 안 될 시 단종까지의 모든 과정에 참여하는 것이 제품 개발 업무이다.

연구직으로 근무하지만 연구소뿐만 아니라 생산 현장에 대한 이해도 중요하다. 실험실과 공장에서 같은 컨디션의 제품을 만들어 내는 것은 상당한 어려움이 따르기 때문이다. 기업의 목적인 이익을 추구하기 위해서는 적당한 수준의 가격 경쟁력을 갖추는 것 또한 필수적이다. 맛있고 뛰어난 제품을 만들고 나서도 품질을 유지하는 동시에 원가를 절감하는 방식으로 업무가 진행된다.

구분	연구 개발 키워드
내용	#연구직 #제품 개발 #분석 #원가 #생산 #분석력 #문제 해결 능력 #책임감 #정확성
성격	#혁신 #분석적 사고 #협조·협력 #책임과 진취성 #꼼꼼함 #인내 #성취·노력
업무 수행 능력	#품질 관리 분석 #문제 해결 #기술 분석 #판단과 의사 결정 #논리적 분석 #창의력
지식	#상품 제조 및 제조 공정 #화학 #생물·미생물 #법률 #공학 기술 #언어(영어·일어 등)
환경	#커뮤니케이션 #연설·발표·회의하기 #문서·공문 작성

3.4.2 연구 개발 멘토와의 대화

3.4.2.1 아워홈 연구 개발 황철순

#직무 소개, #직무 프로세스

멘티 현재 R&D 직무에서 일하고 계시는데 어떤 프로세스로 업무가 진행되나요?

멘토 저는 연구 개발 직무로 입사하여 현재 단백질성 상품의 개발 업무를 담당하고 있습니다. 시장 조사를 통해 제품의 타겟과 콘셉트가 구체화되면 lab test와 시생산 등의 과정을 거쳐 제품이 완성됩니다. 완성된 제품의 품질을 유지하고 개선하며, 수명이 다한 제품의 리뉴얼이나 단종까지 담당하게 됩니다.

#직무 선택 이유

멘티 현재 연구 개발 직무를 선택하신 이유와, 선택하면서 고려했던 점은 무엇입니까?

멘토 식품영양학을 전공하며 배운 식품 관련 전공 지식을 업무에 활용하고 적용할 수 있기 때문에 연구 개발 직무를 선택했습니다. 개인적인 성격이나 성향과 맞는 직무를 선택하는 것이 중요하다고 생각하여 연구원이 되기를 결심했습니다.

#직무의 장단점

멘티 연구 개발 직무의 장단점은 무엇이라고 생각하시나요?

멘토 본인이 담당하는 제품과 분야에 대해 전문가가 될 수 있다는 점이 장점이라고 생각합니다. 제품 개발 담당자는 제품을 만드는 데 필요한 원재료의 특성부터 대량 생산을 위한 공정 설계, 소비자들이 조리하여 섭취하는 방식까지 이해해야 합니다. 이렇게 폭넓은 분야를 상세히 파악하고 관리해야 하기에 제품의 연구 개발 직무를 까다롭고 고된 일이라고 생각할 수도 있겠네요.

#직무 어려운 점, #보람

멘티 연구 개발 직무를 수행하면서 어려웠던 점은 무엇이고, 이 직무 선택에 보람을 느꼈을 때는 언제인지 알려 주실 수 있나요?

멘토 제품의 생산 설비와 제조 공정에 익숙해지기까지 시간이 오래 걸렸습니다. 실험실에서 진행되는 배합 테스트나 조리 실험의 경우 기초적인 전공 지식과 반복적인 경험으로 비교적 원활히 업무를 습득할 수 있습니다. 하지만 대부분의 경우 대량 생산을 위한 공정과 설비에 대한 사전지식이 불충분하기 때문에 시생산 과정을 통해 부족한 내용을 파악할 수 있습니다. 이런 과정을 거치면서 개발에 참여한 제품이 SNS에 추천 아이템으로 소개될 때 신기하면서도 뿌듯했습니다.

#R&D 오해, #잘못된 상식

멘티 취업 준비생이나 학생 등 다른 사람들이 R&D라는 직무에 관하여 하는 오해나 잘못된 상식들이 있다면 어떤 것이 있을까요?

멘토 직무의 이름에서도 알 수 있듯이 연구와 개발 업무를 모두 수행합니다. 흔히 실험실에서 연구만 수행한다고 생각하는 경우가 있는데 개발 업무도 비중이 높다는 점을 아셔야 합니다. 또, 연구원은 편하고 단순한 업무만 담당한다는 오해도 있습니다. 제품의 기획부터 생산과 단종까지의 전체적인 과정을 담당하기 때문에 다양한 과정을 섬세하고 책임감 있게 다룬다는 것도 알아두시면 좋습니다.

#직무 역량

멘티 업무 도중 돌발 상황 해결 시 필요하다고 생각하시는 역량 및 경험이 있다면 말씀해 주세요.

멘토 냉철한 판단과 문제 해결 능력이 중요하다고 생각합니다. 연구 개발 업무를 수행하면서 돌발 상황이 자주 발생하지는 않습니다. 하지만 만약 그런 일이 일어난다면, 주로 실험 과정이나 생산 라인에서 문제를 맞닥뜨리게 됩니다. 당황하지 않고 차분하고 문제를 파악하고 올바른 판단으로 해결책을 찾아낸다면 효율적으로 돌발 상황에 대처할 수 있습니다.

#향후 전망

멘티 현재 종사하고 계신 직업의 향후 전망이나 지속가능성에 대해 어떻게 생각하시는지 말씀 부탁드립니다.

멘토 식품산업은 꾸준한 수요를 바탕으로 지속적인 발전과 성장을 하고 있습니다. 소비자의 다양한 경험을 통해 국내외 식문화 트렌드가 시시각각 변하고 있고, 그에 따라 식품 산업도 발맞춰 커 가고 있기 때문에 식품산업에 종사하며 전문성을 키워 갈 만한 가치가 충분하다고 생각합니다.

#직무를 희망하는 후배들에게 한마디

멘티 이 직무를 희망하는 분들에게 전해 주고 싶은 말이 있다면 말씀해 주세요.

멘토 호기심을 바탕으로 꾸준한 공부가 필요한 직업임을 알려 주고 싶습니다. 본인의 담당 분야에 대해 자세하고 정확하게 파악할수록 자신의 전문성이 높아지기 때문입니다. 또, 체력과 집중력을 기르라는 조언을 드리고 싶습니다. 연구 개발 직무에서도 제품 개발 업무를 담당하게 된다면 제품이 탄생하기까지 오랜 기간 동안 많은 부분을 신경 써야 합니다. 단거리 경주보다는 장거리 마라톤이라는 생각으로 체력과 집중력을 기른다면 업무에 도움이 될 것입니다.

3.4.2.2 음료 연구원

#직무 소개, #직무 프로세스

멘티 현재 어떤 일을 하고 계시는지, 어떤 프로세스로 업무가 진행되는지 궁금합니다.

멘토 주스, 과채 주스, 두유, 혼합 음료 등 음료 부분의 제품 개발 및 제품 개선 업무를 담당하고 있습니다. 시장 트렌드 조사, 업계의 동향 및 신소재 등을 접하며 제품 개발 콘셉트를 잡거나, 음료브랜드팀과 유통사업부의 협의 등을 통해서 제품 개발 요청을 받으면 제품 콘셉트를 설정하고 원료 검토, 배합 실험, 감각 평가, 공정 적용 시험, 제품 디자인 및 표시 사항, 시제품 및 본 제품 출시 과정을 통해 신제품을 출시합니다. 식품 법규의 재개정을 모니터링하며 제품 표시 사항 변경이나 규격 관리를 하고 있으며, 원재료의 가격 변동, 수급 상황을 파악하여 제품 생산이 원활하게 이루어지도록 관리 업무 또한 진행하고 있습니다.

#직무 선택 이유

멘티 현재 연구 개발 직무를 선택하신 이유와 선택하면서 고려했던 점은 무엇입니까?

멘토 영양학 분야의 공부가 재미있었고 다이어트, 영양에 관심이 많았습니다. 저의 관심과 전문 지식을 식품에 적용해서 더 건강하고 영양적으로 가치 있는 가공식품을 만들고 싶었습니다. 식품 가공학적인 부분보다는 영양적인 면이 접목될 수 있는 식품 카테고리에 대해 고민을 하고 선택을 했던 것 같습니다.

#직무의 장단점

멘티 연구 개발 직무의 장단점은 무엇이라고 생각하시나요?

멘토 제품 개발을 위해 다양한 정보를 접하고 많이 먹어 보는 일련의 개발 활동이 재미있고 새로운 것을 만들어 낸다는 자부심이 있습니다. 하지만, 그 새로운 것을 창조하고 검증해서 시장에 내는 과정은 안전성 검증 등 많은 연구와 노력이 필요한 부분입니다.

#직무 어려운 점, #보람

멘티 연구 개발 직무를 수행하면서 어려웠던 점은 무엇이고, 이 직무 선택에 보람을 느꼈을 때는 언제인지 알려 주실 수 있나요?

멘토 어려운 점은 아이디어를 내고, 맛을 좋게 하고, 다른 제품에 비해 내세울 수 있는 특징을 잡는 과정에 많은 고민이 생깁니다. 그리고 제조와 판매에 있어서 문제없이 출시될 수 있는지 법적인 부분과 제조 공정 부분의 안전성을 검증하는 일련의 과정들에 많은 책임을 느낍니다. 하지만 그렇게 개발한 제품이 시장에 깔리게 되고 조직의 매출 증대를 확인하게 될 때 굉장한 보람을 느낍니다.

#R&D 오해, #잘못된 상식

멘티 취업 준비생이나 학생 등 다른 사람들이 R&D라는 직무에 관하여 하는 오해나 잘못된 상식들이 있다면 어떤 것이 있을까요?

멘토 식품 회사의 제품개발연구직은 기초 연구나 페이퍼 워크를 하는 것이 아닌 시장성 있는 제품 개발을 통한 조직의 매출 기여입니다. 아무리 좋은 연구를 하고 새로운 제품을 개발했다고 하더라도 소비자가 반응하지 않고 매출이 발생하지 않으면 비생산적인 연구 활동인 것입니다. 따라서 제품개발연구직을 준비한다면 단순 연구 활동이나 대학원에서 했던 실험들이 아닌 새로운 제품에 대한 아이디어와 시장을 분석하는 능력이 중요함을 인지해야 합니다.

#직무 역량

멘티 업무 도중 돌발 상황 해결 시 필요하다고 생각하시는 역량 및 경험이 있다면 말씀해 주세요.

멘토 외국에서만 공급이 가능한 원료 구입이나 새로운 장비의 기술 세미나 등이 연구소에서 빈번합니다. 따라서 외국어 능력이 중요합니다. 또한 공장이나 외부 출장, 세미나가 많아 운전은 여러 상황에 필수적입니다.

#직무 준비

멘티 음료개발팀은 새로운 제품을 연구하는 팀으로 독창적인 음료 제품을 개발하기 위해 부단한 노력을 하고 있다고 소개가 되어 있는데요, 각종 음료의 신제품 개발을 위해 갖추어 두면 좋은 사전 지식이나 활동이 있을까요?

멘토 음료는 시장 흐름과 소비자 반응이 빠르게 변화하는 분야입니다. 따라서 시장 트렌드를 분석하는 감각을 바탕으로 '이런 제품이 나오면 어떨까, 이렇게 만들면 맛있지 않을까'와 같은 제품 개발 아이디어로 새로운 맛을 내는 감각이 중요합니다. 따라서 다양한 음식을 접하고, 만들어 보고, 맛에 대한 감각을 키우는 활동들이 도움이 될 것이라고 생각합니다. 카페나 음료 프랜차이즈에서 경험을 쌓거나 식음료 분야 자격증을 취득하는 것을 추천합니다.

#향후 전망

멘티 현재 종사하고 계신 직업의 향후 전망이나 지속가능성에 대해 어떻게 생각하시는지 말씀 부탁드립니다.

멘토 코로나 이슈 등으로 건강하고 안전한 식품에 대한 니즈가 점점 증대되고 있습니다. 또한 많은 소비자들이 식품에 대한 정보를 쉽게 접하기 때문에 소비자들은 더욱 똑똑해지고 있습니다. 이런 면에서 영양학 전공자의 식품 업계 역할이 더욱 중요해질 것이라고 생각합니다. 과거와는 다르게 클린 라벨 이슈는 중요하며 비건, 키토식 등 새로운 식생활도 유행하고 있습니다. 이런 변화에 식품이 대응해 나가야 할 것입니다. 식품과 식생활은 인류에서 가장 중요한 부분이기 때문에 그런 측면에서 더더욱 영양적인 식품의 미래는 밝다고 생각합니다.

#직무를 희망하는 후배들에게 한마디

멘티 이 직무를 희망하는 분들에게 전해 주고 싶은 말이 있다면 말씀해 주세요.

멘토 뭐든 해 본 사람이 잘하는 법입니다. 많이 먹어 보고 만들어 본 사람이 그 지식을 바탕으로 공장에서 대량 생산하는 제품도 잘 만들 수 있습니다. 젊은 감각의 번뜩이는 아이디어를 기술력과 결합하여 응용할 수 있다면 신제품 개발 연구직의 업무를 잘 수행하실 수 있을 것입니다.

3.4.2.3 식품안전정보원 책임 연구원 권소영

#직무 소개, #직무 프로세스, #책임 연구원

멘티 현재 책임 연구원으로서 어떤 일을 하고 계시는지 궁금합니다.
멘토 저희 식품안전정보원은 정책 연구를 전문으로 수행하는 곳으로 주로 문헌 연구를 중심으로 연구를 수행합니다. 제가 주로 하고 있는 연구 분야는 식품 안전 관련 최신의 신기술 관련 트렌드 분석 연구와 더불어 R&D 기획과 연구 기획 활동에 필요한 기술 수준 평가(technology assessment) 관련 연구를 수행하고 있습니다.

#직무별 분할

멘티 재직 중이신 기관의 직급별 직무와 권한이 어떻게 되는지 궁금합니다.
멘토 저희 부서는 타 부서와는 달리 연구직으로 구성되어 있기 때문에 직급별 직무를 엄연히 나누기는 어려운 부분이 있으나, 책임 연구원 이상은 박사급 연구자로 연구 프로젝트를 총괄하여 진행할 수 있는 사람이 대부분이고 선임이나 연구원의 경우 석사 또는 박사급 연구자로 책임 연구원에 비해 연구 경험이 상대적으로 적으며 공동 연구원으로 연구에 참여하게 됩니다.

#직무 선택 이유

멘티 연구직을 선택하신 이유와 선택하면서 고려하셨던 점은 무엇인가요?
멘토 저의 개인적인 성향이 새로운 것을 알아가고 찾아가는 데 흥미를 많이 느끼는 편입니다. 학부 때부터 전공 공부가 재미있었고 계속 연구하고 공부할 수 있는 직업을 갖고 싶어서 연구직을 선택하게 되었습니다. 학부 졸업 이후 사기업에 취직하는 것과는 달리 연구직은 직업을 늦게 찾을 수도 있기 때문에 계속 연구를 지속해 나가게 되는 것이 필요하다고 생각하여 석사 이후 바로 박사를 진학하였습니다.

#직무 어려운 점, #보람

멘티 직무를 수행하면서 어려운 점은 무엇이었고, 이 직무 선택에 보람을 느꼈을 때는 언제인지 궁금합니다.

멘토 제가 수행한 정책 연구를 통해 법령이나 제도 개편에 반영될 때 가장 큰 보람을 느낍니다. 어려운 점은 실험 연구와는 달리 결과가 구체적으로 도출되지 않는 경우도 존재하기 때문에 연구 결과 방향을 이끌어 가는 점이 가끔 어렵게 느껴집니다.

#직무의 장단점

멘티 현재 하고 있는 직무의 장단점이 있다면 무엇인가요?

멘토 장점은 직접 연구를 수행한 것들로 인해 정책이나 제도가 바뀌게 되는 것을 실제 체감할 수 있는 점이 장점이라고 생각되고, 단점이라면 프로젝트 베이스로 일을 하기 때문에 프로젝트마다 업무의 강도가 다 다르고 프로젝트 스케줄에 맞춰 업무를 진행해야 하다 보니 업무의 강도가 높은 경우도 꽤 있습니다.

#연구직 성격

멘티 연구직과 잘 어울리는 성격, 성향에 대해서도 궁금합니다.

멘토 연구직은 마라톤과도 같습니다. 단기간에 성과가 나오지 않을뿐더러 꾸준히 지속하는 것이 매우 중요합니다. 하나의 일을 꾸준히 지속할 수 있는 능력과 새로운 영역에 대해 탐구하고자 하는 열망이 있는 사람은 연구직에 잘 맞는다고 생각됩니다.

#직무 역량

멘티 해당 직무를 수행하기 위해 필요한 업무 능력은 무엇이라고 생각하시나요?

멘토 하나의 프로젝트를 직접 이끌어 나가야 하기 때문에 전체적인 기획 능력과 책임감이 필요하다고 생각되며, 정책 대안을 제시해야 하기 때문에 정치, 경제, 사회 등 다방면을 고려한 아이디어가 풍부한 것이 연구를 수행하는 데 있어 장점이 될 수 있는 능력이라고 생각합니다.

멘티 하셨던 경험들 중에서 실제로 취업에 도움이 된 경험이 있으신 가요? 그 경험을 통해 얻으신 역량은 무엇이었는지, 그 역량이 어떻게 그 직무에 쓰였는지 혹은 도움이 되었는지 궁금합니다.

멘토 연구직이라 위에 많은 활동들이 직접적으로 취업에 도움이 되었다고 보기는 어렵지만, 대학원에서 대학원생 대표로 일을 했던 경험은 부서를 운영하고 프로젝트를 이끌어 가는 저에게는 매우 좋은 경험이었던 것 같습니다.

#직무 에피소드

멘티 업무를 하실 때 가장 기억에 남는 상황, 문제가 발생했던 사건이 있으시다면 당시의 상황이 어떠했는지 그리고 그 문제를 어떻게 해결하셨는지 구체적으로 말씀해 주실 수 있으실까요?

멘토 연구 과제를 수행하는 것은 연구자가 개인의 지적 호기심에서 연구를 수행하는 경우도 있지만, 대부분 연구 과제를 발주한 수요 기관이 있으므로 그 기관에서 추구하고 요구하는 연구 결과가 있을 수 있습니다. 특히, 저희 원의 특성상 산하 기관이다 보니 관계 기관과의 이해 관계 조율이 중요한 상황이 발생하기도 합니다. 연구자로서는 결론을 내고 싶은 방향이 있다고 하더라도 실제 수요 기관에서 상황상 당장 도입하기 어려운 결론도 있으므로 그 관계 안에서 조율을 잘해 나가는 능력이 중요하다고 생각됩니다.

#직무를 희망하는 후배들에게 한마디

멘티 이 직무를 희망하는 분들에게 추가로 전해 주고 싶은 말이 있다면 말씀해 주세요.

멘토 연구직을 희망하는 경우 일부는 연봉과 업무 환경이 좋을 것을 기대하고 진로를 선택하는 경우가 있는데 연구를 즐기고 좋아하지 않는 사람에게는 매번 새로운 연구 주제와 프로젝트가 달라지는 것은 힘든 일일 수 있습니다. 어떤 목적을 추구하기 위해 연구를 선택하게 되었는지 분명히 하지 않고 겉으로 보이는 면만을 보고 직무를 선택하게 된 경우 적성에 맞지 않아 힘들어하는 연구원들을 종종 본 적이 있습니다. 한번 연구직으로 그 길을 가게 될 경우 다른 직무에 비해서 다른 길을 선택하기 쉽지 않으므로 신중하게 선택을 했으면 합니다.

3.4.2.4 흥국 F&B R&D 센터장 신동건

#R&D 센터장 업무

멘티 R&D 센터장으로 계시는데 업무는 어떤가요?

멘토 저는 전체 R&D 제품 총괄 업무로 마케팅에서 기본적인 제품 개발 기획에 따라 제때 정확하게 요구 조건에 따라 개발되고 있는지, 그리고 우리 회사 제품이 아닌 경쟁사 제품은 얼마나 경쟁력이 있는지를 체크합니다. 또한 우리 회사가 어느 정도 수준인지, 신제품 개발도 있고 다음으로 기존 제품에 대한 경쟁력이 얼마나 있는지에 대해서도 확인합니다. 아무리 좋은 제품이라도 비싸면 회사에 손실을 유도하기 때문에 적정 가격을 위한 원가 절감, 그리고 공정이 제대로 되는지를 보는 공정 관리, 식품 안전 등을 총괄한다고 보시면 됩니다.

#R&D 오해, #잘못된 상식

멘티 취업 준비생이나 학생 등 다른 사람들이 R&D라는 직무에 관하여 하는 오해나 잘못된 상식들이 있다면 어떤 것이 있을까요?

멘토 개발이라고 식품 개발만 하는 것이 아니라 신제품 개발 이외의 기존 제품에 대한 경쟁력을 확보하고 있는지 확인합니다. 그리고 제품 개발 과정에서 원료의 변동이 있다면 원료를 적절하게 바꿔 줘야 하고 원가 부분에서도 원가가 오르면 대체 원료를 무엇으로 할지 결정합니다. 또한, 제조공정의 변화에 따라 공정도 바뀌어야 하고, 제품 제조 과정에서도 여러 안전성 문제, 원자재에 대한 부자재, 공정에 대한 안정성을 반복해서 지속적으로 관리해야 합니다. 이처럼 R&D 업무는 생각보다 넓습니다. R&D라고 착각하는 부분이 개발만 하는 게 아니라 모든 일련 과정, 제품이 생산되기 위해 탄생 전부터 준비해서 탄생 후에도 제품이 소멸되기까지의 라이프 사이클을 관리해야 합니다. 제품이 잘 팔리면 무슨 이유 때문에 잘 팔리는지, 그렇지 못한다면 무슨 이유 때문에 부진을 겪는지를 관련 부서와 분석해야 합니다. 그리고 부족한 부분을 어떻게 개선해 나갈 것인지, 유지를 할 것인지, 타사의 경쟁 제품은 어떤지를 알아봅니다. 기업 연구소는 적정한 제품을 적정시기에 생산해야 하기 때문에 마케팅뿐만 아니라 제품 개발자도 시중의 먹거리 변화와 소비자 트렌드 변화, 식품과 유관하지만 화장품과 의류 쪽 트렌드도 봅니다. 저희도 정기적으로 R&D 연구원들이 시장 조사, 트렌드 분석, 관련 부서와 자료 공유를 하면서 협의하고 여러 부분을 반복적으로 합니다. 기업 연구소는 대부분 이렇게 이루어지는데 큰 회사는 R&D가 나누어져 있습니다. 대량 생산 회사나 대기업은 실험 실적 개발, 중간 시험까지 작업, 양산개발팀, 사후개발팀 이런 식으로 크게 세부적으로 나누어져 있습니다. 중소기업은 전체적으로 알 수 있기 때문에 한 번에 하기도 합니다. 일련의 과정을 개발자가 끝까지 책임져야 합니다. R&D 지원 친구들에게는 어디든지 넓게 보는 시각이 중요하다는 생각이 듭니다.

#신입 사원 기초 교육

멘티 만약 R&D 신입 사원이 온다면 기초 교육이 있나요?

멘토 기본적으로 회사에서 신규 입사자에 한해서 기본적인 OJT 과정이 2주 정도 있습니다. 전반적으로 회사 전 조직이나 권한 R&R이 회사마다 좀 다릅니다. 공통 교육을 먼저하고 공장이나 본사에서 실제 업무를 알아야 진행되기 때문에 공장에서 직접 제조 체험도 합니다. 기본 교육을 하고 부서별로 실무 OJT는 별도로 진행됩니다. R&D의 경우에는 맡을 업무가 무엇인지에 따라 멘토가 정해지는데 집중적으로 한 달 이상 교육을 받게 됩니다. 학교에서 배운 것과 실무 교육 외에 추가적으로 배워야 할 부분도 있기 때문에 제가 다니는 회사에서는 음료에 대한 기본 지식, 각 원료의 설탕이나 과당이 어떤 역할을 하는지, 향료가 어떤 역할을 하는지 등 기본적인 내용을 배웁니다. 또한, 제조 공정 과정에서 어떤 변화가 있는지 실무 중심으로 많이 교육을 합니다. 신입 사원과 경력 사원은 교육 방법이나 교육 시간, 난이도의 차이는 있다고 보시면 됩니다.

#직무 선택 이유

멘티 R&D 직무 선택 이유는 무엇입니까?

멘토 대학원 석사 졸업 후 R&D 지원을 했지만 기업 연구소에서 근무하기 위해서는 제조 과정도 알아야 한다고 선배들이 말씀해 주셨습니다. 그래서 신입 사원 교육 과정에서 공장 3년 근무 후 R&D로 가는 조건으로 생산에 지원하였습니다. 열심히 연구를 해서 개발을 해도 공정 이해가 없는 상태라면 말짱 도루묵이 되기 때문입니다. 하지만 공장에서 생산을 하면서 재미를 느끼게 됐고 생산과 유관한 품질 관리도 배우고 싶어 본사 기획실에 지원해서 근무를 하였습니다. 그리고 당시 처음 도입된 HACCP 프로젝트도 하고 있어서 많이 배우게 됐습니다. 마지막은 식품개발팀장 겸직으로 퇴사 전 4년 정도 유제품 회사 중앙 연구소에서 개발 연구를 하였습니다. 근무했던 곳들은 다 R&D와 연관된 부서들로 상품개발도 전문 지식이 없으면 개발이 불가능합니다. 제품에 대한 속성도 다 알아야 마케팅을 할 수 있기 때문에 대부분 상품 개발 쪽은 연구소 출신이 대부분이었습니다. R&D와 관련된 부서는 충분히 있기 때문에 비슷한 지식을 가지고 있어야 완벽한 제품 생산이 이루어질 수 있다고 생각합니다.

#직무 준비

멘티 R&D 직무를 위해 갖추어 두면 좋은 지식이나 경험이 있나요?

멘토 R&D라고 해서 다른 분야와 다르다고 보시면 안 됩니다. R&D나 생산이나 품질이나 다 똑같은 직무라 생각합니다. 다만 어디에 더 집중적으로 하냐의 차이입니다. 그리고 식품과 연관된 기본적인 지식은 중요합니다. 각 원료의 특성, 예를 들어 밀가루의 특성, 음료라면 설탕이나 당류, 향료에 대한 기본 지식 등을 공부해야 합니다. 식품화학이나 식품가공학, 식품공학, 식품영양학에 포함된 기본 지식도 반드시 알아야 합니다. R&D에도 이는 마찬가지입니다. 다만 설탕이라는 원료가 음료에서 어떤 작용을 하고 유가공에서 어떤 작용을 하는지는 다 다르기 때문에 현직에서 배우지만 기본 원료에 대한 특성으로 설탕의 점도나 끓는점 등은 반드시 알고 가야 합니다.

#직무 역량

멘티 직무를 수행하는 데 있어서 중요한 것은 전문 지식이라고 하셨는데 혹시 그 외에 중요한 능력, 창의력, 판단, 의사 결정 등과 같은 것이 있을까요?

멘토 그런 것이 다 기본이라고는 생각합니다. 열정을 가지고 주도적인 업무를 한다는 것이 포괄적인데 모든 업무에 대해 자신이 처음부터 끝까지 마무리한다는 생각이 있어야 합니다. 업무 시작 시에 계획 수집도 해야 하고, 계획을 철저히 수립할 때도 여러 가지 정보를 취득해야 합니다. 계획을 확정할 때도 고민만 할 수 없고 계획을 실행할 때도 의사 결정이 필요하고 실험 과정에서도 정기적인 과정을 관리해야 합니다. 계획이 잘 되고 있는지 제때 진행되고 있는지 판단해야 하고 판단 과정에서도 잘못된 부분이 있는지 의사 결정을 잘해야 합니다. 이런 부분에서 주도적인 능력이 포함되어 있습니다.

#직무 수행 중 주의 사항

멘티 R&D 직무를 수행하면서 주의해야 할 점은 무엇인가요?

멘토 저는 기업 연구소 출신인데 첫 번째로 유관 부서에 대한 업무를 알아야 합니다. 생산, 품질 관리가 어떤 과정으로 진행되는지, R&D와는 어떻게 연관되어 있는지를 알아야 합니다. R&D 중심이 흐트러져 버리면 다른 부서에서도 문제가 생기게 됩니다. 제품 규격, 제품 공정이 제시간에 전달되지 않으면 제품 생산이 불가능합니다. 모든 규격과 기본 사항 정보는 R&D에서 나오기 때문에 명확하지 않으면 어렵습니다. 제일 중요한 건 정보에 대한 정확성입니다. 얼마나 꼼꼼하고 정확하게 정보를 전달하는지를 가지고 있습니다. 다른 부서에 비해서 R&D와 품질 관리가 성격이 꼼꼼하고 집요한 사람을 원합니다. 생산 관리도 정확성이 필요하지만 의사소통 능력이 필요합니다. 제조 현장에서 직접 설비에 대한 이해, 오퍼레이터도 다 사람이 하기 때문에 유대 관계가 중요하다는 점에서 외향적이면 생산 관리에 좋습니다. 내향적이거나 꼼꼼하면 의외로 R&D와 품질 관리에 가깝습니다.

#R&D 직무 변경

멘티 R&D 직무에서 다른 품질 관리나 품질 보증 직무로 옮기는 건 어렵나요?

멘토 중소기업의 경우는 어렵지만 제가 일했던 유제품 회사에서는 로테이션이 이루어졌습니다. 18년 근무를 하면서 6개 부서를 옮겼습니다. 제가 지원한 것도 있지만 회사에서 여러 인력을 육성하고자 하는 것도 있습니다. 중소기업은 대기업에 비해 한계가 있습니다. 하지만 본인이 자기 적성에 따라 인사 면담하고 또 위의 팀장이나 임원이 평가해서 옮기는 경우도 있습니다. 저희도 내부적으로 작지만 순환 근무도 있습니다. 순환 근무는 크게 3가지로 볼 수 있습니다. 소순환은 같은 팀 내에서 직무가 바뀌는 것(요구르트 담당하다가 치즈, 우유를 담당하는 것), 중순환은 팀과 팀 단위가 바뀌는 것(음료 파트 단위에서 자재 물류나 품질 관리로 가는 것), 대순환은 아예 다른 공장으로 가는 것(저처럼 본사로 이동하는 것) 이렇게 움직입니다. 직무와 연관이 있지만 기존 직무와 다르게 움직이는 것이 이러한 경우입니다. 회사의 규모에 따라 순환되는 규모가 다르고, 인사에 대해서는 면담을 통해서 자기 적성과 회사 조직 변화에 따라 이동하는 건 충분히 가능합니다. 그러기 위해선 근무하면서 본인이 무엇을 잘하고 있는지, 무엇을 하고 싶은지를 계속 알고 있어야 기회가 오면 사전 준비로 인해 순환이 이루어질 수 있습니다.

#생산과 R&D 직무 수행 차이

멘티 유제품 회사에서 근무하셨을 때 생산과 R&D 직무 수행에 있어서 생각보다 달랐던 부분이 있나요?

멘토 아니요. 저는 R&D 친구들에게 생산 공정에 대한 명확한 이해가 필요하다고 말합니다. 공정이 어떻게 이루어지는지 모르면 제품을 개발하여도 생산 공정에서 문제가 생길 수 있기 때문입니다. 그래서 차라리 생산 쪽 파트에서 공정 과정을 배우는 방식으로 일을 시작해도 좋다고 생각합니다. 실제로 제 경우에는 중앙연구소에서도 연구원들을 공장에 데리고 가서 실제 제조 현장도 보고 야간에도 현장에 보내 트레이닝을 시켰었는데, 그 이유는 생산에 대한 세부적인 부분을 모르면 어떻게 제조되는지 모르기 때문입니다. 이런 부분에서 제조 공정을 먼저 익힌 것이 도움이 충분히 될 수 있다고 생각하여 생산을 먼저 경험해 보는 것을 추천하기도 합니다.

#문제 해결 역량

멘티 R&D 직무에서 루틴적 업무에서 실수했을 때 큰 영향을 미치는 요소가 무엇인지 궁금합니다.

멘토 어떤 문제가 발생했을 때 빠르게 해결할 수 있는 역량이란 결국 전문적 지식입니다. 예를 들어 내가 원하는 만큼 제품 생산이 안 되고 공정에 문제가 생겼을 때 이 원인이 뭔지 명확하게 밝혀야 하고 조치해야 합니다. 본인이 잘 알고 있다면 본인이 해결해야 하고, 그게 아니라면 상급자나 전문가와 상의 후 처리해야 합니다. 예를 들어 점도가 잘 안 나왔다면 이 점도에 무슨 문제가 있는 것인지 원인을 체크해야 합니다. 원인을 파악하다 보면 실제적으로 온도 조절이 잘못됐다든지, 아니면 온도계가 고장 나서 눈으로 보기에는 100도인데 실제로는 70도였다 등 이유를 밝힐 수 있습니다. 그리고 이런 원인들은 재발 요소가 있습니다. 사람 문제인지 설비 문제인지 아니면 원료 문제인지 등을 빨리 밝혀야 합니다. 이 과정에서 역으로 추정을 해야 하고 그것을 보정하기 위해서 더 가열을 한다든지, 다른 원료를 혼합해서 바꿔야 한다든지 등의 조치를 할 수 있어야 합니다. 반드시 알아야 할 것은 모든 문제에는 분명한 원인이 있다는 것입니다. 그런데 대부분 원인을 모른다고 합니다. 그것을 얼마나 집요하게 파고 연구하느냐에 따라 원인을 밝힐 수 있습니다. 하나하나 사실에 의거해서 제대로 처리가 됐는지, 실제 현장에서 직접 문제를 발견해보고 역으로 추적하는 등 원인 파악에 대한 집요함이 있어야 합니다. R&D는 팩트에 근거해서 문제를 해결해야 합니다.

#R&D의 성공적인 모습

멘티 R&D 직책의 성공적인 모습은 어떨까요? R&D 직책에서 어떠한 경험 또는 성과가 있을 경우에 성공적이라고 보는지요.

멘토 이것은 자기만족인데 자기가 개발해서 만든 제품이 누구나 알고 있는 이름으로 알아 줄 때 그때 제일 고마운 것 같습니다. 그게 제일 성공적인 케이스입니다. 크게는 우리나라 모든 국민이 알고 있는 제품, 작게는 회사 내에서 매출이 좋아서 기획된 제품이죠. 굳이 R&D뿐만 아니라 다른 곳도 마찬가지입니다. 제가 처음으로 직접 생산해서 만들어 본 제품이 요구르트 '이오'입니다. '이오'는 제가 처음 회사에 배치돼서 직접 설비를 세팅하고 탄생시킨 제품입니다. 이에 대해 저는 굉장히 사부심을 가시고 있습니다. 그 이후에 개발실에 있으면서 무수히 많은 제품들을 팀원들과 같이 개발했지만, 저는 자랑스럽게 생산팀에서 '이오'를 만들었던 경험을 이야기합니다. 그렇기 때문에 이 부분은 자기만족이라고 생각합니다. 저도 가끔 커리어를 얘기할 때 "여러분들이 먹었던 '이오'라는 제품을 제가 제일 먼저 만들었다, 개발자가 있지만 저는 생산을 제일 먼저 했다, 공장에서 제품을 첫 출시하고 공장을 일 년 동안 24시간 중 22시간 공장을 가동했다"라고 자랑스럽게 이야기합니다. 이처럼 제품이 출시되고 판매가 잘될 때가 뿌듯하고 성공적인 모습이라고 생각합니다.

#R&D 석사 학위

멘티 R&D 직무에 꼭 석사 학위가 필요한가요?

멘토 회사마다 다릅니다. 저희 회사는 그래도 석사 과정이면 좋습니다. 그런데 문제는 회사가 줄 수 있는 급여에 한계가 있습니다. 회사와 본인이 생각하는 급여에 차이가 있으면, 입사는 힘들 것입니다. 우리 회사 입장에서는 석사 졸업하고 회사에 입사해 현재의 월급을 수용할 수 있으면 제일 좋습니다. 사실 저희 회사는 학부생이 더 많습니다. 그런데 그 친구들한테 나중에 기회를 줘서 대학원을 갈 수 있다든지, 학비 지원 등 그런 기회를 제공을 하고 있습니다. 한 친구는 미국 유학도 갔다 왔습니다. 그것은 상황에 따라 다른데 저희는 그런 쪽으로는 복리 후생을 지원하려고 합니다. 급여 지원을 못하지만 학비 지원이나 유학, 연수 이런 부분들은 회사에서 지원해 줍니다.

#졸업 논문

멘티 혹시 석사 지원생을 볼 때 눈여겨보는 논문 주제라든지 아니면 그 논문 등급을 보기도 하나요?

멘토 등급보다는 공부한 것이 과연 그 만큼 연관성이 있느냐를 봅니다. 주제가 얼토당토않다면 못 뽑습니다. 식품 전공자들에 대해서 교수님 따라서 틀리지만 석사라는 부분은 전문가로서 갈 수 있는 디딤돌이기 때문에 그 논문이 진짜 뛰어나다고 판단은 못 합니다. 저도 마찬가지였습니다. 그래서 이 정도 공부를 했구나, 라는 척도지 이 논문이 진짜 우수해서 우리 회사 입사에 필요하다는 것은 아주 수준 높은 전문 지식이 아니라면 해당되지 않습니다. 석사도 그리 난이도가 높지는 않은데 보통 석사라는 부분은 그 학문에 대해 전문가가 되는 중간 과정이라고 보시면 됩니다. 그래서 요즘은 많은 학교가 석박사 통합 과정을 운영하고 있습니다.

#직무를 희망하는 후배들에게 한마디

멘티 R&D 직무 희망자에게 해 주고 싶은 말이 있다면 말씀해 주세요.

멘토 기업 연구소나 전문 연구 기관에 가냐에 따라 다른데, 기업 연구소는 리서치도 중요하지만 개발도 중요합니다. 국책 기관이나 전문 연구 기관은 리서치 쪽이 더 중요합니다. 어떤 곳은 R&D를 그렇게 말하지 않는데 분석 쪽은 주로 리서치입니다. 직무에 따라 다르고 어떤 쪽으로 갈건지에 따라 또 다릅니다. 기업은 기초 연구를 바탕으로 제품을 생산해서 회사의 매출로 이어져야 합니다. 전문 기관으로 가면 기초 연구를 하여 논문 쪽으로 집중해야 하고, 기업 연구소의 경우에는 매출과 연관되어야 하기 때문에 회사에서 추구하는 제품 연구를 해야 합니다.

3.4.2.5 유제품 연구원

#직무 워라밸

멘티 연구 개발 직무의 워라밸은 어떠한가요?

멘토 회사마다 다른 부분이라고 생각하지만 제 경우에는 비교적 워라밸이 좋은 편입니다. 365일 내내 바쁜 것은 아니지만 아무래도 제품 출시 일정이 가까워짐에 따라 바빠집니다. 현장의 생산 일정에 따라 새벽에 라인 적용 테스트를 진행하는 경우도 있고, 제품의 특성에 따라 새벽 출근, 야근 등의 근무를 하기도 합니다.

#직무 에피소드

멘티 취업 후 가장 기억에 남는 일이 있으신가요?

멘토 가장 기억에 남는 일은 제가 만든 제품이 마트에 진열되고 인스타그램에 소개된 것입니다. 내가 개발한 제품을 누군가 돈을 내고 사 먹는다는 일이 현실로 다가왔고, 책임감이 더 생기는 계기가 되었습니다.

#직무 차이점

멘티 취업 후 연구 개발 직무가 생각했던 것과는 다른 점이 있었나요?

멘토 연구소 내 실험으로 끝나는 것이 아니라 실제 생산 현장에 적용해야 하기에 현장 라인에 대한 이해가 필요하다는 점을 취업 전에는 생각하지 못했습니다. 맛있는 제품을 만드는 것도 중요하지만 기업이다 보니 회사의 이익을 추구해야 한다는 점입니다. 이 점도 학생 때는 생각하지 못했던 부분인데, 목표 가격에 맞추어 배합 비율을 조정하고 원·부자재 가격을 조정하는 일도 중요합니다. 또한, 연구원이라면 실험실에서만 작업하는 것처럼 생각하기 쉽습니다. 실제로 제가 했던 오해이기도 합니다. 하지만 최종 제품은 공장에서 생산되어 출고되어야 하기 때문에 언제나 현장에서 적용할 수 있어야 합니다.

#직무의 장단점

멘티 연구 개발 직무의 장점과 단점은 무엇이라고 생각하시나요?

멘토 장점은 계속해서 새로운 제품을 만들어 낸다는 점입니다. 일의 형식은 같을 수 있으나 매번 새로운 기분으로 일할 수 있습니다. 또 제품의 트렌드가 빠르게 변하는 분야이다 보니 소비자의 반응을 즉각적으로 받을 수 있다는 점도 좋습니다. 단점은 끊임없이 맛을 봐야 하는 일이라는 점입니다. 이제 더 이상 맛을 볼 수 없어도 더 나은 제품을 위해서 많은 샘플을 먹어 보고 결정해야 합니다.

#직무 전망

멘티 현재 종사하고 계신 직업의 향후 전망이나 지속가능성에 대해 어떻게 생각하시는지 말씀 부탁드립니다.

멘토 사람이 살아가는 데 꼭 필요한 식품이고, 이제는 맛있는 제품을 찾아 먹는 시대라고 생각합니다. 음식을 먹으면서 즐거움을 찾는 분들이 많은 것 같습니다. 이런 분들에게 더 많은 선택지를 제공하고 다양한 니즈를 채워 주는 역할을 하기 때문에 앞으로도 충분히 지속가능한 직업이라고 생각합니다.

#직무를 희망하는 후배들에게 한마디

멘티 이 직무를 희망하는 분들에게 전해 주고 싶은 말이 있다면 말씀해 주세요.

멘토 서울을 비롯해서 수도권에 있는 연구소가 많이 없기 때문에 취업할 때 지방 근무를 고려하셨으면 좋겠습니다. 일을 마냥 즐기기는 어렵겠지만 먹는 것을 좋아하고 찾아 먹는 분들이라면 일하면서 재미를 얻으실 수 있을 것 같습니다.

3.5 식품 분석

3.5.1 식품 분석에 대한 소개

식품 분석은 식품의 원료, 제조·가공·조리 및 유통 등 전 과정에서 위해 물질 등의 오염 안정성과 식품의 영양 성분을 분석하는 직무이다. 예시로 식품 중의 비타민류나 당류를 분석하는 것, 그리고 식품 원료인 농산물의 잔류 농약을 알아내는 것을 들 수 있다. 분석에는 이화학, 미생물 분석이 주로 있으며 이런 분석을 하기 위한 방법을 연구하는 것도 식품 분석 직무의 역할 중 하나이다.

식품 분석 업무는, 대기업의 경우 품질관리직이나 연구소에서 담당한다. 다만 분석을 하기 위해서는 고가의 분식 장비가 필요하므로, 중소기업에서는 사내에서 직접 하기보다 외주를 맡기는 경우가 많다.

식품은 법적으로 반드시 검사해야 할 항목이 있다. 바로 '자가품질검사' 인데, 이외에도 정기적으로 해야 할 검사가 많기 때문에 연초에 제품 검사 전체 계획을 수립해서 정기적으로 검사를 진행하고 있다.

구분	식품 분석 키워드
내용	#위해 물질 #안전성 #이화학적 이해 #품질검사 #연구원
성격	#사회성 #혁신 #분석적 사고 #독립성 #적응성·융통성 #스트레스 감내성 #자기 통제
업무 수행 능력	#품질 관리 분석 # 논리적 분석 #문제 해결 #기술 분석 #창의력 #추리력
지식	#식품 생산 #생물 #화학 #상품 제조 및 공정 #공학과 기술 #영어

3.5.2 식품 분석 멘토와의 대화

3.5.2.1 분석 전문 회사 연구원

#직무 소개

멘티 현재 어떤 일을 하고 계시는지 소개 부탁드립니다.

멘토 저는 자가품질검사 및 식품 축산 이화학 분석 업무를 하고 있습니다.
먼저, 자가품질검사는 식품 제조 업체에서 주기적으로 제품의 적합성을 체크하는 업무입니다. 적합한 제품인지 확인하기 위해 업체에서 자가품질검사 기관에 의뢰하면 시험 분석을 통해 시험 성적서를 발급해 품질을 보증해 주고 있습니다.
그리고 이화학 분석 업무는 제품 뒷면에 표시되는 영양성분검사와 비타민 분석, 곰팡이 독소, 첨가물 분석 등으로 나눌 수 있습니다.

#직무 선택 이유

멘티 현재 직무를 선택한 이유와, 선택하면서 고려했던 점은 무엇입니까?

멘토 우선은 전공과 일치하는 직업을 가지고 싶었고, 둘째로 분석 기관이나 식약처에서 근무하고 계시던 선배님들을 보면서 안전한 먹거리는 신뢰할 수 있는 분석검사가 필수라고 생각했기 때문입니다.

#분석과 개발의 차이

멘티 분석 직무와 개발 직무의 차이는 무엇인가요?

멘토 분석 직무는 공전이나, AOAC(Association of Official Analytical Chemists) 같은 공인된 분석법으로 시험해서 정확한 시험 결과를 도출해 내는 업무이고, 개발 직무는 제품을 소비자 니즈에 맞게 개발하거나, 연구 논문을 참고해서 새로운 시험법을 만들어 내는 업무입니다.

#직무 어려운 점, #보람

멘티 직무를 수행하면서 가장 많이 노력하는 부분은 무엇이고, 이 직무 선택에 보람을 느꼈을 때는 언제인지 알려 주실 수 있나요?

멘토 내가 낸 결과로 인해 업체에서 공들여 만든 제품이 적합 또는 부적합이 될 수 있기 때문에 매 순간 최선을 다해서 정확한 결과를 내고자 노력합니다. 업체에서 간혹 사용하지 않은 첨가물이 검출된다며 의뢰하곤 하는데, 이런 문제들을 해결하면서 보람을 느끼곤 합니다.

#직무 지식

멘티 각종 분석에 관한 사전 지식, GC/HPLC 외에 숙지하면 좋은 것들이 있을까요?

멘토 분석이라고 하면 GC나 HPLC 같은 기기 분석을 주로 다룰 것 같지만, 식품기사 실습에서 하는 수분, 회분 같은 항량법이나, 산가, 과산화물가 같은 적정 실험도 많이 합니다. 기기 분석 지식도 중요하지만 시험법 이해를 위해 이화학 실험들의 분석 원리도 숙지했으면 합니다.

#직무 적성

멘티 자신이 취업에 성공하게 된 결정적인 이유라고 생각하는 것이 있으면 말씀 부탁 드립니다.

멘토 지원한 부서에 적합한 사람이라 취업하게 된 것 같습니다. 저는 경력 기간 동안 많은 분석을 하면서 한 번을 하더라도 항상 내 것으로 만들어야 직성이 풀리는 성격입니다. 다른 사람들 업무에도 관심이 많아 이것저것 도움을 주고 제 것으로 만들었기에 어느 업무를 하더라도 준비되어 있었던 것이 결정적 이유라고 생각합니다.

#직무를 희망하는 후배들에게 한마디

멘티 이 직무를 희망하는 분들에게 전해 주고 싶은 말이 있다면 말씀해 주세요.

멘토 분석 업무를 하게 되면 꼭 식품이 아니더라도, 건강기능식품, 농약, 화장품, 환경 등의 분석 파트에도 도전할 수 있습니다. 또 분석 기관에 실습 경험이 있다면, 같은 신입이라도 경쟁력이 있기 때문에 취직 준비기간에 실습 경험도 있으면 좋을 것 같습니다.

3.5.2.2 종합 식품 회사 미생물 분석 연구원

#직무 소개, #직무 프로세스

멘티 현재 미생물 분석 직무를 담당하고 계신데, 어떤 프로세스로 업무가 진행되는지, 다른 부서와의 협업은 어떻게 진행되는지 말씀 부탁드립니다.

멘토 미생물 분석 직무는 크게 세 가지 업무로 이루어집니다.

첫 번째는 식품공전에 나와 있는 식품의 유형별 법적 규격에 제품이 적합한지 확인하고 시험 성적서를 작성하는 일입니다. 시험 성적서는 신제품을 출시할 때 제출하는 서류 중 하나입니다. 시험 성적서는 지정 기관이 아니면 발급할 수 없기 때문에, 저희 회사는 시험 성적서를 발급할 수 있는 기관이 되기 위해서 KOLAS 공인 인증 기관에 등록하였습니다. 등록을 하게 되면, 시험 성적서 관련 업무를 할 직원 즉, KOLAS 시험원이 될 직원 또한 관련 교육을 듣고 시험을 치러야 합니다. 그리고 자격을 유지하기 위해 매년 전환 평가를 진행합니다.

규모가 작은 회사는 다른 기관에 시험 성적서를 의뢰하지만 규모가 큰 경우, 자체적으로 실시하는 경우도 많습니다.

두 번째, 문제 가능성이 높은 제품들에 대해서 안정성 시험을 진행합니다. 연구소에서 제품을 출시할 때, 저희 팀에서 안전상 문제가 있는 제품일 경우 공정을 바꾸라고 지시를 내리는 등, 출시 전에 문제가 되는 점을 자체적으로 선정하는 업무입니다. 세 번째는 자체적 모니터링을 하는 것입니다.

원료·제품별로 미생물 규격, 병원성 미생물, 유전자 분석을 진행합니다. 좀 더 자세히 설명하자면, 원료에 대해서 병원성미생물검사를 하고, 유전자에 관해 GMO나 바이러스 분석을 진행하는 것을 말합니다. 이런 검사를 진행할 때는, 제품을 생산할 때 사용하는 원료를 공장에서 제출받아 업무를 진행하게 됩니다.

멘티 미생물팀 막내로서의 하루 일과는 어떻게 진행되나요?

멘토 출근해서 가장 먼저 하는 일은 배지와 희석수를 준비하는 것입니다. 미생물 실험은 배지와 희석수가 필요하기 때문입니다. 이 배지와 희석수를 준비하기 위해서는 오토클레이브(autoclave: 고압 증기 멸균기)에 넣어 한 시간 정도 처리를 거쳐야 하는데, 완료 직후에는 두 재료의 온도가 높아서 사용을 못 하기 때문에 미리 준비해 식혀 놓습니다. 다음으로는, 오늘 할 실험의 양을 정합니다. 즉 실험 계획을 짜는 일입니다. 이후에는 샘플링과 실험을 진행합니다. 이외에도 보고서를 쓰거나 서류 작업을 합니다. 굉장히 반복적이고 일정한 범위를 크게 벗어나지 않는 업무입니다.

#직무 선택 이유

멘티 미생물 분석 직무를 선택한 결정적인 이유는 무엇인가요?

멘토 미생물 직무는 사람이 많이 필요합니다. 화학팀 같은 경우는 기계가 실험을 하지만, 미생물 직무는 전처리 과정, 실험 과정, 결과 분석까지 사람이 직접 하기 때문입니다.

#직무 역량

멘티 미생물을 다루는 식품 분석의 경우, 석사 학위가 필요하다고 알고 있는데 어떻게 생각하시나요?

멘토 석사 학위나 미생물 실험실 경험이 있다면 좋겠지만 저희 회사 같은 경우는 필수가 아닙니다. 석사 학위가 있으면 문제 제품이 발생하거나 원인을 분석할 때 접근을 쉽게 할 수 있고, 실험실 경험이 있으면 일을 배우는 속도가 빠른 것은 맞습니다. 하지만 본인의 노력으로 극복이 가능합니다. 개인적으로도, 논문을 찾아보고 경험이 쌓이다 보면 분석 업무에서는 자연스럽게 습득될 수 있는 것들이 많기 때문에 석사가 필수 요건이라고는 생각하지 않습니다.

그리고 저희 팀 내에서는 식품공학을 전공하지 않은 분도 있습니다. 업무 관련 전공자가 필요하긴 하지만, 모두가 관련 전공 출신일 필요는 없다고 생각합니다.

#직무 적성

멘티 일반적으로 분석 직무는 석사 이상의 학위를 취득하면 취업에 유리한 경우가 많다고 생각하는데, 멘토님은 학사 학력으로 취업에 성공하셨다고 들었습니다. 결정적 이유는 무엇이라고 생각하시나요?

멘토 일단, 저는 바로 분석 직무로 취업이 된 것은 아닙니다. 처음에는 품질 관리직으로 취업하게 되었는데, 연수원에 있는 동안 부서가 변경되어서 운이 좋게도 분석 직무를 경험할 수 있게 되었습니다.

그러나 재직 중인 회사가 타사에 비해 학사 출신을 많이 뽑는 경향이 있는 것은 사실입니다. 저희 회사 연구소의 경우에도 석사 우대가 크지 않기 때문에 학사 학위를 가진 사람 입장에서 큰 기회가 될 수 있을 것이라고 생각합니다. 연구 업무와 달리 분석 업무는 반복적인 부분이 많고 한 가지에 대해 논문을 찾아보거나 깊게 공부하는 경우는 거의 드물다고 볼 수 있습니다. 다만, 회사마다 다를 수 있다는 점 참고 바랍니다.

3.6 생산 관리

3.6.1 생산 관리에 대한 소개

생산 관리는 생산 공정에 관한 모든 활동을 관리하는 직무이다. 기업의 목표 생산량에 효과적으로 달성하기 위해 인적 자원, 물적 자원, 시간 등을 효율적으로 활용하여 생산성 향상, 품질 향상, 원가 절감, 공급 및 납품 능력 향상 등을 목적으로 한다. 특히 인적, 물적 자원의 사소한 문제라도 발생하였을 경우, 원인과 결과를 정확히 파악하여 문제를 해결함과 동시에 재발하지 않도록 하는 점이 중요하다.

생산은 생산뿐만 아니라 품질 및 인력에 대한 관리도 해야 된다. 품질을 기본으로 하지 않는 생산은 불량을 발생하게 하고 인력 관리가 되지 않으면 생산을 할 사람이 없게 된다.

인력 관리가 어떻게 보면 많은 부분 차지할 수도 있고 사람들 사이의 관계에서 문제가 많이 발생할 수 있기 때문에 여자보다는 남자를 더 선호하는 경향이 있다.

구분	생산 관리 키워드
내용	#생산 프로세스 관리·계획 #공정 안정화 및 최적화 #현장 관리 #인력 관리 #제조 공정도 #작업 표준서 #생산 계획 #ERP 시스템 #capa #공장 설계 #판단력 #리더십 #문제 해결 능력 #친화력 #대인 관계 #소통 능력 #유연성
성격	#리더십 #책임과 진취성 #스트레스 감내성 #협조 #적응성·융통성 #사회성 #분석적 사고 #혁신
업무 수행 능력	#품질 관리 분석 #장비 선정 #장비의 유지 #조직 체계의 분석 및 평가 #시간 관리 #기술 분석 #신체적 강인성
지식	#상품 제조 및 공정 #기계 #공학과 기술 #경영 및 행정 #사무 #안전·보안
환경	#결과에 대한 책임 #실수의 심각성 #공문·문서 관리 #기술 사용·자동화

3.6.2 생산 관리 멘토와의 대화

3.6.2.1 종합 식품 회사 생산 관리

#직무 소개

멘티 직무에 관해 질문드리겠습니다. 생산 관리는 어떤 업무인가요?

멘토 생산 관리에서 생산팀은 군대로 비유를 하자면 최전선 앞단에 배치된 소총수들입니다. 원료 조달은 하지 않고 오직 전투에만 집중한다고 생각하면 됩니다. 전투하는 과정에서 소총을 군인들이 사지는 않잖아요. 원료가 지급이 되고 소총을 사용하면서 만약 소총이 고장 난다면 이를 바꿔 달라는 식으로 일이 진행됩니다. 저는 고주상 포장 업무를 담당하고 있고 업무는 생산 계획을 세우는 것입니다. 고추장을 얼마나 만들고 비빔장은 얼마나 만들 것인지에 대한 계획을 세우는 것이 시작입니다.

제품을 만들기 위해 월요일 즈음에 지원팀에서 원료를 구매해 줍니다. 그러면 생산팀은 원료에 대한 것은 따로 할 일은 없습니다. 제품도 결국 사람에 의해 만들어지기 때문에 생산을 위해서는 인적 자원 관리가 가장 중요합니다. 따라서 생산 관리에서 생산팀은 인원을 관리하는 업무를 하게 됩니다. 생산 계획도 짜야 되지만 인원을 어디에 배치할 것인지를 생각해야 합니다.

#직무 설명, #생산 관리의 목표, #고추장 생산 관리

멘티 생산직에 근무하시는 근로자분들은 인원이 어느 정도 되나요?

멘토 현재 열다섯 분이 근무 중입니다. 제가 열다섯 명을 데리고 혼자 생산을 진두지휘하는 거죠. 생산은 품질과도 많이 연관되어 있습니다. 규정에 맞는 제품을 만들어야 하므로 규격이 이탈하지 않도록 신경 써야 합니다. 고추장의 경우 색깔, 매운맛 그리고 염도 같은 부분들이 규격에 해당됩니다. 이러한 규격이 이탈되는 경우에는 품질 팀에서 연락이 옵니다. 그러면 생산팀이 어떤 공정에서 문제가 있었는지 확인을 하게 됩니다. 즉, 생산관리는 생산만 하는 것이 아니라 우리가 원하는 적당한 품질을 일정 수준으로 납품을 하는 것입니다. 따라서 고객이 원하는 시간에, 원하는 물건을, 적당한 품질의 제품으로 공급하는 것이 바로 생산 관리의 목표입니다. 적당한 품질이라는 의미는 대충해도 된다는 뜻이 아니라 해당 의미를 잘 생각해야 합니다. 회사에서 규정하는 그 품질 범위 안으로 유지하는 것을 적합한 품질이라고 말할 수 있습니다.

멘티 추가 질문으로 장류라는 제품이 미생물을 다루는 것이다 보니 관리 포인트들이 다양하고 그만큼 중요할 것으로 보입니다. 따라서 학교에서 배우는 유익한 균, 유해한 균 같은 학문적인 기초 지식들이 실무에서 사용이 많이 되는 편인가요?

멘토 책에 나오는 학문적인 데이터들이 100% 맞지는 않지만 70% 정도는 비슷한 것 같습니다. 거기에서 환경에 대해서 조금씩 달라지는 것뿐입니다. 유해균이라고 하면 클로스트리움 보툴리눔 같은 균도 장류를 다루다 보면 나오고, 바실루스 세레우스라는 토양균도 나오게 되는데 이런 거는 쌀을 사용하다 보니 나올 수 있는 균들입니다. 또 숙성 과정에서는 어떻게 분해가 되고 전분을 분해할 때는 알파 아밀라아제라는 효소를 쓰는데 효소를 만드는 균은 아스퍼질러스 같은 균을 활용합니다. 따라서 이러한 이론적인 부분들은 동떨어지지 않고 실제로 활용됩니다. 또 관련된 용어들을 알고 있으면 이해가 빠릅니다. 실제 업무에서 그대로 적용이 되거든요. 그렇기 때문에 대학에서 배우는 게 헛되지 않습니다.

멘티 현재 생산팀 내부 인원은 어떻게 되나요?

멘토 고추장 제조 한 명, 된장 제조 한 명, 쌈장 제조 한 명, 포장 한 명입니다. 그리고 서무 한 분까지 총 다섯 분이 계십니다. 관리자가 많지는 않습니다.

멘티   그러면 개인마다 이렇게 담당 업무가 구분이 되어 있다는 말씀이시네요?

멘토   그렇죠. 관리자가 혼자 담당하기 위해서는 상당히 바쁘게 진행됩니다. 이전에는 사람이 많았는데 현재는 원가 절감을 이유로 사람을 줄이는 추세라서요.

#직무 역량

멘티   그러면 다른 팀들도 말씀하셨던 것처럼 각 파트에 근무자분들과 함께 업무를 맞춰 나가는 건가요?

멘토   네 그렇습니다. 각자 파트에서 근무자분들을 데리고 업무를 진행합니다. 생산 관리에서 가장 중요한 것은 사람관리입니다. 사람을 좋아하지 않는다면 생산 관리 직무가 안 맞을 수 있습니다. 사람들하고 잘 어울리지 못하고 사람에 대해서 상처를 많이 받고, 어떤 관계에 대해서 조금만 틀어져도 스트레스를 받는다면 생산 관리는 안 맞아요. 오히려 품질 관리쪽이 맞을 수도 있습니다. 품질 관리는 사람 관리는 하지 않고 단순히 어떤 고추장 제조 품질을 맞춰서 클레임 처리 등의 업무를 합니다. 가끔 사람들과 티격태격하긴 하지만 혼자서 하는 업무입니다. 아니면 지원팀 같은 담당을 하는 업무가 맞을 수 있습니다. 생산 관리는 사람들하고 어울릴 수 있느냐가 가장 먼저입니다. 나보다 나이가 많은 아버지뻘쯤 되는 분들하고도 어울려야 하니까요.

#직무 역량

멘티   생산 관리 직무에 필요로 하는 업무 능력이나 자격 요건은 또 어떤 것들이 있을까요?

멘토   생산관리는 근무자들을 진두지휘하는 역할이기 때문에 사람들의 심리를 파악하는 것이 중요합니다. 사람들을 관리할 때 마냥 살해 수기만 해서는 안 됩니다. 필요할 때는 화도 낼 수 있는 그런 리더십도 필요합니다. 화를 낼 줄도 알고 챙겨 줄 줄도 알아야 하는데 실제로 회사 내에서 실적이 좋은 직원을 보면 사람 관계를 잘합니다. 성질도 있으면서 사람을 좋아하고, 욕심도 있어서 실적도 잘 낸다면 사람들도 다 인정을 하게 됩니다.

멘티 인정을 받는다는 게 정말 어려운 일이잖아요. 말씀해 주신 부분들이 리더십에 관한 부분과 카리스마 있는 부분들에 관련되어 있네요.

멘토 그렇죠. 평가 때도 제가 35명 중에 S 등급(최고 등급)을 받았거든요. 그렇게 되면 보너스도 250%가 나옵니다. 돈은 돈대로 벌면서 일도 즐길 수 있죠. 그래서 저 같은 경우는 성향이 딱 생산 관리 스타일입니다.

멘티 생산 관리를 할 때 일정표 같은 파일을 많이 만들 것 같습니다. OA 관련 능력이나 의사 결정, 결단력과 같은 필요한 역량이 있다면 어떤 것들이 있나요?

멘토 생산 관리는 판단력이 빨라야 합니다. 사람을 진두지휘하는데 거기서 머뭇거리면 사람들이 저를 신뢰하지 않습니다. 판단력이 100% 맞을 수는 없지만 나의 판단이 50% 정도만 맞다고 해도 그게 잘못된 판단이 아닙니다. 크게 나쁘지 않은 거죠. 판단력은 리더십과도 관련이 있기 때문에 가장 중요하다고 생각합니다. 위에서 군대에 비유한 것처럼 생산 관리는 소총수 같은 역할입니다. 적군이 오고 있는데 계속 생각만 하고 있으면 안 되는 것과 똑같습니다. 그 순간에는 생각나는 대로 해야 합니다. 지금 나는 소대장인데 여기서 머뭇거리면 다 죽는 것이죠. 판단이 50%라도 맞다는 확신이 있고 그렇게 결정하게 되면 100%가 되는 것 같습니다. 항상 완벽한 판단을 할 필요는 없습니다. 대학생 때 학생회 같은 경험이 이 경우에 도움이 될 수 있습니다. 판단력이라는 건 결국 경험에서 나오는 것이라고 생각합니다.
OA 능력 같은 경우는 크게 필요하지 않습니다. 간단한 엑셀 파일을 이용할 수 있을 정도면 됩니다. PPT 같은 경우도 크게 화려하게 만들 필요는 없습니다.

#직무의 장단점

멘티 생산 관리의 장단점 한 가지씩 말씀해 주실 수 있나요?

멘토 장점은 사람들하고 함께 하기 때문에 심심하지 않습니다. 무언가를 이루고 합심하게 되면 더 큰 성과를 낼 수 있습니다. 단점은 사람들과 함께 있기 때문에 치이고 부딪치고 하다 보면 어느 순간에 휴일에는 혼자 있고 싶어요. 그리고 사람들과 가끔씩 싸우게 되면 안 좋은 말도 하게 되고 화도 내는 경향이 생깁니다. 그럴 경우에는 하루 종일 마음이 불편합니다.

#직무 준비

멘티   회사 경험 외에 취준생들이 생산 관리 직무를 간접적으로 경험할 수 있는 방법이 있을까요?

멘토   직무 멘토링이나 인터뷰 같은 것들이 많은 도움이 될 것 같습니다. 아니면 인턴 제도를 활용해서 인턴 업무를 해 보는 것도 좋은 방법입니다.

#지방 근무

멘티   요즘 지방으로 취업하고 싶은 생각이 들기도 하고 생산 관리 직무를 조금씩 배워 가고 있는 단계입니다. 생산관리 직무를 희망하는 학생이나 취업 준비생분들에게 전하고 싶은 말씀이 있으신가요?

멘토   근무지가 전혀 연고가 없는 곳이면 외로울 수 있습니다. 처음에는 동료와 함께할 것 같지만 실질적으로는 막상 제 옆에 있는 사람이 없습니다 저도 이직을 하면서 연고지와 가까워졌는데 엄청 만족을 하고 있습니다. 또한 저는 자연을 좋아합니다. 도시의 빡빡함보다는 거리가 막히는 곳도 없고 경치가 좋은 곳에서 차 한 잔 마시고 친구들 만나고 산책도 합니다. 그런 삶을 살다 보니까 더욱 풍요로워지는 것 같습니다. 또 연봉도 많이 나와서 금전적인 여유도 많이 생기고 쓸데없는 지출이 줄어듭니다. 제가 다니는 회사에서는 아파트를 한 채 주고 사원들이 이용하기 때문에 돈이 들지 않습니다. 회사에서 운영비도 지원해 주기 때문에 관리비 같은 부분도 부담이 되지 않습니다. 서울에 산다면 집값 부담이 크지만 저는 그런 부분이 해결되다 보니 만족합니다.

3.6.2.2 풀무원 다논 생산 관리 윤태성

#직무 설명

멘티   생산 관리 업무는 인력 관리 비중이 크다고 알고 있습니다. 외국계 기업의 경우 생산직 근무자들 사이에서 국내 기업 문화하고 외국 기업 문화가 혼재한다고 들었습니다. 그래서 두 개의 보고 라인이 존재한다고 하던데 맞을까요?

멘토   저희도 프랑스 본사에 일부 보고하는 문서가 있고 풀무원에도 일부 보고하고 있습니다. 하지만 지금은 풀무원 쪽으로 지분이 많이 넘어가면서 주로 풀무원 쪽으로만 커뮤니케이션하고 있습니다. 품질 쪽과 연구소 쪽만 프랑스 다논하고 연락을 하고 있습니다. 전에 풀무원 다논이 아니라 다논 코리아로 사업을 시작했을 때는 외국인도 많이 상주해서 외국회사 분위기가 많이 있었다고 하는데 지금은 거의 한국화됐다고 보면 됩니다.

#외국계 기업, #생산 관리 문제 해결

멘티 생산 제품에 문제가 발생하면 각 부서들이 힘을 합쳐 해결하는 모습을 보기 힘들다는 리뷰를 봤습니다. 이거에 대해 어떻게 생각하시나요?

멘토 회사마다 다를 텐데 저희는 그렇지 않습니다. 같이 문제를 해결합니다. 외국계 기업은 문제가 생기면 외국 본사에 자문을 구하기도 합니다. 외국에 테크니컬 매니저가 있어서 솔루션을 줍니다. 그런 점이 잘 되어 있습니다. 케이스에 대한 사례들이 많아서 솔루션도 잘 되어 있습니다. 또한 외국계 기업은 데이터 관리가 아주 잘 되어 있습니다. 글로벌 기업이기 때문에 각국에서 발생된 문제는 본사쪽으로 전부 보고되고 사례는 다시 각국으로 전달됩니다. 그리고 그에 대한 정확한 솔루션을 규정으로 만들어서 다른 국가에서 재발하지 않도록 철저히 관리하고 있습니다. 이런 것은 우리가 배워야 할 점입니다.

#생산 관리와 품질 관리 차이

멘티 직무에 대해 질문 드리겠습니다. 생산 관리와 품질 관리를 같이 하였다고 하는데 그 차이점이 있나요?

멘토 생산 관리는 공정 설계, 그리고 생산 스케줄링과 인력 관리를 주로 합니다. 품질 관리는 크게 보면 시스템 관리랑 제품 규격 관리로 볼 수 있습니다. 생산은 주로 생산을 최대한 많이 할 수 있도록 하는 것이고 품질은 그 제품에 불량이 생기지 않도록 관리한다고 보면 됩니다.
수십만 개를 만들었는데 그게 다 불량이면 생산을 안 하니만 못하니까요.

#생산 관리와 품질 관리

멘티 그렇다면 생산관리 팀 안에 품질 관리가 속해져 있나요?

멘토 속해져 있지 않고 따로 떨어져 있습니다. 따로 견제와 감시하는 역할을 하고 있습니다.

생산관리팀장과 품질관리팀장이 각각 있습니다. 서로 인간적으로는 친하게 지내면서 업무적으로는 대립되는 경우가 많죠. 예를 들어 제품을 만들었는데 제품 규격이 0~10.0이라고 했을 때 제품검사 결과가 10.1이 나왔습니다. 어떻게 할까요? 생산은 10.0이나 10.1이나 0.1 차이이니 별 문제가 없다고 말하고 품질은 10.0이라는 규격을 벗어났으니 전량 불량이라고 폐기해야 한다고 합니다. 제품이 정말 0.1에 영향을 미칠까요? 이런 것들이 많이 발생하죠. 그런데 생산하고 품질하고 같은 팀이라고 하면 0.1이니까 그냥 넘어가겠죠. 사실 이런 것으로 인해 제품 사고도 많이 나게 됩니다. 그래서 견제가 필요하죠.

멘티 혹시 생산 관리에서 품질 관리로 이직도 가능하나요?

멘토 충분히 가능합니다. 생산도 생산을 하면서 품질을 항상 생각해야 합니다. 품질도 문제가 발생되면 어디서 발생됐는지 알아야 하기 때문에 생산 공정을 생산만큼 잘 알아야 하지요. 그렇다 보니 공통 분모가 많습니다. 서로 부서 이동 또는 이직이 가능하죠.

멘티 기획실은 혹시 마케팅쪽인가요?

멘토 공장이 많은 기업들은 본사에서 공장을 관리하는 팀이 따로 있습니다. 공장이 많으니 다 관리해야 하고 그래서 본사에 해당 부서가 하나씩 다 있습니다. 그게 기획실 안에 공장관리팀이나 그와 유사한 팀들이 다 있습니다. 전체 공장을 관리하는 부서인 거죠. 기획실에서 근무하는 것도 추천합니다.

#직무별 분할

멘티 생산 관리 안에 팀은 어떻게 세분화되어 있나요?

멘토 생산팀은 제품별로 직무들이 다 다릅니다. 저희 부서를 예시로 들면, '생산 스케줄링', '공정 관리', '설비 관리', '클레임 관리'로 직무를 세분화하여 한 명씩 해당 업무만을 담당합니다. 품질 관리도 마찬가지로 '제품검사', '클레임 관리', '해썹 인증', '심사 전문'으로 직무가 나누어져 있습니다. 입사를 하게 되면 생산 관리라고 해도 주요 직무는 달라집니다.

멘티	그렇다면 직급별로 직무가 분할된 건가요? 아니면 본인이 원하는 곳으로 배당이 되나요?
멘토	직급별은 아니고 신입 사원을 채용할 때 해당 직무 자리가 비는 경우에 채용을 합니다. 따라서 빈 곳에 신입 사원을 채용해서 배치합니다. 채용할 때 자기가 어느 직무로 갈지 모릅니다. 채용 공고에 채용 부서가 QC 또는 생산 관리로 모집할 경우, 해당 회사 인사에 연락해서 어느 직무가 비어 있냐고 물으면 알려 주는 경우도 있습니다. 만약 클레임 담당자가 빠져서 뽑는다고 하면 자소서나 면접에서 해당 직무와 연관해서 쓴다든지, 면접에서 어필할 수 있는 부분을 강화한다면 좋습니다.

#직무 선택 이유

멘티	멘토님께서 생산 관리 직무를 선택한 이유는 무엇인가요?
멘토	졸업하면서 공고가 뜬 게 생산 관리와 품질 관리 이 두 개였습니다. 생산 관리에 들어왔지만 저는 기획실로 배정이 되었습니다. 막상 기획실에 들어가니까 생산 관리, 품질 관리 외에도 너무 많은 직무가 있었습니다. 회사에 실제로 들어오면 훨씬 많은 직무와 직군들이 있습니다. 저도 처음 회사에 들어올 때 그런 부분을 모르고 들어왔지만 학생들에게는 더 다양한 직무를 알려 주고 싶었습니다. 그래서 그때부터 식품산업인재양성협회(FIPTA) 모임을 만들었습니다. 당시 처음 취업 관련 모임을 만들어서 멘토링도 진행하고 대학교 학생들을 모아서 그렇게 시작했습니다. 벌써 20년 정도가 되었네요.

#직무 적성

멘티	생산 관리가 멘토님과 잘 맞는 직무였는지 궁금합니다.
멘토	처음 기획실에 있었을 때는 시스템이라든지 설비 검토하는 부분들이 좋았습니다. 그러다 생산 관리로 갔는데 생산 관리도 나름 재미있더라고요. 사람들하고 부딪혀 가면서 제품을 만들고 문제를 해결하는 점들이 재미있었습니다. 역시 사람들이 많다 보니 정도 많이 들고 여러 가지 사건 사고들로 시간 또한 금방 가죠.

#직무의 장단점

멘티 생산 관리의 장점, 단점 한 가지씩 말씀해 주실 수 있나요?

멘토 장점으로는 생산 관리는 제품을 직접 만들다 보니 여러 가지로 배울 게 많습니다. 필드에서 근무를 하기 때문에 제품 공정부터 어떤 문제점이 발생하는지, 어떤 문제점을 해결해야 하는지 등을 알 수 있고 직접 컨트롤할 수 있습니다.

단점은 공장 근무이다 보니 사건 사고가 많습니다. 그래서 항상 유지 관리를 해야 하고 사고 발생이 안 생기도록 하는 점이 많이 힘듭니다. 만약 사고가 발생하면 주말이라도 해결을 해야 합니다. 지금 팀원들은 주말임에도 불구하고 늘 전화를 받습니다. 워라밸이 없죠. 만약 생산 계획에 차질이 생기면 계획을 모두 수정을 해야 하고 그 밖에도 설비 고장, 인력 문제, 공정 문제 등 문제가 생길 수 있습니다. 그러면 주말이건 평일이건 할 것 없이 해결해야 합니다.

멘티 주말에도 쉬어도 편히 쉬시 못하는 느낌이겠네요?

멘토 맞습니다. 하지만 생산 관리뿐 아니라 생산과 맞물린 품질 관리도 마찬가지입니다. 품질 관리도 함께 움직이기 때문에 굉장히 힘들어요. 예를 들어, 제품의 당도가 안 맞으면 QA도 다 같이 붙어서 문제 해결을 하는 등 힘든 점이 많습니다.

#직무 성격

멘티 직무 특성상 사람과 부딪힐 일이 많은데, 그렇다면 생산 관리는 친화적 성격의 성향이 잘 맞을까요?

멘토 맞습니다. 제가 직접 면접 볼 때도 이 지원자가 얼마나 사람들과 잘 어울리고 소통할 수 있을지를 많이 봅니다.

멘티 그런 부분 외에도 좋게 평가하는 부분이 있다면요?

멘토 자격증보다는 성격을 많이 봅니다. 얼마나 활기차고 잘 어울릴 건지, 문제가 발생하면 어떻게 적절하게 해결할 건지 등 그런 점을 주로 봅니다.

#문제 해결 방법

멘티 생산 관리에서 예상치 못한 문제 발생 시 어떻게 해결하나요?

멘토 과거 사례가 있는지 찾아보고 없다면 재현 실험을 해 봅니다. 왜 발생하는지 모니터링하고 어디에 문제가 발생하는지 계속 모니터링을 합니다. 그래서 어디가 문제인지를 빨리 찾을 수 있는 순발력 같은 능력도 필요합니다. 그리고 문제 해결을 위해 다양한 방법을 시도해 보는 것이 중요합니다. 하지만 실제로 사람들이 가장 많이 하는 게 뭔지 알아요? 여러 시도를 해 보지 않고 그저 한 가지 방법으로만 해결될 때까지 반복한다는 겁니다.

멘티 그렇다면 문제 해결을 다양한 방면으로 시도해 보는 게 중요해 보이네요.

멘토 다양한 방법들을 시도해 봐야 합니다. 그리고 하나씩 문제를 제거해 나가는 방법으로 원인을 찾아야 합니다. 소거법으로 하나씩 경우의 수를 줄이다 보면 남는 것이 문제의 원인인 경우가 많습니다. 문제 해결 능력이 채용 시 중요한 부분이긴 하지만 이런 문제 해결 방법이나 기법 등에 대해 학생들에게 가르치거나 경험하게 해 줄 수 있는 것이 없습니다. 하지만 돌아보면 주변에 많은 문제들이 있죠. 그런 것들을 잡아서 스스로 해결책을 찾아보는 습관이 있으면 좋을 것 같습니다.

#생산 관리, #품질 관리, #스펙, #취업 준비, #자소서 예시

멘티 취업과 스펙 관련 질문을 드려 볼게요. 요즘 대학생들에게 생산 관리 직무를 지원할 때 이런 준비도 했으면 좋겠다 하는 경험, 공부가 있을까요?

멘토 생산 관리, 품질 관리를 같이 말해드리겠습니다. 다양한 경험도 필요하지만 회사에 들어갔을 때 가장 중요한건 시스템입니다. 어떤 시스템으로 움직이는지 알아야 합니다. 예를 들어, 아르바이트를 하더라도 어떤 시스템으로 운영되는지를 살펴보고 공부하면 좋습니다. 혹시 멘티님은 현재 어떤 아르바이트를 하고 계시나요?

멘티 음식점에서 아르바이트를 하고 있습니다.

멘토 일을 하면서 배운 점이 있을까요?

멘티 보통 손님 응대부터 문제 상황 발생 시 해결할 방법을 찾아봅니다. 혼자서 해결이 힘들 경우에는 사장님께 도움을 요청합니다.

멘토 학생들이 프랜차이즈 아이스크림점부터 편의점, 식당 등에서 일한 경험으로 자소서를 쓸 경우 손님 응대부터 간단한 문제 해결 등과 같은 유형으로 주로 작성합니다. 하지만 그런 서비스적인 관점 말고 제품 생산 프로세스 관점으로 보면 어떨까요? 제품을 가공하고 나르고 대기하는 과정들 모두 공정으로 볼 수 있습니다. 시간에 따라 어떻게 진행되는지, 시간 분석을 할 수도 있습니다. 주문은 어떤 식으로 들어오고 몇 분이 걸리는지를 파악하는 것이 바로 생산 계획입니다.

주문이 들어가고 조리부터 서빙할 때까지 소요되는 시간, 살균이나 설거지는 얼마나 걸리는지, 포장부터 손님한테 배달은 누가 어떻게 하고 시간은 몇 분이나 걸리는지, 이동 동선을 어떻게 되어 있는지 등 같은 항목들을 세분화해서 시간 분석을 해 볼 수 있습니다. 그래서 시간 로스(lose)는 어느 과정에서 많이 생기고 해당 부분을 개선할 방법은 없을까를 생각해 봅니다. 또 배달시간 단축이나 메뉴 단가를 더 저렴하게 할 수 있는 방법이나 시스템들을 고려해 보고 사장님께 건의해 봤다, 라는 식으로 경험을 다르게 풀이하는 눈을 가져야 합니다.

#직무를 희망하는 후배들에게 한마디

멘티 생산 관리 혹은 품질 관리 직무를 희망하는 분들에게 해 주고 싶은 말이 있을까요?

멘토 휴일 없이 실시간 이어지는 공정들이라 스트레스 강도가 높을 수 있다는 점을 알고 오면 좋겠습니다. 반대로 많은 걸 배울 수 있고, 상황 대처 능력이나 문제 해결 능력 등을 배울 수 있을 겁니다. 그러한 장점과 단점을 먼저 알고 오시면 좋습니다.

3.7 품질 관리

3.7.1 품질 관리에 대한 소개

품질 관리(Quality Control)란 제품을 생산할 때 발생하는 모든 리스크를 확인하여 이를 평가하고 위해성을 확인하는 업무이다. 발생된 위해성을 어떻게 관리할 것인가 관리기준 등을 마련하고, 시스템화(HACCP, FSSC22000, ISO22000 등)하여 관련 부서들과 끊임없이 소통하고 확인하는 직무이다. 기업에서 일반적으로 품질 관리 구분 시 크게 QC와 QA로 구분하며 세세하게는 법규, 품질 관리, 품질 분석, 클레임 대응 등으로 구분한다.

다른 의미로 품질 관리는 제품의 안전성과 안정성을 동시에 확인하고 평가해야 하는 직무로서 그 중간 어딘가의 모호한 기준을 끊임없이 찾아야 하는 직무이기에 뚜렷한 목표보단 중간 방향성을 찾아가는 직무이다. 물론 큰 원칙에서는 안전이 최우선이다. 먹거리는 다른 산업군에 비해 가치 평가가 낮지만 의식주에 해당하는 기본 중의 기본이며, 다른 산업은 다른 것으로 대처할 수 있지만 사람은 먹어야 살 수 있는 동물이기에 미래에도 가치가 있는 산업이다. 그렇기에 안전이 최우선이다. 식품은 소비자의 반응성만큼은 최상의 산업군으로 안전, 안정, 균일한 품질 등의 목적에서 적당한 기준을 찾는 직군이 품질 관리라고 할 수 있다.

구분	품질 관리 키워드
내용	#QA 직무 #식품 위해 예방 #균일 품질 유지 #안전성 #결단력 #꼼꼼한 성격 #현장 관리 #소통 능력
성격	#분석적 사고 #혁신 #신뢰성 #정직성 #협조 #리더십 #독립성 #적응성
업무 수행 능력	#품질 관리 분석 #모니터링 #기술 분석 #조직 체계의 분석 및 평가 #판단과 의사 결정 #추리력
지식	#상품 제조 및 공정 #경영 및 행정 #공학과 기술 #화학
환경	#반복적인 신체 활동 #정신적 활동 #실수의 심각성 #전화 대화

3.7.2 품질 관리 멘토와의 대화

3.7.2.1 주류 제조사 품질 관리

#직무 소개

멘티 직무 부문에 대해서 질문을 드리겠습니다. 품질 관리는 어떤 업무가 진행되나요?

멘토 저는 현재 품질 관리 담당자를 하고 있습니다. 소비자가 균일하면서 최상의 품질의 상품을 받을 수 있도록 생산 공정이 가동되는 동안 특이 사항을 점검하고 이를 개선하는 업무를 진행합니다. 단순 공정 개선과 작업자 교육, 표준 개선 등의 사소한 관리도 하지만 개선의 규모가 큰 경우에는 프로젝트로 진행되기도 합니다. 다양하고 새로우면서도 단편적으로 서술하기 어려운 업무들까지 다루고 있습니다. 포괄적으로 업무 단계를 말씀드리자면 '일반적인 모니터링으로 특이 사항 및 개선 요건 파악 → 개선 여부 검토 → 개선 활동 → 활동 검증 → 일상화' 단계로 해당 과정을 반복한다고 보시면 됩니다.

#직무 선택 이유

멘티 현재 품질 관리 직무를 선택하신 이유와 선택하면서 고려한 점은 무엇입니까?

멘토 당시 취직 준비를 할 때 생산 관리와 품질 관리 사이에서 진로 고민을 했습니다. 두 직무가 큰 차이가 있다고 말하기는 어렵습니다. 저는 품질 관리를 선택한 이유가 특별히 있었던 건 아닙니다.

요즘은 많은 회사에서 멀티 스킬을 요구하고 있습니다. 때문에 취준생들이 직무를 직접 선택하는 것이 갈수록 어려워진다고 느낍니다. 특정 직무에서 사회생활을 시작했더라도 직무 포지션을 바꿔야 하는 경우를 많이 접하게 될 겁니다.

결론적으로 부서나 포지션을 가지고 입사를 고려하기보다는 내가 원하고 나를 성장시켜줄 수 있는 회사라고 판단되면 그게 어떤 직무든, 품질 관리든 생산 관리든 혹은 영업이든 도전해 보는 것을 추천합니다.

#직무 차이점

멘티 취업 후 품질 관리 직무가 생각했던 것과 다른 점이 있었나요?

멘토 취업 후 식품 품질 관리 직무가 생각보다 더 많은 책임이 따른다는 것을 느꼈습니다. 갈수록 소비자들이 식품의 품질을 보는 시각이 예민해지고 있을 뿐더러 관련 규제나 법규도 상당히 까다롭기 때문에 책임감이 많이 요구됩니다.

#직무의 장단점

멘티 품질 관리 직무의 장단점은 무엇인가요?

멘토 장점으로는 산업에 대해 폭넓게 배울 수 있습니다. 단점은 세밀한 공정이나 작업 방법에 대해 아주 깊이 알기까지 꽤 많은 시간과 노력이 필요합니다. 이상적으로 100% 완벽한 제조 공정이 있다면 품질 관리 직무는 필요 없을지도 모릅니다. 하지만 그런 공정은 실제로 존재하지 않습니다. 그렇기 때문에 품질 관리 직무가 많은 산업과 회사에서 필수 포지션으로 인정받고 있다고 생각합니다. 이 점이 또 하나의 장점이라고 생각합니다.

#직무 설명

멘티 업무 도중 돌발 상황이 발생했을 때 해결을 위해 필요하다고 생각하는 역량 및 경험이 있다면 무엇인가요?

멘토 회사 일은 사람과 사람이 하는 것으로 의사소통 능력이나 공감 능력과 같은 Social skill이 굉장히 중요하다고 생각합니다. 제가 했던 학생회 활동과 동아리 활동도 이를 성장시킬 수 있는 좋은 기회였다고 생각합니다. 또한 돌발 상황을 정리할 글쓰기 능력도 상당히 중요하다고 생각합니다. 항상 보고를 해야 하니까요.

#직무를 희망하는 후배들에게 한마디

멘티 품질 관리 직무를 희망하는 분들에게 전해 주고 싶은 말이 있다면 말씀해 주세요.

멘토 배울 것이 많기 때문에 의지만 있다면 해당 산업에서 성장할 기회를 많이 얻을 수 있습니다. 여느 직무와 마찬가지로 힘들고 바쁜 순간이 있지만 충분히 매력적인 직무이기 때문에 도전할 만한 가치를 가졌다고 생각합니다.

3.7.2.2 푸드코닉 품질관리 박경화

#직무별 분할

멘티 품질 관리 내부에서 업무 분할은 정확히 어떻게 되어 있는지 궁금합니다.

멘토 현재 품질팀은 세 명이 업무를 하고 있습니다. 인원이 적다 보니 품질 직무이지만 다른 업무들도 함께 하고 있습니다. 실험도 하고 제품을 런칭하기 전에 소스랑 배합을 해서 직접 현장에서 만들어서 먹어 보는 등 개발 업무도 하는 중입니다.
제가 맡은 업무로는 원물이나 사용하는 원·부재료가 입고가 되었을 때 입고 검사를 하고 있습니다. 물건이 들어 있는지 상태는 어떤지 등 입고검사를 진행한 다음 현장에 올려 보냅니다. 또 협력 업체에 전화해서 시험 성적서를 주로 받는 역할을 합니다. 매일 현장에 올라가서 현장 점검을 하고 HACCP의 선행 관리 위주로 업무를 맡고 있습니다.

#직무 선택 이유

멘티 품질 관리직을 선택하신 이유가 있을까요?

멘토 저는 자연스럽게 해당 직무로 선택을 하게 된 경우인데, 저의 친언니가 요리를 했고 저는 학생 때 이과 계열을 공부했습니다. 언니는 요리를 하고 저는 연구를 할 거라는 대화를 장난삼아 하면서 그때부터 관심이 생겼습니다. 그래서 자연스럽게 식품공학과로 진학했고 학부 공부를 배우면서 제가 잘할 수 있는 분야가 무엇인지 알게 되었습니다. 연구실 생활도 했었는데 R&D 쪽은 제 성격과 맞지 않았던 거 같습니다. 대신에 위생사 공부는 재밌게 했던 기억이 있어서 품질 관리 쪽을 하면 어떨까, 라고 생각했습니다. 또 주변 친구들로부터 호불호가 확실한 성격이라는 얘기를 많이 들었습니다. 그래서 품질 관리 일이 저와 잘 맞을 것 같아 선택했습니다.

#직무 차이점

멘티 취업 후 품질 관리 직무가 생각했던 것과 다른 점이 있었나요?

멘토 중소기업을 다니면 품질 QC 업무 외에 다른 업무도 하는 점이었습니다. 실험부터 현장에서 샘플을 만드는 R&D 쪽 업무도 많이 하고 있습니다. 다방면에 능숙한 사람이 되어야 합니다.

#직무의 장단점

멘티 품질 관리 직무의 장단점은 무엇인가요?

멘토 일단 저희 회사가 수산과 축산 두 품목을 같이 하고 있습니다. 그래서 수산과 축산, 두 유형 모두 HACCP 관리부터 제조 공정까지 차이점을 비교해 보면서 배울 수 있는 점이 좋습니다. 학부에서는 배울 수 없는 것을 현장에서 자세하게 배울 수 있다는 게 장점입니다.

단점이라고 한다면 처음부터 끝까지 다 알고 있어야 한다는 것입니다. 현장에서 일어나는 일들 그리고 식품 법규들까지, 현장에서 일어나는 일도 잘 알고 있어야 문제가 발생했을 때 해결할 수 있습니다. 현장을 잘 모른다면 일 처리를 할 때 어려움을 겪는 경우가 생깁니다. 현장에서 발생한 일을 어떻게 해결해야 할지 고민하는 과정에서 어려운 점이 많다고 느꼈습니다.

#직무 역량

멘티 품질 관리 현직자들에게 있어서 필요한 역량은 무엇이라고 생각하시나요?

멘토 제가 품질 관리를 하면서 느낀 점은 이건 맞고 틀리고가 확실해야 합니다. 왜냐하면 만약 현장에서 필요 없는 물품이 있고 이걸 치워야 할지 말지를 분명히 정하지 못하면 나중에 문제가 생길 수도 있습니다. 따라서 옳다 아니다를 확실히 구별할 수 있는 성격이나 성향이 필요합니다. 그리고 기록하거나 메모하는 습관이 있으면 좋습니다. 물건이 많이 들어오는 날은 간혹 하나씩 빼놓는 경우가 생기기 때문에 기록을 해 두거나 꼼꼼히 챙길 수 있어야 합니다. 또 품질 업무 중 실험도 잘 해 내야 하기 때문에 꼼꼼한 성격이면 좋습니다.

3.7.2.3 푸드코닉 품질관리팀장 김충식

#직무 설명, #HACCP팀장

멘티 품질 관리 업무부터 HACCP 관련 업무도 하신다고 들었습니다. 현재 HACCP팀장으로서 HACCP팀장은 어떤 업무를 하는지 궁금합니다.

멘토 HACCP팀장은 원래 HACCP팀을 운영하면서 품질 관리, 생산 관리 모두 전반적인 HACCP 시스템이 잘 이루어지고 있는지 그것을 승인하고 확인하는 사람입니다. 하지만 중소기업에서 HACCP팀장은 팀장으로서의 역할보다는 여러 업무를 다 하는 역할이라고 생각하면 됩니다.

#직무 설명, #품질 관리, #영업 지원

멘티 품질 관리 → 영업 지원 → 총괄 업무의 순서로 업무가 변경됐다고 알고 있습니다. 직무가 변동될 때마다 업무 강도, 업무 환경(프로세스) 변화 등에 대해서 말씀해 주세요.

멘토 먼저 품질 관리는 기본적으로 '안 돼'를 깔고 갑니다. 하지만, 영업지원 같은 경우는 안 되는 것도 무조건 되게 해서 회사에 이득이 되게끔 하는 관리 업무입니다. 그래서 품질과 영업 지원은 서로 상극을 달리는 업무라고 볼 수 있습니다. 영업에서는 제품이 팔리게 하기 위해 품질이나 생산 이슈까지 딱히 고려하지 않습니다. 일단 제품 출고에 대한 승인을 무조건 받아 와서 우리가 어떻게든 생산하게끔 하는 쪽이고요. 품질 관리는 영업에서 제품을 가지고 왔을 때 이것은 어떠한 점 때문에 안 된다고 계속 거부하는 입장이다 보니까 약간 업무 트러블이 많이 발생하게 됩니다.

업무 강도는 직무별로 다르기보다 대기업과 중소기업별로 다릅니다. 대기업의 경우는 직군이 아예 변경이 되면 업무 성격이 달라서 적응 기간도 필요하고 업무 환경과 업무 프로세스에 변화가 생깁니다. 하지만 중소기업에서는 직군이 변한다고 해서 바로 그 직군으로 넘어가는 것도 아니고 품질관리도 해야 하고 영업 지원도 해야 하는 구조입니다. 결국 업무 강도만 조금 더 높아질 뿐이기 때문에 중소기업에서는 인사 이동이 많다고 딱히 좋은 것은 아닙니다.

#직무를 희망하는 후배들에게 한마디

멘티 품질 관리 및 영업 지원에 일하기를 희망하는 분들에게 전해 주고 싶은 말이 있다면 말씀해 주세요.

멘토 품질 관리를 지원하시는 분들 중에 막상 직무를 정확하게 알고 오시는 분들은 많이 없습니다. 그래서 본인이 직무를 확실하게 알고 싶다면 유튜브, 팟캐스트, 식품산업인재양성협회(FIPTA) 카페 같은 곳에 현직자들이 작성해 놓은 것들을 참고했으면 합니다. 막연하게 품질 관리나 영업 지원을 가고 싶어서 지원하는 것과 직무를 잘 알고 지원하는 것은 많이 다르거든요. 대부분의 지원자들이 노력은 되게 많이 하시는데 막상 필요한 부분은 준비가 안 되어 있는 분들이 많았습니다. 그래서 여러분들은 디테일을 추구했으면 좋겠습니다. 나만의 차별점은 거기에서 나옵니다.

멘티 그러면 취업을 준비하는 학생들이 더 디테일한 부분까지 준비를 해서 지원하길 바란다, 라는 느낌이네요.

멘토 네, 그렇습니다. 품질 관리를 지원한다고 해서 품질 관리에 대해 물어보면 책에 있는 정형화된 답변을 하는 거죠. 예를 들어, 품질 관리는 통계적인 수치를 활용해서 어떻게 제품을 관리하고 제품이 잘 만들어졌는지 아닌지를 확인하는 직군이며 생산 관리는 생산이 잘 이루어지기 위해 어떤 관리를 하고 생산 관리 이론과 MRP(Material Requirement Planning: 자재 소요 계획)부터 시작해서 ERP(Enterprise Resource Planning: 전사적 자원 관리) 등을 사용해서 관리하는 직군이다, 라고 이야기합니다. 삼성에 지원하는 친구들은 6시그마(σ)(기업이 최고의 품질 수준을 달성할 수 있도록 유도하는 고객에 초점을 맞추고 데이터에 기반을 둔 경영 혁신 방법론) 같은 통계적인 기법들을 배우고 이야기하기도 합니다. 하지만 솔직히 말씀드리면 해당 부분들은 다 이론적인 내용입니다. 차라리 해당 직군을 지원하고 싶다면 인터넷에 공장 제조 시절이나 제조 공정에 관한 동영상을 많이 시청하는 것이 좋습니다. 그런 공정들이 어떻게 돌아가는지를 찾아보고 더 디테일하게 자료를 수집하시면 그것이 더 좋은 교육이 될 수 있습니다. 또 식품안전나라 홈페이지에서 본인이 지원하는 회사를 검색해 보면 생산되는 품목들을 확인할 수 있습니다. 만약 본인이 설탕을 생산하는 회사를 지원하는 경우, 유튜브에서 회사 이름과 설탕을 검색해서 과거부터 지금까지 어떻게 생산되어 왔고 해당 가공 방법들이 어떤 기계를 통해 변화되어 왔는지를 보는 것도 좋은 방법입니다. 그리고 해당 원료의 이슈는 어디서부터 시작됐는지 등을 스토리로 만들어 면접에서 대응을 한다면 타 지원자들과 차별성을 만들 수 있을 겁니다. 품질 관리에 대해 누구나 아는 이론을 말하기보다 지원하는 회사에 더 디테일한 정보를 가지고 나만의 스토리를 만들어 보기를 권장합니다.

3.7.2.4 건강기능식품 제조사 품질 관리

#직무 소개

멘티 품질 관리는 어떻게 업무가 진행되나요?

멘토 품질 관리 직무는 말 그대로 품질에 이상 유무를 파악하는 일을 합니다. 품질 관리 내에서도 여러 가지가 있는데 저는 그중에서 기능성 성분 등을 검사하는 분석 업무를 합니다.

멘티 담당 업무에 대해 더 자세히 말씀해 주실 수 있으신가요?

멘토 제품이 생산이 되면 그 안에 기능 성분들의 함량이 올바른지를 검사하고 있습니다. 분석은 주로 LC(Liquid Chromatography: 액체 크로마토그래피), GC(Gas Chromatography: 가스 크로마토그래피), ICP(Inductively Coupled Plasma: 유도 결합 플라스마 분석기) 기기 등을 이용하여 분석을 합니다.

#직무 선택 이유

멘티 현재 직무를 선택한 이유와 선택하면서 고려했던 점은 무엇입니까?

멘토 제가 QC 직무를 선택한 것은 저의 방향성이 지금의 직무와 일치했기 때문입니다. 제가 생각하는 방향성은 제품을 출시하고 소비자들에게 전달되는 과정에서 신뢰와 안정성을 제공하는 것입니다. 그 역할을 하는 것이 바로 품질 관리라고 생각해서 선택하게 되었습니다.

#직무의 장단점

멘티 품질 관리 직무의 장단점은 무엇인가요?

멘토 장점은 여러 가지 기기를 다루기 때문에 실무 역량을 빠르게 키워 나갈 수 있습니다. 단점이라면 실험을 하다 보니 안전사고 등에 노출되어 있기 때문에 보다 조심성 있게 행동해야 합니다.

#직무를 희망하는 후배들에게 한마디

멘티 품질 관리 직무를 희망하는 분들에게 전해 주고 싶은 말이 있다면 말씀해 주세요.
멘토 분석 관련된 직무를 희망하는 분들은 능숙하지는 않더라도 기기에 대한 이해도와 경험을 어느 정도 쌓는 것을 추천합니다. 본인의 성격이 급하고 꼼꼼하지 않다면 품질 관리 직무와는 잘 맞지 않다고 생각합니다. 본인의 장단점을 캐치해서 직무를 고르는 것이 현명하게 취업할 수 있는 방법입니다.

3.7.2.5 제과 제조사 품질관리

#직무 선택 이유

멘티 품질 관리 직무를 선택하신 이유와 선택하면서 고려하셨던 점이 궁금합니다.
멘토 먼저 솔직히 말씀드리자면, 저는 직무의 선택지가 많지 않았습니다. 따라서 이 질문에 대해서는 취업 후 제가 깨달은 점에 대해 말씀드리겠습니다. 저는 취업 성공 후, 직무에 대한 선택지는 본인이 충분히 만들 수 있는 부분이라는 생각이 들었습니다. 예를 들어, 전공과 무관하게 삼성에 가고 싶다면 복수 전공이나 전과를 해서 스스로 선택지를 만드는 것입니다. 대학생 때는 본인이 원하는 것을 충분히 스스로 만들어 나갈 수 있기 때문입니다. 따라서 저는, 학생들이 전공에 구애받지 않고 좀 더 폭넓게 다양한 업계에 대한 가능성을 생각해 보았으면 좋겠습니다.

#직무 경험

멘티 품질 관리 직무를 위해 인턴 외에 쌓을 수 있는 경험이 있다면, 어떤 것을 추천하시나요?
멘토 저는 HACCP 교육을 추천합니다. HACCP은 '어떤 기준을 지키기 위해 어떤 방법론을 구축해야 하는가'라는 논리를 바탕으로 설계되어 있기 때문에, 품질 관리의 기본과 통한다고 생각합니다.

#직무 역량

멘티 업무를 원활하게 수행하기 위해, 또는 업무 도중 돌발 상황이 생길 때 필요한 역량에는 무엇이 있나요?

멘토 리더십과 결단력입니다. 저는 학회장을 했던 경험을 통해서 리더십과 결단력에 대해 많이 배웠습니다. 학회장을 하면서 리더는 자신의 집단이 좋은 방향으로 갈 수 있게 결정을 하는 자리라고 생각을 했습니다. 그러기 위해서는 '이 결정이 우리 집단을 좋은 방향으로 이끌 것이다'라고 믿고 시행을 해야 하는 것도 알게 되었습니다.

3.8 유통 직무(구매·물류·SCM)

3.8.1 유통 직무에 대한 소개

상품과 서비스는 여러 사람을 거쳐 소비자에게 전달되는데, 유통은 생산과 소비자를 이어 주는 중간 과정으로 생산품의 사회적 이동에 관계되는 모든 경제 활동을 이야기한다. 유통 관리는 유통 활동을 통하여 소비자의 만족을 증대시키고, 유통 비용을 절감시키기 위해 유통이 능률적으로 수행될 수 있도록 조절하고, 통제하는 활동을 말한다. 이러한 유통 관리의 목적으로는 수송, 재고, 포장, 하역 등을 효율적으로 관리하는 것이다. 고객에 대한 서비스를 향상시키고 유통 비용을 절감시키며, 매출의 증대와 가격의 안정화를 꾀하는 역할을 한다. 현재 유통직은 대부분의 기업들이 구매·물류·SCM으로 세분화되어 있다. 구매는 국내외 원자재를 수급하는 직무이고 물류는 생산된 제품을 저장, 출하하고 재고 파악을 하는 직무이다. 여기서 생소할 수도 있는 SCM(Supply Chain Management)에 대해 이야기하자면 기업에서 원재료의 생산·유통 등 모든 공급망 단계를 최적화해 수요자가 원하는 제품을 원하는 시간과 장소에 제공하는 '공급망 관리'를 뜻한다. SCM은 원·부자재 공급 업체와 생산 업체 그리고 고객에 이르기까지 거래

관계에 있는 기업 간 IT를 이용한 실시간 정보 공유를 통해 시장이나 수요자들의 요구에 기민하게 대응하도록 지원하는 것이다. 쉽게 말하면 원료 공급부터 판매까지 전 과정을 아울러 효율적이고, 정상적으로 흘러갈 수 있도록 관리하는 직무이다.

구분	유통 키워드
내용	#판단력 #커뮤니케이션 #매출 증대 #생산성 향상
성격	#사회성 #독립성 #협조 #적응성·융통성 #분석적 사고 #혁신
업무 수행 능력	#전산 #협상 #조직 체계의 분석 및 평가 #문제 해결 #범주화 #서비스 지향 #재정 관리
지식	#운송 #통신·네트워크 #의사소통과 미디어 #영업과 마케팅 #경제와 회계
환경	#마감 시간 #반복적인 신체·정신 활동 #전화하기 #빅 데이터 분석

3.9 기타 직무

3.9.1 기타 직무 멘토와의 대화

위에서 살펴본 일반적인 직무 외에도, 식품 업계에는 다양한 직무와 직종이 존재한다. 이에 대한 인터뷰를 다음에 소개한다.

3.9.1.1 유통사 인사담당자

#직무 소개

멘티 인사 운영의 업무와 회사 내의 역할은 무엇인지 궁금합니다.
멘토 인사운영팀은 인재의 확보, 배치, 평가, 보상, 복리 후생, 노사 관리, 급여 지급, 퇴직 관리 등 인사 관리 전 분야의 업무를 담당하는 부서입니다. 7천여 명의 구성원이 회사 생활을 하는 데 있어 업무 외의 기타 영역을 거의 모두 담당한다고 볼 수 있습니다.
비유하자면, 회사가 몸이라고 하면 몸의 필수 요소인 피를 몸의 구석구석까지 쉬지 않고 보내고 받는 심장과 같은 역할입니다.

#직무의 장단점

멘티 현재 인사 운영 업무를 하시면서 느끼는 장단점은 무엇인지 궁금합니다.

멘토 장점은 구성원의 역량을 파악하고 적재적소에 인원을 배치하는 선봉의 역할을 한다는 것과 개개인의 애로사항(원거리 근무에 따른 어려움, 가족 구성원이 암 등 중대 질병으로 치료비 지출이 많은 경우 등 매우 다양한 사례)을 파악하고, 회사에서 정책적으로 도움을 줄 수 있다는 점입니다.
단점은 조직의 특성상 어쩔 수 없이 고성과자와 저성과자를 구분해야 하는데, 지속적으로 저성과를 내는 인원에 대하여, 제도를 적용하면서도 한편으로는 마음이 많이 아프다는 것입니다.

#직무 역량

멘티 인사 업무를 하면서 전문적인 지식이나 필요한 능력이 무엇인지 궁금합니다.

멘토 지식 측면에서는, 노사 관계에 관련한 법에 대해서 파악을 하고 있어야 합니다. 대부분의 인사 제도는 노동법을 고려하여 만들어졌기 때문에, 노동법을 알고 있어야 법을 위반한 제도를 설계하지 않을 수 있습니다. 또한 제도 운영 시에도 법 위반 요소를 사전에 제거함으로 리스크를 관리할 수 있습니다. 이런 점에서 공인 노무사 자격이 있으면 기본적으로는 인사 담당자로서의 지식을 충분히 갖추었다고 볼 수 있습니다.
능력 측면에서는 다른 직무와는 다르게 주로 사람을 상대하는 점을 고려했을 때, 커뮤니케이션 및 설득력, 친화력이 있어야 하며, 특히 사람과의 만남을 즐기고 상대방에 대하여 진심 어린 관심을 기울일 수 있어야 합니다. 또한 많은 데이터를 다루기 때문에 엑셀이나 SPSS 등의 프로그램을 자유자재로 다룰 수 있다면 좋습니다.

#직무 유의점

멘티 인사 업무를 수행하면서 주의해야 할 점은 무엇입니까?

멘토 사람(구성원)에 대한 정보를 쉽게 알 수 있는데, 인사부서가 아닌 타 부서 인원에게 발설한다거나, 지인에게 본인도 모르게 발언을 할 수가 있습니다. 이는 인사 담당자 개인의 문제인 것과 동시에 인사부서에 대한 신뢰를 상실하게 만드는 매우 위협적인 사안입니다. 개인의 정보에 대한 보안 유지는 인사 담당자로서 가장 기본적으로 준수해야 할 사안입니다.

#직무 준비

멘티 실제 회사 경험 외 취업 준비자들이 실무 경험을 쌓을 수 있는 방법이나 하면 좋을 활동이 있다면 말씀해 주세요.

멘토 최근에는 인사팀에서 인턴 생활을 한 후에 정규직으로 전환하는 사례가 종종 있습니다. 이는 과거, 공채 사원 중 인사 담당자로 발령을 내던 방식과 달라진 점입니다. 이러한 공고를 잘 확인하여 인턴 생활을 한다면 매우 귀한 경험이 될 수 있을 것입니다.

그리고 인사부서에서 연말 정산 검증, 채용 전형 도우미, 서류 관리 등등의 아르바이트를 모집하는 경우가 있습니다. 이러한 기회를 잘 살펴 경험을 한다면 실무적인 느낌과 팀의 분위기를 체험할 수 있을 것입니다. 마지막으로 공인 노무사 자격증을 취득하여 공인 노무사를 채용하는 회사에 지원하는 것도 매우 좋은 방법이라고 생각합니다.

3.9.1.2 농산물 관련 기업

#직무 소개

멘티 현재 어떠한 직무를 맡고 계시는지 설명 부탁드립니다.

멘토 제가 맡고 있는 직무는 '기획' 업무에 가깝습니다. 저희 회사는 정말 다양한 업무를 수행하고 있는데, 그중 몇 가지를 꼽자면 농축산물 판매 사업, 농가 및 지역 농축협 지원 사업, 농축산물 수급 조절 및 가격 안정, 정부 대행 사업 등이 있습니다. 이런 업무들 중에도 세부적으로 들어가면 사업을 실제로 수행하는 업무, 기획 업무, 각종 지원 업무(정산, 회계 등)가 있습니다. 제가 하고 있는 업무는 이 중에 기획 업무에 해당한다고 보시면 됩니다. 정리하자면 기획업무는, 회사에서 수행하고 있는 여러 가지의 사업 중 하나의 사업을 계획하고 수행하기 위한 밑바탕이 되는 업무에 해당합니다.

저는 입사 당시 회계 직군을 지원하였지만, 현재 하고 있는 업무는 앞서 설명드렸듯이 기획입니다. 이처럼, 본인이 입사 시 지원한 직무와 전혀 다른 직무에 배정될 수도 있다는 것을 알려드리고 싶습니다.

#직무 역량

멘티 직무 필요 역량은 어떤 것이 있다고 생각하시나요?
멘토 저희 사가 요구하는 역량을 설명하기 위해서는, 저희 사의 조직 분위기에 대해서 먼저 설명을 드려야 할 것 같습니다. 저희 사는 재기 발랄하고 패기 넘치는 성향보다는, 성실하며 본인의 업무에 책임감을 가지고 주변과 조화를 이루는 성향을 선호합니다. 따라서 필요 역량이라고 하면 직무 역량을 떠나서 앞서 말씀드린 성향적인 부분에 맞는 사람을 선호합니다.

그리고 저희 사는 인간관계를 상당히 중요하게 여깁니다. 성과를 내는 것도 중요하지만 최선을 다했다는 자세를 보이는 것이 더 중요한 것이죠. 업무나 전공 지식은 사실 크게 중요한 것 같지는 않습니다.

3.9.1.3 타펙스인터내셔널(와인 수입 회사) 대표 박준형

#직무 소개

멘티 회사 내 직원들은 어떤 직무 분야에서 어떤 업무들을 진행하고 있나요?
멘토 수입 주류 회사 같은 경우는 일반 유통업과는 조금 다른 독특한 점이 있습니다. 직무 자체는 총 네 가지로 구분이 됩니다.
먼저 회사의 꽃이라고 이야기하는 영업팀에 대해 설명하자면, 영업팀은 영업 관리와 그리고 매출을 위한 세일즈 활동으로 나눌 수 있습니다. 고객들, 호텔, 레스토랑들을 방문해서 저희 와인들을 소개하고, 소개 끝에 와인을 주문 받고 소비자들의 피드백을 받음으로써 더 나은 와인을 공급하는 것이 영업팀의 주 업무입니다.

두 번째는 배송팀인데, 주류는 일반 배송이 불가능하고 주류 허가가 된 차량으로만 배송을 해야 하는 특성 때문에 배송팀이 따로 구성이 됩니다.

그다음에는 무역팀이 있습니다. 와인은 국세청, 관세청, 식약청이라는 3사의 규제를 받고 있습니다. 그래서 해외에서 와인을 수입해 왔을 때 일차적으로 식약처를 거칩니다. 식약처에 제품검사와 성분 분석을 요청해 허가를 받은 뒤, 관세청에 주세 및 교육세를 내고 와인을 수령하게 됩니다. 이런 업무를 무역팀이 담당합니다. 참고로, 수입 후 국내 시판되는 제품의 바코드 13자리와 주류 판매 허가 등의 모든 관리는 국세청에서 하고 있습니다.

마지막으로 회계, 세무 업무가 있습니다. 기업 운영에서 회계 업무가 가장 중요하기 때문에 보통은 외부 세무서에 일을 맡기지만, 저희 회사 내에서는 기초적인 장부 정리 작업을 해 놓고 세무사로 넘기는 방식을 취하고 있습니다.

#직무 역량

멘티 해당 기업에서 필요로 하는 업무 능력이나 자격 요건이 있다면 어떤 것이라고 생각하시나요?

멘토 일반적인 영업 사원이 꼭 지녀야 하는 운전면허는 부차적인 것이고 와인 업계에서는 일반적으로, 소믈리에 자격증이 필요하다고 많이 이야기합니다. 하지만 제가 보기에, 와인 회사에서 일하기 위한 용도의 소믈리에 자격증은 장단점이 분명합니다. 먼저 장점은 여러 가지 정보를 자신감 있게 소개할 수 있다는 것입니다. 그리고 단점으로는, 와인에 대한 본인의 기호를 너무 맹신한다는 것입니다. 주류와 담배 같은 제품은 매우 기호성이 짙은 상품입니다. 흔히들 기호 식품이라고 이야기하죠. 이런 기호 식품은 소비자의 취향에 따라 선호도가 나뉘는 경향이 있습니다. 그렇기 때문에 소믈리에인 본인의 입맛에 맞는 와인이라고 판매량이 많을 것이라는 보장은 없습니다. 실제로 유명 소믈리에가 선택한 와인이 모두 높은 판매량을 기록하는 것이 아니기도 합니다. 그래서 소믈리에 자격을 가지고 있더라도, 시장의 입맛을 어느 정도 따라가는 포용력을 지니는 것이 중요합니다.

그리고 저희는 자격증 이전에 수사학과 대인 관계 능력이 더 중요하다고 생각합니다. 수입사는 소믈리에처럼 와인을 감별하는 것이 아니라, 소비자에게 올바른 홍보를 전달하여 판매율을 높이는 것이 목적이기 때문입니다. 이 과정에서, 특정한 환경과 문화를 가진 와인을 수입해 소개를 하는 것이기 때문에 상대방의 니즈를 파악하는 것이 중요하고, 그러기 위해선 수사학과 대인 관계 능력을 위시한 기본적인 설득 능력, 그리고 시장 상황을 전달하며 그에 어울리는 와인을 추천하는 컨설팅 능력이 필요합니다.

마지막으로, 영어외의 불어 등 외국어 능력도 필요합니다. 불어를 예시로 든 이유는, 영어가 세계 공용어이기 때문에 해외 와이너리에서도 어느 정도 통하지만, 세계 최대 와인 생산지 중 하나인 프랑스의 최고급 와이너리 같은 경우 오히려 영어를 사용하지 않기 때문입니다. 이 외에도 언어 능력은 여러 가지로 도움이 되므로, 언어에 대한 관심을 많이 가졌으면 좋겠습니다.

3.9.1.4 어린이급식관리지원센터 관리자 남경희

#직무 경험

멘티 설문 조사에서 많은 학생들이 실무 경험을 쌓기 힘들다고 답변을 받았는데, 실무 경험을 쌓을 수 있는 방법이 무엇이 있을까요?

멘토 실무는 해 봐야 얻을 수 있기 때문에 무엇이든 해 보라는 말씀을 드리고 싶습니다. 누구나 처음이 있습니다. 처음 시도도 없이 실무 경험을 쌓기 어렵다고 하는 것은 노력이 부족했다고 여겨지기도 합니다. 자격증, 인턴, 아르바이트, 연구 사업 참여, 연수 등등 할 수 있는 많은 것들에 도전하세요.

영양, 급식뿐만 아니라 다양한 경험을 해 보고 배우고 느끼는 것이 있는 것이 중요하다고 생각합니다. 수십 개의 아르바이트를 하더라도 그 업무에서 얻는 것이 없다면 경험을 안 해 본 것이나 마찬가지라고 생각합니다. 내가 경험한 것에서 좋은 것을 뽑아서 내 것으로 만들고 고쳐야 하는 것이 무엇인지 알아보는 자세가 필요합니다. 이후에 이런 경험들이 본인의 발전의 토대가 될 것입니다.

#직무 역량

멘티 어린이급식관리지원센터에서는 실제 어린이들과 교육 및 활동을 한다고 들었습니다. 이에 관련해서 필요한 역량이나 자세 등이 있을까요?

멘토 관심과 이해가 필요할 것 같습니다. 주위에 영유아가 있다면 아이들 눈높이나 수준을 알고 교육하는 것이 도움이 될 것 같습니다. 그런 경험이 없다면 처음 아이들을 대하고 수준별로 활동을 진행하는 데 인내심과 이해심이 가장 중요합니다. 해당 업무 담당자는 바른 자세와 바른 언어를 쓰는 어른이었으면 좋겠습니다. 아이들 앞에서 동화 구연하고 노래하고 율동하는 자신의 모습을 당당하게 여길 수 있는 마인드가 있으면 좋겠습니다.

#직무 준비

멘티 어린이급식관리지원센터에 입사하기 위해 어떤 준비를 하셨나요?

멘토 어린이급식관리지원센터의 채용 자격 요건 중 하나가 영양사 면허입니다. 이외에도 업무에 도움을 줄 수 있는 자격증은 위생사 면허와 조리사 자격증이라고 생각합니다. 부가적으로 컴퓨터 자격증, 운전면허 등이 있으면 좋습니다. 그 외에도 아동 요리 지도자나 식습관 코치 및 기타 민간 자격증도 업무에 도움을 줄 수 있는 자격증입니다.

3.9.1.5 식품 안전 컨설팅 업체 컨설턴트

#직무 소개

멘티 식품 안전 직무에 대해서 간단하게 소개해 주세요.

멘토 식품 안전 직무는 외식, 급식, 제조 공장에서의 법적인 기준하에 식품이 조리, 제조될 수 있도록 관리하는 직무입니다. 식품 위해 요소를 사전에 예방하고, 식품 법령에 맞는 제품을 만들기 위한 업무를 담당하며, 품질 평가 및 영양 정보 관리의 역할 또한 수행합니다.

#업무 소개

멘티 현재 어떤 일을 하고 계신가요?

멘토 현재 식품 안전 서비스(컨설팅, 식품 안전 감사 등) 기획 및 수행, 내부 인력 양성 과정 운영의 업무를 진행하고 있습니다.

#직무 역할

멘티 담당 직무가 회사에서 어떤 역할인지 궁금합니다.
멘토 식품 안전 연구소에서 운영되고 있는 서비스의 품질 향상과 신규 서비스 개발, 서비스 수행 인력에 대한 관리 및 교육을 통해 대외적으로 식품 안전 서비스 관련 업체로서 인지도를 향상시키기 위해 노력하고 있습니다.

#직무 선택 이유

멘티 현재 직무를 선택한 이유와, 선택하면서 고려했던 점은 무엇입니까?
멘토 다양한 식품안전과 관련된 서비스, 그리고 교육을 운영하면서 여러 가지 경험을 할 수 있기 때문에 지원하게 되었습니다. 또한 다양한 경험을 통해 자기 계발을 할 수 있는 것에 가장 큰 목적을 두고 있었습니다.

#직무의 장단점

멘티 현재 하고 있는 업무의 장단점이 있다면 알려 주실 수 있나요?
멘토 식품 업계의 요구 및 동향을 파악하면서 움직여야 하므로 업무를 다양하게 처리합니다. 그렇기 때문에 지루할 틈이 없지만, 고객이 무리한 요구를 하거나 불만을 표출할 경우 원만한 해결을 위해 조율하는 과정에서 수탁자의 어려움이 존재합니다.

#직무 설명

멘티 수행 중인 대표적인 업무들은 어떤 것들인지 알고 싶습니다.
멘토 대형 유통 업체의 협력 업체 점검, 해외 제조 업소 위생 점검, HACCP 긴설딩 등의 다양한 식품 안전 서비스를 기획 및 수행하고 있으며, 내부 인력에 대한 교육 과정 운영 및 평가를 진행하고 있습니다.

#직무 역량

멘티 업무의 원활한 수행을 위해 필요하거나, 업무 도중 돌발 상황 해결 시 필요한 역량이 있나요?
멘토 업무의 원활한 수행을 위해 필요한 사항은 'OA 활용 능력'이라고 생각합니다. 출근하여 가장 많이 사용하는 프로그램이 'OA 프로그램'이며, 다양한 업무 진행 시 보고서 및 발표 자료 작성을 위해 필요한 사항이 'OA 프로그램'이기 때문입니다. 대학 생활 중 'OA 능력'을 향상시킬 수 있도록 다양한 교육을 수료하고 실습을 진행한다면 향후 업무 수행에서 시간 효율이 극대화될 수 있습니다.

#직무를 희망하는 후배들에게 한마디

멘티 이 직무를 희망하는 분들에게 전해 주고 싶은 말이 있다면 말씀해 주세요.
멘토 식품안전 서비스를 기획 및 수행하기 위해서는 끊임없는 자기 계발과 식품 법규 관련 모니터링과 이해가 기본적으로 선행되어야 합니다. 항상 현실에 안주하지 않고 항상 발전하는 사람이 되시길 바랍니다.

제4장

취업,
준비부터 실전까지

취업, 준비부터 실전까지

준비에 앞서 취준생에게 현직자 선배가 전하는 말

취업 준비에 대한 현직자들의 의견은 현직자마다 상이했다. 취업 준비에 대한 여러 방법과 현직자들의 의견을 소개하지만 취업 준비에 정답이 없다는 사실에 유의하기를 바란다. 현직자의 말은 하나의 힌트나 Tip이다. 그것을 듣고 자신에 맞게 활용하고 응용하는 과정이 꼭 필요하다.

대학 생활 중에 하는 여러 가지 경험들은 취업을 위한 준비가 될 수 있다. 그중에서도 인사팀에서 평가를 할 수 있는 것들은 정성적인 평가와 정량적 평가이다. 예를 들어 본인이 외국어를 원어민 수준으로 잘한다 하는 것은 정성적인 평가이고, 이를 증명할 수 있는 어학 점수가 정량적인 평가이다. 이 중에서 정성적인 것도 좋지만 반대로 정량적인 결과가 없다면 인사팀이나 면접관들이 이를 평가할 수 없을 것이다. 여러 경험을 통해 성취한 내용들을 바탕으로 정성적인 것도 좋지만 정량적 평가가 가능한 항목들도 어느 정도는 필요하고, 이를 증명할 수 있는 만한 증빙 자료들도 필요하다. 이것들이 소위 스펙이라고 말하는 것들로 정량적인 것을 한눈에 볼 수 있는 항목들이다.

대부분의 대학생들 및 취준생은 학점을 준비하고, 스펙을 쌓는 등 취업을 준비하는 모든 과정에 대한 많은 부담과 걱정을 가지고 있는 것이 현실이다. 모두가 4년(혹은 2, 3년)이라는 대학 시절을 가지는 것은 동일하지만 각자 그 시간을 사용하는 방법은 다르다. 개인마다 잘하는 것이 있고 많은 시간을 투자한 것들이 분명히 있을 것이다. 그 차이를 인식하고 그것을 부각시키는 것이 장기적인 프로세스인 취업 상황에 도움이 될 것이다. 자신이 못하는 부분, 아쉬운 부분이 있다면 과감히 포기하자. 그것을 만회하려고 노력할 시간에 잘하는 것을 더 하면 된다. 자신이 잘하는 그 부분에서 두각을 보이고 만회하면 되기 때문에 취업에 대한 막연한 스트레스와 부담을 가지지 않았으면 한다.

4.1 채용 공고 확인

취업하기 위해서는 먼저 채용 공고를 확인하여 자신에게 맞는 기업에 입사 지원을 해야 한다. 채용 공고 확인은 한 사이트를 이용하는 것보다 두 곳 이상을 확인하며 필요한 정보를 확인하는 것을 추천한다. 희망하는 기업이 있다면 그 기업의 채용 홈페이지를 참고하는 것도 도움이 된다. 그 외 해당 사이트에서 원하는 직종, 지역 등을 검색하여 채용 공고를 확인할 수 있으며, 취업 사이트별로 기업 구분별 채용 공고, 기업 정보, 4차 산업 혁명에 따른 신직업 채용관, 서류전형부터 인적성, 면접까지 맞춤형 정보를 제공해 주고 있다.

4.1.1 워크넷

4.1.1.1 특징

고용노동부와 한국 고용정보원이 운영하는 사이트로 구인 구직과 직업, 진로 정보를 제공한다. 국가에서 진행하는 각종 직업 훈련 정보들, 고용 복지 정보까지 정리되어 있어 취업 준비를 하면서 복지 혜택도 받아볼 수 있다. 하고 싶은 일을 확실히 정한 사람들뿐만 아니라 내가 뭘 하고 싶은지, 뭘 잘하는지 모르는 사람들에게도 유용한 정보를 제공해 주는 사이트이다.

4.1.1.2 워크넷만의 강점

민간사이트는 상업적인 목적을 갖고 정보를 제공하는 반면, 워크넷은 모든 정보와 서비스가 무료로 제공되고 있다는 것이 하나의 강점이다. 또, 중소기업이나 중견기업에 대한 정보가 다른 사이트에 비해 충실하게 제공되고 있고 잡코리아,

사람인과 같은 민간 사이트에 있는 채용 정보와 서울시 같은 공공 기관에서 운영하는 취업 사이트 일자리 정보까지 모두 확인할 수 있다. 청년이나 여성 맞춤으로 구직 신청을 해 볼 수도 있고 심리검사나 직업검사를 통해서 나에게 맞는 진로를 찾을 수 있어 진로 탐색과 구직을 한 번에 할 수 있는 장점이 있다.

내용면에서 아주 충실하고 다양한 정보를 제공하고 있어 참고하면 좋은 자료들이 많은 보물섬 같은 사이트이다. 하지만 실제로 이 사이트를 이용해보면 활용도가 다소 떨어지는 것을 느낄 수 있을 것이다. 민간에서 운영하는 사이트보다 사용자의 접근성이나 홈페이지 디자인 면에서 아쉬운 점이 있다.

4.1.1.3 채용 공고 확인하는 방법

① 워크넷 사이트에 들어간 후 왼쪽 상단에 채용 정보에 마우스를 올리고 채용 정보 상세 검색을 클릭한다.

[출처] 워크넷 홈페이지 https://www.work.go.kr/seekWantedMain.do

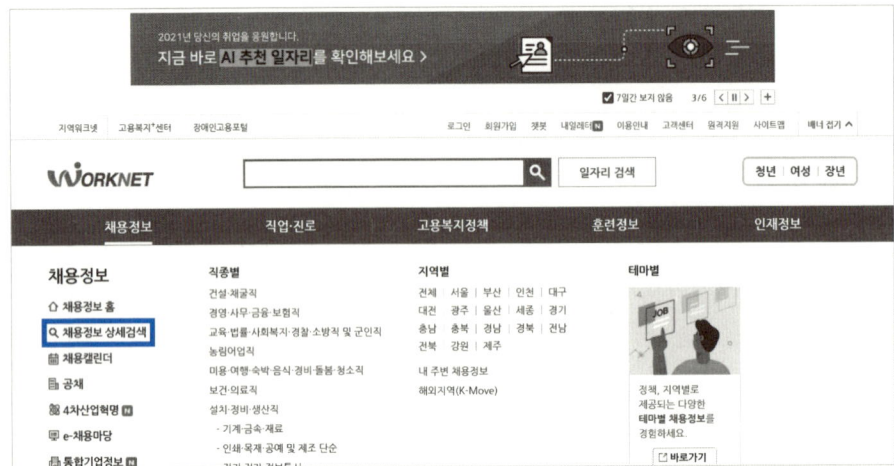

[출처] 워크넷 홈페이지 https://www.work.go.kr/seekWantedMain.do

② 원하는 직종을 선택하고 그 아래 여러 선택 사항을 선택한 후 검색을 클릭한다.

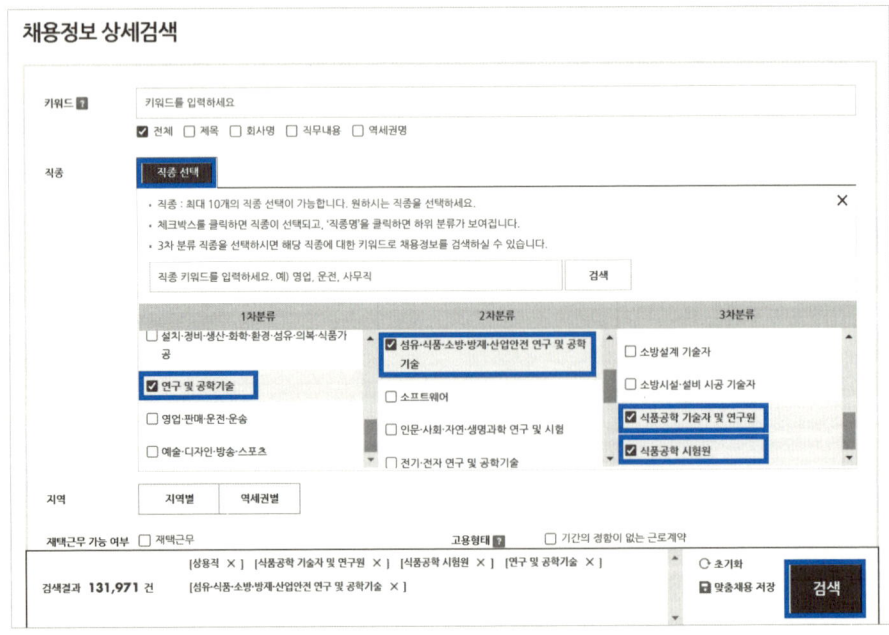

[출처] 워크넷 홈페이지 https://www.work.go.kr/seekWantedMain.do

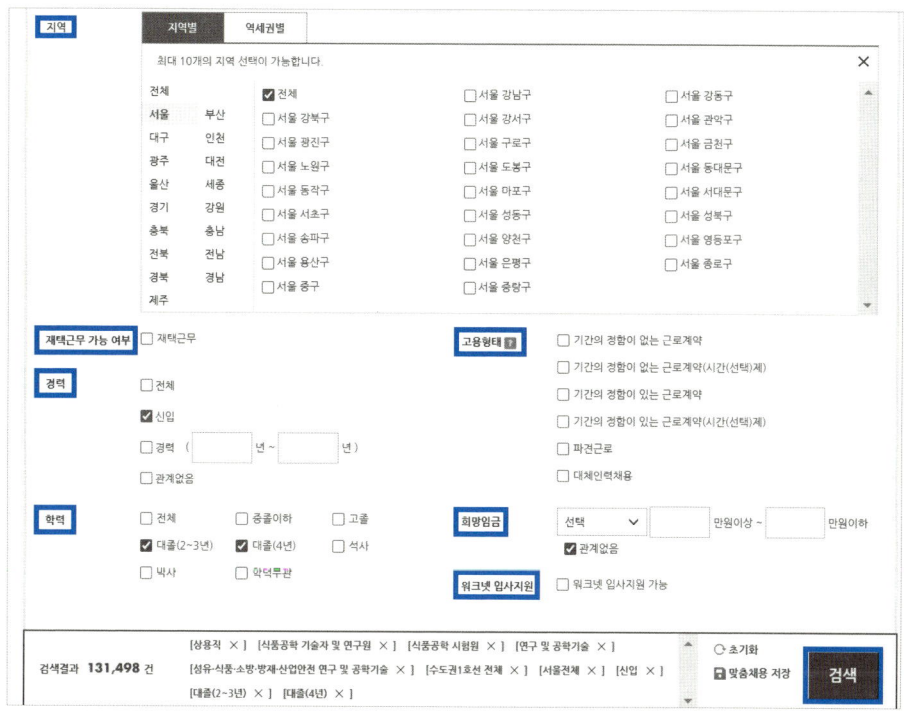

[출처] 워크넷 홈페이지 https://www.work.go.kr/seekWantedMain.do

③ 검색 후 조건에 맞는 채용 공고를 볼 수 있는데 그중 원하는 공고를 클릭하면 모집 요강, 전형 방법, 우대 사항, 기타 사항과 입사 지원 현황 통계, 위치 정보, 인증 기관 정보, 진행 중인 다른 채용 공고 등을 볼 수 있다.

4.1.2 잡코리아

4.1.2.1 특징

대기업, 중소기업 등의 공채 정보와 기업 정보, 기업 문화를 알 수 있고 취업 정보나 아르바이트에 관한 정보가 다양하게 존재한다. 특히 합격자들의 실제 경험담을 엿볼 수 있는 서비스를 제공하고 있어서 본인이 1,000대 기업, 공기업, 중견기업 지원을 염두에 두고 있다면 잡코리아를 이용해 보면 좋다.

4.1.2.2 잡코리아만의 강점

잡코리아에서는 스펙 지수라는 파트를 따로 마련해 두고 있어 본인의 스펙으로 어떤 기업에 도전해 볼 만한지를 가늠해 볼 수 있는 서비스를 제공하고 있다. AI로 면접을 연습하거나 AI 면접 대비 시뮬레이터와 면접 컨설팅도 받을 수 있다. 잡코리아에 많은 기업이 몰리는 만큼, 구직자로서는 잡코리아를 먼저 찾아보고 이력서를 등록하는 것이 유리할 수도 있다. 특히 구직자의 이력서를 열람한 기업이 바로 채용 절차를 진행할 수 있도록 면접 제의, 입사 요청 기능이 있어 좀 더 쉽고 빠르게 채용자와 구직자를 연결해 줄 수 있다.

4.1.2.3 채용 공고 확인하는 방법

① 잡코리아 사이트에 들어간 후 메인 페이지 상단 왼쪽 삼단 바를 선택하고 채용 정보에 들어간다.

[출처] 잡코리아 홈페이지 https://www.jobkorea.co.kr/

[출처] 잡코리아 홈페이지 https://www.jobkorea.co.kr/

② 산업과 직무를 함께 조건 검색하고 싶다면 산업별 코너를 선택하여 원하는 조건으로 검색할 수 있다. 자신이 선호하는 산업, 직무, 근무 지역 등을 선택한 후 선택한 조건 검색하기를 클릭한다.

[출처] 잡코리아 홈페이지 https://www.jobkorea.co.kr/

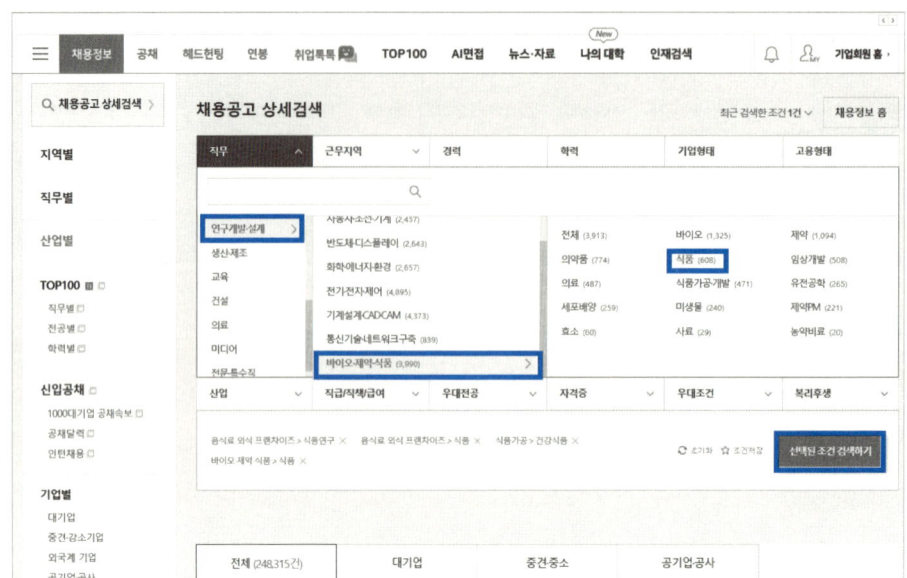

[출처] 잡코리아 홈페이지 https://www.jobkorea.co.kr/

③ 직무별 코너를 선택하여 직무만 원하는 조건으로 검색할 수도 있다.

[출처] 잡코리아 홈페이지 https://www.jobkorea.co.kr/

④ 선택한 조건으로 검색하면 아래 조건에 맞는 채용 공고가 뜨고 그중 원하는 공고를 클릭하면 입사 지원을 할 수 있을 뿐만 아니라 모집 정보, 지원 자격, 지원 방법, 접수 기간, 예상 지원자 현황 통계, 기업정보와 근무 환경, 관련 키워드 및 현재 보고 있는 채용 공고와 유사한 인기 공고까지 확인할 수 있다.

4.1.3 사람인

4.1.3.1 특징

사람인의 경우 국내 최대의 공채 정보를 제공하는 사이트로 1,000대 대기업 공채와 대기업, 중소기업, 공기업 채용 정보가 존재한다. 직종별, 산업별, 지역별 등 세분화해서 찾는 데 편리하고 기업별 맞춤형 인재도 파견하고 있다. 연봉 정보나 이력서, 자소서에 대한 정보도 확인할 수 있고 비교적 다양하고 스펙트럼이 넓은 취업처에 대한 정보가 있기 때문에 다양한 스펙을 가진 사람들이 모두 참고하기에 적합한 사이트이다.

4.1.3.2 사람인만의 강점

사람인에서 활성화되어 있는 큐레이션이라는 프로그램은 사용자의 스펙에 맞게 취업처를 추천해 주기 때문에 직접 검색해야 하는 번거로움을 줄여 준다는 장점이 있다. 스펙과 관심 직종, 희망 분야에 맞는 외국계 또는 대기업 등을 추천해 주고 코로나19 채용관 등을 통해 강소기업, 공사 기업, 전공별 기업 등 세부적인 분야로 취업처를 분류하기 때문에 원하는 직무와 직종이 있다면 효율적으로 활용할 수 있다. 또 아이엠그라운드라는 맞춤 면접 솔루션으로 면접을 미리 연습할 수 있고 자신의 면접을 AI에게 분석받아 볼 수도 있다.

다른 사이트도 마찬가지지만 본인이 검색하고 확인한 관심 있는 데이터들을 바탕으로 이에 유사한 정보들이 자동으로 선별되어 노출된다. 실제 채용을 원하지 않더라도 관심 있는 기업이나 직무 등을 계속 검색하다 보면 본인이 원하는 기업이 나타날 수 있으니 꾸준히 지켜보는 것이 좋다.

4.1.3.3 채용 공고 확인하는 방법

① 사람인 사이트에 들어간 후 왼쪽 상단에 채용 정보를 클릭한다.

[출처] 사람인 홈페이지 https://www.saramin.co.kr/

② 원하는 지역과 원하는 직무 또는 전문 분야를 선택한 후 검색하기를 누른다.

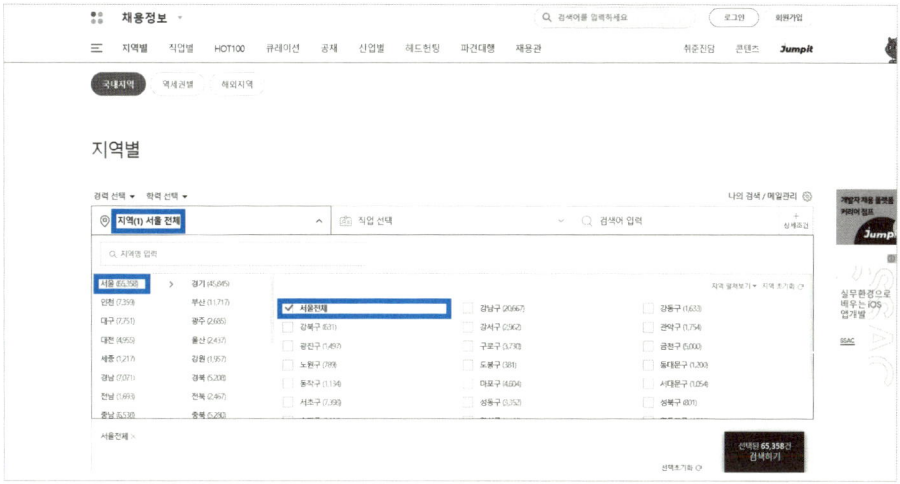

[출처] 사람인 홈페이지 https://www.saramin.co.kr/

[출처] 사람인 홈페이지 https://www.saramin.co.kr/

③ 검색 후 다양한 채용 공고를 확인할 수 있는데 기업에서 광고를 통해 노출되는 채용 공고와 맞춤 조건으로 검색한 공고를 함께 볼 수 있다.

④ 검색되어 나온 채용 공고에서 원하는 공고를 클릭하면 모집 내용, 지원 자격, 근무지 위치, 접수 기간 및 방법, 지원자 통계, 현재 회사의 인사 담당자의 질문 답변을 볼 수 있는 인사통, 기업 정보, 선택한 직무의 채용 HOT 100을 볼 수 있다.

4.1.4 잡플래닛

4.1.4.1 특징

기업들의 채용 공고를 알 수 있을 뿐만 아니라 직장인들이 직접 남긴 기업 리뷰를 확인할 수 있다. 연봉 정보부터 면접 후기나 복지 정보, 기업 분석 등의 정보도 확인할 수 있어 취업 전 본인이 지원한 회사가 어떤 곳인지 파악하는 데 유용하게 쓰일 수 있는 사이트이다.

4.1.4.2 잡플래닛만의 강점

총 만족도와 다른 5대 영역 평가 점수를 통해 한눈에 기업에 대한 직원들의 만족도를 파악할 수 있다. 기업 리뷰를 통해 사내 문화와 직군별 분위기를 파악할 수 있고 리뷰 작성 영역이 장점, 단점, 경영진에게 바라는 점으로 나누어져 있어 기업의 장단점을 쉽게 파악할 수 있다. 솔직한 회사의 평판이 궁금하거나 키워드를 통해 기업을 검색하고 정보를 얻고 싶다면 잡플래닛을 활용해 보는 것도 좋다. 하지만 잡플래닛에서 얻는 정보를 너무 맹신하는 것보다는 다양한 복지 제도에 관한 평이나 기업에 대한 분위기를 참고하는 것이 좋다.

잡플래닛이나 블라인드 같은 기업 평가 플랫폼은 학교 자체에서 가입된 경우가 많다. 이 경우 사용하는 데 별도의 비용이 들지 않기 때문에 확인 후 사용하는 것이 좋다.

4.1.4.3 채용 공고 확인하는 방법

① 잡플래닛 사이트에 들어간 후 왼쪽 상단 두 번째의 채용을 클릭하고 스크롤을 내려 오른쪽 하단 공고 상세 보기를 클릭한다.

[출처] 잡플래닛 홈페이지 https://www.jobplanet.co.kr/

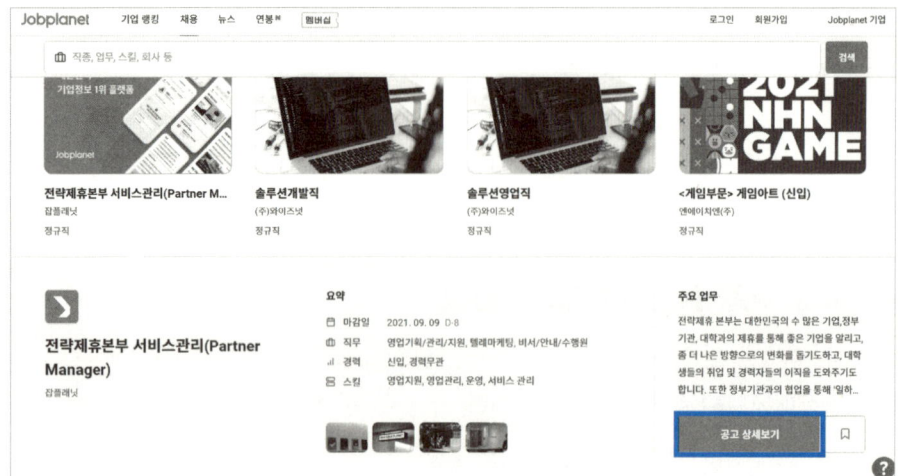

[출처] 잡플래닛 홈페이지 https://www.jobplanet.co.kr/

② 원하는 직종을 선택하고 아래 적용을 클릭한 후 경력, 총 만족도, 고용 형태, 근무 지역, 상세 검색(산업군, 학력)을 원하는 조건으로 맞춰 놓는다.

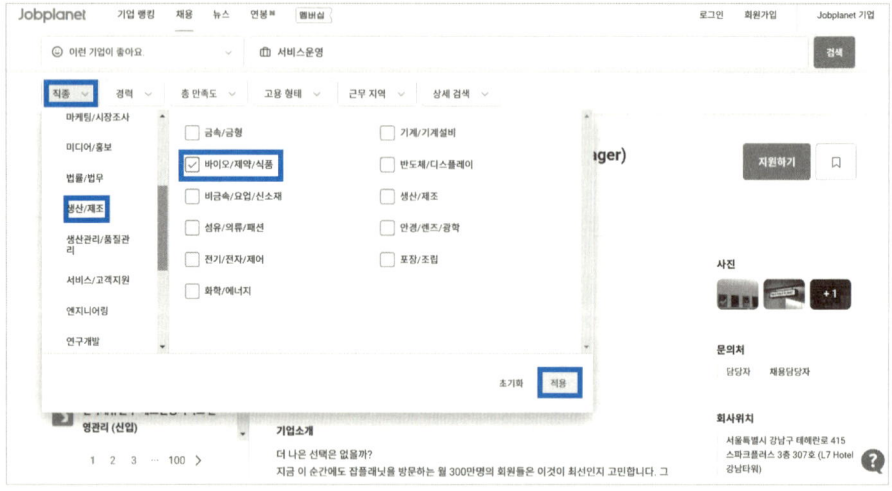

[출처] 잡플래닛 홈페이지 https://www.jobplanet.co.kr/

[출처] 잡플래닛 홈페이지 https://www.jobplanet.co.kr/

③ 조건에 맞는 채용 공고 중 원하는 공고를 클릭하면 기업의 채용 내용과 현재 선택한 기업과 같은 직종의 승진 기회 및 가능성, 경영진, 사내 문화, 업무와 삶의 균형, 복지 및 급여의 평균을 비교하여 볼 수 있다.

4.1.5 자소설닷컴

4.1.5.1 특징

자소설닷컴은 채용 공고를 확인하고, 원하는 기업의 자기소개서를 바로 작성할 수 있도록 도와주는 자기소개서 작성 플랫폼이다. 대기업, 공기업, 중견기업 등의 공고가 매일 업데이트되고 기업별 채팅방을 통해 실제 지원자들과 채용 정보를 나눌 수 있고 자신의 전공이 많이 쓴 기업, 자신이 다니는 학교 사람들이 많이 쓴 인기 기업도 제공하고 있어 편리하게 이용할 수 있다.

4.1.5.2 자소설닷컴만의 강점

 자기소개서를 써 본 사람들이라면 자기소개서를 작성하는 과정이 얼마나 복잡하고 어려운 것인지 알 수 있을 것이다. 글자 수, 오타 확인은 물론 여러 웹사이트를 찾아봐야 하는 번거로움이 있다. 하지만 자소설닷컴은 기업별 자기소개서 문항 입력부터 맞춤법 체크, 자동 저장 기능까지 자기소개서 작성에 필요한 모든 기능을 제공하고 있다. 뿐만 아니라 자기소개서 관리 클라우드와 자기소개서 작성에 유용한 팁을 알려 줌으로써 효율적인 자기소개서 작성 환경을 만들어 준다. 자소설닷컴의 가장 큰 장점은 커뮤니티, 콘텐츠 플랫폼 등 나누어져 있던 취업 지원 서비스를 한 사이트에서 받을 수 있다는 점이다.

4.1.5.3 채용 공고 확인하는 방법

 ① 자소설닷컴 사이트에 들어간 후 중간에 채용 공고 검색하는 칸에서 원하는 공고를 검색할 수 있다.

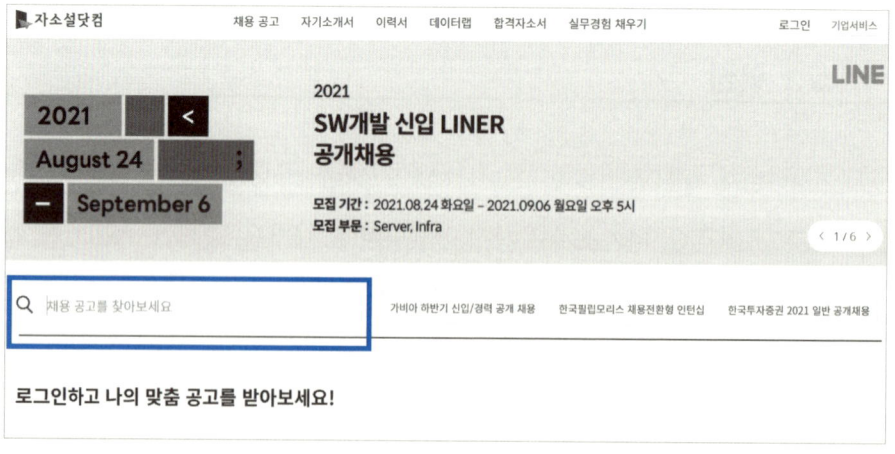

[출처] 자소설닷컴 홈페이지 https://jasoseol.com/

② 검색 칸에 원하는 키워드를 넣어 검색하면 바로 아래 맞춤 채용 공고가 뜬다.

③ 그중 원하는 공고를 클릭하면 해당 공고의 기한과 모집 직무를 간략하게 볼 수 있고 바로 자기소개서도 작성할 수 있게끔 되어 있다. 하단으로 내리면 해당 공고의 모집 내용을 자세히 알 수 있다.

④ 공고의 모집 내용 아래로 내리면 해당 공고의 지원자 데이터랩, 지원자들과 소통할 수 있는 채팅방, 해당 기업의 합격 자기소개서, 기업 관련 에피소드를 볼 수 있다.

4.1.6 카카오톡 오픈 채팅방 참여

취업 정보를 공유하기 위해 같은 취업 준비생이 참여하고 있는 오픈 채팅방을 이용해 봐도 좋다. 이직을 준비하는 분들도 있고 기업의 정보와 취업 tip을 공유할 수 있으며 채용 공고를 정리하여 채팅방에 올려 주기도 한다. 실제 식품 관련 지원자들과 얘기를 나누면서 채용 정보를 카카오톡으로 편리하게 나눌 수 있다. 하지만 등록자가 많은 채팅방은 비교적 스팸 문자가 많고 다른 사람들의 질의응답이 많다 보니 복잡하고 산만한 분위기가 조성될 수 있다는 단점이 있다.

4.1.6.1 채용 공고 확인하는 방법

① 카카오톡의 오픈 채팅 검색 코너에 들어가 키워드를 [식품 취업] 또는 [취업]과 같이 원하는 채팅방의 키워드를 입력하면 관련된 다양한 채팅방이 검색된다.

② 검색된 채팅방 중 원하는 오픈 채팅방에 들어간 후 공지를 확인한다. 현재

진행 중인 채용 및 공고 및 정보가 잘 정리되어 있어 모두 확인해 볼 수 있다.

4.2 '스펙' 정리하기

취업을 준비하면서 가장 먼저 준비해야 할 것을 뽑는다면 바로 '스펙 정리'이다. 지금까지 취업 준비를 위해 본인 스스로 해 왔던 활동들을 정리하는 과정에서 강점을 찾고 부족한 부분을 보완하며 자신의 역량을 한눈에 볼 수 있게 한다. 이 과정을 포트폴리오라 할 수 있다.

본인의 분석·정리를 바탕으로 본인만의 이야기를 직무와 연결 지어 이력서나 자기소개서에 적용할 수 있다.

현직자의 경험담

- ☑ 지금까지 해 온 경험과 활동들을 식품과 관련지어 많이 연결했다.
- ☑ 현재 하고 있는 직무에서는 특이한 경우이긴 하지만 온라인 홈페이지를 만드는 걸 좋아해서 개인 홈페이지도 제작했었다.
- ☑ 본인이 경험한 활동들을 포트폴리오로 잘 시각화해서(수치도 명확하게) 어필했다.
- ☑ 공모전 경험을 포트폴리오로 한다고 할 때, 꼭 입상한 경험만 적어야 하는 게 아니다. 본인이 어떤 경험을 했고 그 과정 중 어떠한 것을 얻고 남겼는지를 어필해야 한다.
- ☑ 본인이 얼마나 노력할 수 있는 사람이고 어떠한 일까지 할 수 있는 사람인지를 어필할 수 있도록 정리했다.

[제약사 마케터 현직자님]

Key Point !

본인만의 강점과 장점, 성향 등을 바탕으로 본인을 잘 표현할 수 있는 키워드를 선정하여 이후 실행한 활동의 분석에 '결'을 만들어 준다. 그렇기에 양보다는 질이 중요하다.
본인이 한 활동의 모든 것을 분석하는 것이 좋아 보일 수는 있으나 자칫 잘못하면 키워드가 무색하게 되어 버린다. 그렇게 되면 애써 찾은 자신의 강점이나 경력들이 묻히게 된다. 본인이 지원하는 직무와 맞는 경험이나 참여 비중이 높은, 또는 본인의 역량을 보여줄 수 있는 경험을 살리는 것이 좋다.

4.2.1 Step 1 대외 활동을 연도별로 리스트화한다

정리할 활동의 예시로는 서포터즈, 봉사 활동, 공모전, 학생회 활동, 동아리, 아르바이트, 인턴 등 여러 가지가 될 수 있다. 활동을 정리해 보는 방법은 여러 가지가 있다. 가장 한눈에 보기 쉬운 방법 중 하나로 대외 활동 및 직무 관련 경험을 연도별로 리스트화 하는 것이다.

[예시]

연도	2022년(1학년)	2023년(2학년)	2024년(3학년)	2025년(4학년)

경험	- 학점 관리
	- 아르바이트
	- 동아리
		- 공모전
		- 교외 동아리
		- 자격증(일반)
		- 멘토링(교과목)
		- 어학 성적
			- 학과 연구실
			- 직무 관련 교육
			  (ex. HACCP)
			- 현장 실습
			  (○○ 기업)
			- 진로 상담
				- 어학 연수
				- 캡스톤 디자인
				- 취업 스터디
				- 자격증(전공)
				- 졸업 작품 및 논문

FIPTA 제안	진로 탐색
	- 현직자 이야기 듣기
	  (팟캐스트 청취)
	- FIPTA 네이버 카페 살피기
	- 멘토링 참가
	  (FIPTA, 잇다 등)
	- 유튜브 시청
	  (최낙언TV 등)
		진로 설정
		- 식품 세미나·강연 참여
		- 공장 견학(해설이 있는 공장 견학 참여)
		- 인턴십 프로그램 참여(FIPTA 인턴 참여)
		- 도서 읽기(식품 관련 책 읽기)
			직무 역량 개발
			- 현직자 직무 특강 참여(마케팅, 연구 개발, 품질 관리 등)
			- PBL 직무 인턴십 프로그램 참여
			- 개별 멘토링
			  (개별 상담, 프로젝트 설정)
				취업 역량 강화
				- 현직자 자소서 첨삭
				- 현직자 실무심화 과정 참여
				- 취업 멘토링
				  (면접, 기업 분석)
				- 경진 대회, 창업, 공모전 참여

취업 준비를 하다 보면 자기소개서를 작성하거나 면접을 준비하는 과정에서 본인이 수행했던 다양한 경험을 직무에 연관시키는 작업이 필요하다. 자신의 전공과 희망 진로를 설정하여 포트폴리오에 맞게 체계적으로 대외 활동을 하는 것이 가장 효율적이고 바람직하다. 하지만 바쁜 일정과 그때그때의 상황에 따라 계획과 달리 진행될 수도 있는데, 이때 내가 했던 활동을 분류하여 정리해 두면 정해진 주제에 따라 일관적인 흐름을 만드는 데 큰 도움이 된다. 자신이 참여했던 대외 활동을 일정한 기준에 맞추어 기록하고 관리하면서 직무에 맞게 이야기를 풀어 나가는 방식을 예시로 제공한다.

시기	카테고리	활동 내역	주관	비고
2022년 1학기	봉사 활동	교육 봉사(48시간)	경희의료원	
2022년 2학기	동아리	논문 발표 동아리(4건)	과 내 학술 동아리	
2023년 1학기	현장 실습	소비자식품위생감시원	서울시	
2023년 2학기	교육	대학생 취업 지원 프로그램	국비교육	
2024년 1학기	연구	식품 분석 연구실	식품공학과	
2024년 2학기	자격증	식품기사	한국 산업인력공단	
2025년 1학기	인턴	N 기업 중앙 연구소	N 기업	
2025년 2학기	수상 경력	제품개발경진대회 금상	한국 식품영양과학회	

4.2.2 Step 2 경험을 STAR기법에 따라 구체화한다

STAR 기법의 STAR은 Situation, Task, Action, Result의 약자로 구조화된 기법으로 글을 작성할 수 있게 알려 주는 글쓰기 방법이다. 어떤 상황(Situation)에서 문제(Task)가 발생하였을 때, 본인이 어떤 행동과 노력(Action)을 하였는지, 이에 대한 결과(Result)에 관하여 구조화된 형식으로 글을 작성하는 것이다.

상황과 임무와 행동, 결과를 구조적으로 연결하는 것이 필요하기에 이를 토대로 면접과 자기소개서를 준비하는 것이 좋다. 보다 체계적으로 답변을 만들 수 있을 것이다.

S 상황·배경(Situation)

어떠한 일을 경험하게 된 계기나 배경을 설명하고, 스토리를 시작하는 단계이다. 본인의 경험 중, 지원하는 직무와 관련된 경험을 선택하여 무엇을 달성해야 했는지, 환경은 어떠했는지를 설명한다.

Q. 언제, 어떤 상황이었습니까?

T 임무·과제(Task)

해당 상황에서의 본인의 역할과 상황을 처리하기 위해 어떠한 과업을 달성했는지를 설명한다.

Q. 본인의 역할은 무엇이었습니까?
Q. 왜, 어떻게 문제가 발생했습니까?

A 행동·노력(Action)

행동에서는 과제를 해결하기 위해 본인이 취한 해결 방안, 그렇게 행동한 이유와 과정에 있어 주목할 부분이나 문제 해결을 위해 얼마나 노력했는지를 설명한다.

Q. 어떤 노력을 하셨습니까?
Q. 무엇을 하셨습니까?

R 결과(Result)

앞의 상황 - 임무 - 행동 과정을 통해 어떤 결과를 얻게 되었는지, 무엇을 배울 수 있었는지를 작성한다. 단순 서술형보다는 구체적인 수치를 언급하며 결과를 작성한다. 경험을 설명할 때는 불필요한 미사여구를 줄여, 너무 극적으로 표현하지 않도록 주의한다.

Q. 결과가 어떠합니까?
Q. 그로 인해 어떤 교훈을 얻었습니까?

[STAR 기법을 활용한 자소서 실제 문항 중 하나에 대한 작성 예시]

경험 리스트 요약: ○○ 캠페인 기획을 통해 배운 사전 조사의 중요성			
	질문 분석하기	적용하기(예시)
S 상황	언제, 어떤 상황이었습니까?	△△ 역할을 맡아 □□ 학생들을 대상으로 ○○ 캠페인을 기획하고 운영해야 했음
T 임무	왜, 어떻게 문제가 발생했습니까?	참여율이 저조함
A 행동	무엇을 하였고 어떤 노력을 들였습니까?	☆☆팀과 ◇◇부에 협조를 구해 문자, 페이스북, 교내방송을 통해 광고, 팸플릿을 나눠 주고, 지원자가 나타나면 픽업하여 캠페인 참여 독려
R 결과	결과는 어떠했고, 과정을 통해 배운 점이 무엇입니까?	○○ 캠페인 무사히 진행 완료, 사전 조사 및 계획의 중요성 깨달음

경험 리스트 요약: 고객 클레임으로 ○○ 제품 개선		
	질문 분석하기	적용하기(예시)
S 상황	언제, 어떤 상황이었습니까?	☆☆에서 인턴으로 ○○ 담당 업무 경험, ○○ 제품에서 △△의 문제로 소비자 문의 많음
T 임무	왜, 어떻게 문제가 발생했습니까?	○○ 제품에서 □□한 향과 맛 때문에 반품 요구
A 행동	무엇을 하였고 어떤 노력을 들였습니까?	◎◎을 분석하여 ◇◇이라는 정보를 알게 됨, ◇◇을 이용한 제품화 사업 계획 준비하여 ◎◎을 연구하고 개발한 ●●원 방문하여 미팅 및 기술 이전 받음
R 결과	결과는 어떠했고, 과정을 통해 배운 점이 무엇입니까?	●●의 기술로 ○○의 제품 개선, 재구매율 ◎◎% 증가 고객의 의견 귀 기울이고 개선하기 위해 노력하는 습관 중요하다는 것 깨달음

경험 리스트 요약: 캡스톤 디자인 - ☆☆에 좋은 ○○ 설계, 은상 수상		
	질문 분석하기	적용하기 (예시)
S 상황	언제, 어떤 상황이었습니까?	4학년 캡스톤 디자인으로 ○○을 설계하던 중 계획과 다른 게 ●● 문제가 발생되어 어려웠음
T 임무	왜, 어떻게 문제가 발생했습니까?	공정 간소화하기 위해 □□ 공정을 ◇◇ 공정으로 대체하면 ◎◎ 문제가 발생

	질문 분석하기	적용하기 (예시)
A 행동	무엇을 하였고 어떤 노력을 들였습니까?	논문을 찾아보며 공정 변경으로 인한 △△의 부족하다는 가설을 세우고, ★★의 원료를 스크리닝하며 샘플 테스트 진행
R 결과	결과는 어떠했고, 과정을 통해 배운 점이 무엇입니까?	★★의 원료를 추가하여 문제가 해결되어 제품을 설계할 수 있었고, 캡스톤경진대회에서 은상 수상 제품 개발 과정에서 문제 해결 능력과 포기하지 않는 것이 중요하다는 것 깨달음

경험 리스트 요약: 4학년 때의 결정으로 인한 어학연수		
	질문 분석하기	적용하기(예시)
S 상황	언제, 어떤 상황이었습니까?	4학년 취업을 준비하는 시기에 중국 교환 학생을 갈 것인가에 대해 결정하는 데 어려움
T 임무	왜, 어떻게 문제가 발생했습니까?	교환학생 준비를 3학년 때부터 해서 4학년 때 나가게 되었지만, 다른 학생들은 취업을 위한 전공 심화 수업을 받으며 준비하고자 함
A 행동	무엇을 하였고 어떤 노력을 들였습니까?	다양한 것을 경험해 보고자 중국에 가기로 결심하고 실행
R 결과	결과는 어떠했고, 과정을 통해 배운 점이 무엇입니까?	다양한 사람들을 만나 보고, 다양한 곳을 둘러보며 세계를 바라보는 눈을 길렀다

경험 리스트 요약: ○○ 필름 개발 및 특허 출원 3건		
	질문 분석하기	적용하기 (예시)
S 상황	언제, 어떤 상황이었습니까?	□□으로 고생 중인 조카가 감기에 잘 걸려, 면역력 증진에 좋은 제품을 먹어 보지만 거부
T 임무	왜, 어떻게 문제가 발생했습니까?	조카에게 먹일 수 있는 제품 고민, 어떻게 만들 수 있을지 모르겠음
A 행동	무엇을 하였고 어떤 노력을 들였습니까?	논문, 학회, 특허 분석 및 교수님 자문 요청하였고 ○○ 필름을 알게 됨 이를 만들기 위해 1년간 시행착오 겪음
R 결과	결과는 어떠했고, 과정을 통해 배운 점이 무엇입니까?	○○ 필름을 개발과 관련 특허 출원, 불편함을 그냥 지나치기보다 해결하기 위해 실행해야 하는 것 중요하다는 것 깨달음

4.2.3 Step 3 지원 회사 및 직무에서 요구하는 역량에 따라 구체화된 경험을 연결 지어 자소서와 면접에 적용한다

 Step 2에서 구조화하는 분석 작업이 진행되었다면 다음으로는 본인이 지원하는 회사나 직무에서 요구하는 역량을 파악한다. 보통 직무 역량은 직무에 따라 다르지만 목표 달성 능력, 문제 해결 능력, 창의력, 의사소통 능력, 분석력, 실행력 등이 있다.

 지원하는 직무와 기업에서 문제 해결 능력을 중요시한다면, 해당 역량을 잘 나타내는 경험을 찾아 연결 짓는다. 또한, 한 경험에 한 역량으로만 사용하는 것이 아니라 한 경험을 자소서와 면접 항목에 따라 다른 역량과도 연결되어 다양하게 적용할 수도 있다.

[예시1] 연구직을 위한 노력
[식품 안전 연구실에서 쌓은 정확한 실험 능력]
교내 식품 안전 연구실에서 연구 장학생으로서 식중독균에 대한 실험을 진행하며 미생물 검사에 필요한 실험과 분석 능력을 갖추었습니다. 즉석 섭취 냉장 샐러드에서 온도에 따른 Listeria Monocytogenes의 행동 특성에 관한 연구 중 예상과 달리 균 수가 적었던 상황이 있었고, 시료를 희석하는 과정에서 농도를 착각했던 것이 원인임을 깨달았습니다. 이후로는 실험 진행 시 매 단계마다 메모하며 정확한 절차를 따르는 습관을 들였습니다. 경험으로 배운 꼼꼼하고 정확한 실험 진행을 통해 제품의 안전 확보에 기여하겠습니다.

[예시2] 공동된 목표를 위한 사례
[10명의 팀원과 함께한 8개월간의 여정]
식품 경쟁력을 높이고 가능성을 인정받기 위해 참가한 제품개발경진대회에서 10명의 팀원을 이끌고 최우수상을 수상했습니다. 식품 관련 전시회나 박람회에 직접 참가하며 국

내외 시장 트렌드와 소비자의 반응을 살폈습니다. 개발한 제품을 제조하고 분석하는 과정에서 연구소 인턴 경험을 팀원들과 나누어 원활하게 실험을 진행했습니다. 기획과 생산을 분업하여 효율성을 높이면서도 매주 회의를 통해 소통을 이어 가며 팀을 운영했습니다. 기획부터 정리와 발표까지 이르는 과정을 리더로서 총괄하면서 느꼈던 부담감과 책임감이 대회 입상이라는 열매를 맺었고, 이런 경험을 토대로 A에서도 또 다른 결실을 얻고 싶습니다.

[예시3] 품질 관리 현직자의 실제 질문과 답변 사례

Q. 최근 5년 이내 자신의 경험 중 가장 어려웠던 결정은 무엇이었으며, 그러한 결정을 내린 기준과 (또는 이유와) 결과에 대하여 기술해 주십시오.

[우물 밖 개구리]

취업과 졸업 준비를 해야 하는 4학년에 중국 교환 학생을 갈 것인가에 대해 결정할 때 가장 어려웠습니다. 저는 교환 학생을 나가기 위한 준비를 3학년 때부터 시작을 하여, 4학년 때 교환 학생을 나가야 하는 상황이 되었습니다. 하지만, 학과 동기들은 대부분 학교에 남아 심화된 전공 수업을 들으며 전공 지식을 습득하였으며, 앞으로의 진로를 대비하였습니다. 따라서 이 시기에 과연 나는 중국 생활을 하는 것이 옳은가에 대한 고민과 함께 쉽사리 결정을 내리지 못하였습니다.

하지만, 저는 이제껏 본 세상보다 넓은 세상을 바라보고 싶다는 생각으로 중국에 가기로 결심했습니다. 저는 백문이 불여일견이라는 말처럼 직접 다양한 것을 경험해 보는 것을 중요시해서 더욱 이런 결심을 하게 되었습니다. 따라서 중국에서 다양한 사람들을 만나 보고, 다양한 곳을 둘러보며 중국과, 중국을 넘어서 세계를 바라보는 눈을 길렀습니다.

[예시4] 품질 관리 현직자의 실제 자기소개서 일부 발췌

[현장 경험을 통해 문제 해결 능력을 키우다]

저는 제조 현장을 직접 경험하면서 문제 해결 역량을 길러 왔고 이것이 품질 관리 직무에 지원한 이유입니다. 품질 관리는 제품의 제조 과정에서 발생할 수 있는 문제를 사전 예방하고, 문제 발생 시 신속히 해결해야 합니다. 저는 해외 즉석 판매 제조업의 소스 제품 품질 관리 직무를 수행하면서 크게 두 가지 문제를 해결한 경험이 있습니다.

첫 번째, 완제품의 불량률을 감소시켰습니다. 완제품의 샘플검사에서 설탕이 100% 용해

되지 않은 제품을 발견하였고, 설탕이 용해되기에는 온도가 현저히 낮다는 원인을 발견했습니다. 가열 공정을 추가하기에는 현장 온도가 높아져 미생물 증식의 가능성과 생산자들의 근무 환경이 어려워질 가능성이 있었습니다. 이에 식품가공학, 조리 원리에 관한 내용을 찾아보았고, 설탕만 미리 가공하여, 설탕 시럽을 대체품으로 적용하였습니다. 그 결과, 제품의 불량률이 0%에 가까워졌고, 고체가 아닌 액체를 사용하여 제품의 혼합 시간이 줄어드는 효과까지 내었습니다.

두 번째, 위해 요소를 사전 예방했습니다. 현장을 청결 구역, 일반 구역으로 나누고 구역 간의 교차 오염 방지를 위해 칸막이를 설치했습니다. 또한, 현장의 위생 및 품질 관리 설명서를 직접 제작하여 공유하고 교육했습니다. 그 결과, 항상 우수한 품질의 제품을 고객에게 전달할 수 있었고, 시판 이후 단 1건의 식품 사고도 발생하지 않았습니다. 이 경험을 통해 예상치 못한 문제가 발생 시 원인을 빠르게 해결하는 역량을 키울 수 있었습니다. 저의 역량을 활용하여 현장에서 발생하는 문제를 100% 대처하는 품질 관리가 되겠습니다.

[예시5] 품질 관리 현직자의 실제 자기소개서 일부 발췌

[식품 사고는 '제로'입니다]

저는 식품을 전공하며 '우리의 몸은 우리가 먹는 것으로 이루어진다'라는 것을 배웠습니다. 그래서 식품을 취급하는 산업에 있어서 가장 중요한 것은 '안전'이라고 생각합니다. 식품 접객업의 주방에서 근무하며 식품 사고 '제로'라는 목표를 달성한 경험이 있습니다. 이 목표를 이루기 위해 세 가지 노력을 하였습니다.

첫 번째, 원재료, 부재료의 입고검사 및 현장의 위생과 작업자들의 개인위생을 철저히 관리하였습니다. 특히 황색 포도상 구균에 의한 식중독을 예방하기 위해 칼에 베이거나 화농성 질환이 있는 작업자의 경우 식자재 취급을 중단하였습니다.

두 번째, 전공 지식을 활용하여 직원들에게 각 식자재의 보관 및 저장, 취급 방법을 교육하였습니다. 그리고 교차 오염 방지를 위해 용도에 따라 주방 기구를 분리하였습니다.

세 번째, 매장 전체의 현황판을 만들어 매주 재고를 파악하고 유통 기한에 대하여 엄격히 관리하였습니다. 그 결과, 항상 깨끗한 현장을 유지했고 본사의 위생팀과 식약처의 불시 위생 점검에서도 적합 판정을 받았습니다.

저는 항상 내 가족이 먹는다는 마음으로 일하였습니다. 현재는 전공의 심화를 위해 한국식품정보원에서 건식, 습식 가공식품 실습, HACCP 교육을 이수하였습니다. 이 경험을 바탕으로 항상 안전한 제품을 생산하여 고객 사이의 신뢰를 이어 나가겠습니다.

별첨

**취업에 앞서 취준생들은 학점, 자격증 등
스펙을 상당히 중요시 여긴다. 실제로 스펙, 얼마나 중요할까?**

대부분의 현직자가 '스펙'이 중요하지 않다고 말하는 이유는 아마 실무적으로 쓰이지 않는 이유이거나 모든 지원자들이 비슷하게 준비하고 있어서 차별화가 없기 때문이다. 우리가 취직에 성공하기 위해서는 먼저 1차적으로 서류 심사를 통과해야 한다. 이때 면접관의 입장에서 보면 전반적으로 지원자들의 스펙이 비슷할 때, 스펙이 없는 것보다 있는 사람을 선호하는 것이 당연하다. 하지만 실제 서류에서 스펙이 더 화려하다고 무조건 그 사람을 뽑지는 않는다.

1. 취업에서 학점이란?

학점은 어느 정도 중요하다. 같은 4년을 보냈는데, 학점이 너무 낮다면 대학 생활을 열심히 하지 않은 것의 반증이 될 수도 있다. 자소서에서 학점이 낮은 이유에 대해 누구나 납득할 수 있는 사유가 있다면 해결이 될 수도 있지만 일반적이지 않다. 평균 이상의 학점을 유지하는 것은 기본이다. 학점은 학교라는 조직에 속해 있을 때 '얼마나 성실히 했냐'에 대한 답변이 될 수 있다. 학점으로 나의 성실도를 증명할 수도 있고, 자격증은 없지만, 학점이 높다면 전공 지식 관련 부분은 이미 입증이 될 수 있다고 생각한다.

2. 취업에서 자격증이란?

자격증은 취업 활동을 하는 데 있어서 자신의 능력이나 스펙을 증명하는 객관적인 자료로 쓰인다. 식품산업 취준생의 경우, 공통적으로 식품기사, 위생사를 기본적으로 취득하고, 세부 직무에 따라 분석, 유통, 조리 등의 추가 자격증을 취득한다. 식품공학, 또는 식품영양학 등 식품에 관련된 공부를 하면서 취득할 수 있는 자격증들의 종류는 굉장히 많다. 그렇지만 자격증이 굉장히 잘 알려지지 않은 이상 해당 자격증이 얼마나 공신력이 있는지 인사 담당자는 모를 수 있다. 이럴 경우, 자격증이 속한 분야를 어떻게 공부했는지 어떻게 도움이 되는지를 자기소개서에 쓰고 말하는 게 중요하다. 또한 대졸 공채 프로세스를 기준으로 보통 자격증은 최대 3개까지 기재가 가능하므로 자격증의 양이 중요하다기보다는, 그 자격증이 속한 분야를 본인이 얼마나 잘 알고 있고 실무에 어떻게 적용할 수 있을지를 풀어내는 것이 더 중요하다.

3. 취업에서 어학 능력이란?
어학 능력에 관한 현직자들의 의견은 굉장히 많이 갈렸다. 단순 필요하다 필요하지 않다가 아니었다. 그 안에서 대체로 동일한 의견은 '공인 영어 점수가 중요한 것이 아니라, 실무적인 어학 능력을 길러야 한다'이다. 하지만 단순히 어학 능력이 좋다는 것을 사실상 이력서에서 어필할 수 있는 방법이 없다. 그렇기에 본인의 어학 능력은 공인 시험 점수라는 수단을 통해 어필할 수 있다. 어학 능력을 필수적으로 요구하는 곳이라면 당연히 어학 능력을 키워야 하지만 그렇지 않은 곳이라면 어학 자격증을 기재하더라도 큰 기대는 하지 않는 것이 좋다. 어학이 필수인 곳은 당연히 영어 면접을 볼 것이기 때문에, 그때 본인의 어학 능력을 어필하는 것이 중요하다. 사실 어학 능력은 사회 초년생 때는 크게 중요하지 않을 수 있지만 입사 후 연차가 차면서 중요 업무를 맡게 될수록 어학 능력을 요구하는 일이 많다.

4. 취업에서 학부 연구 경험이란?
학부 연구 경험을 한다고 하더라도 취업 당락에는 큰 영향이 있지 않다. 대학원에 진학할 계획이 아니라면 학과에서 운영하는 연구실 등은 크게 도움이 되지 않는다. 하지만 연구 개발이나 품질 관리 직무를 희망한다면 도움이 될 수 있다. 기업의 연구팀이나 품질팀은 랩(lab)에서 근무하는 경우가 있기에 학부 연구생을 통해 다루는 기기들은 무엇인지, 회사 선배들이 어떤 업무를 하는지 정도를 알고 있으면 도움이 되기 때문이다. 학부생일 때 일반적으로 경험할 수 없는 연구 과제에 참여할 수 있는 것은 정말 좋은 기회이다.

5. 취업에서 봉사 활동이란?
취업에 성공한 현직자들의 이야기를 종합해보면 봉사 활동을 통해 성실도나, 인성, 사회성 등의 가치를 평가할 수 있다고 한다. 또한 기업에 따라 다르지만 1차 서류 평가 중 봉사 활동 시간을 점수화하여 평가에 반영되는 경우도 있으므로 본인의 필요에 따라 봉사 활동을 경험해 보는 것도 좋을 것이다. 하지만 단순 시간 채우기의 봉사 활동은 지양해야 한다. 봉사 활동은 기간에 따라 장기간, 그리고 일회성으로 진행되는 단기간 봉사 활동으로 나뉘고, 운영 기관에 따라 기업체 봉사 활동, 공공 기관에서의 봉사 활동 등으로 나뉜다. 봉사 활동을 할 때 인증이 가능한 기관에서 활동하고 받은 인증서를 바탕으로 이력서에 기재하는 것이 중요하다. 이력서에 만약 봉사 활동에 관한 내용을 작성한다면 인성, 사회성 관련 부분이나 직무와 연관 지어 작성하는 방법 등이 있을 것이다.

6. 취업에서 인턴십이란?

인턴십은 실무를 경험할 수 있는 가장 좋은 방법이다. 실제 현장에서 어떻게 업무가 진행되는지, 그리고 직무에 따른 역할이 어떻게 세분화되는지 알 수 있는 방법은 직접 경험하는 것이다. 인턴십은 정규직 채용과 다르게 단기간 동안 임시적으로 채용하여 운영된다. 기업마다 매년 여름, 겨울 방학 기간에 인턴십을 진행하는 경우도 있고, 필요에 따라 수시로 인턴을 모집하는 경우도 있다. 뿐만 아니라 단순히 경력을 쌓을 수 있는 일반적인 인턴십과 다르게 인턴십 이후 정규직으로 채용까지 연계되는 채용 연계형 인턴십도 있기 때문에 개인의 필요와 상황에 맞는 인턴십을 찾아 지원해 보는 것이 좋을 것이다.

7. 전시회, 박람회, 공장 견학

전시회 및 박람회에서는 현재 식품 트렌드 및 새로운 소재와 기술에 대한 정보를 얻을 수 있다. 기업의 신제품 및 제품 포장재부터 식품 소재의 활용방안, 위생 관련 기술, 식품 관련 법안 등이 어떻게 연구와 개발이 진행되고 있는지 알 수 있기 때문에 식품 전반에 대한 시각을 넓히는 데 도움이 될 수 있다. 단순히 구경거리라고 생각하기보다는 자신이 관심이 있는 분야의 현재 트렌드에 따라 어떻게 변화되고 있는지에 주목하여 참여한다면 이후 자소서 작성 및 면접에도 도움이 될 수 있을 것이다.

공장 견학을 통해 실제로 제품이 생산되는 단계별 과정을 한눈에 볼 수 있다. 이론적으로 학습하는 것보다 실제로 현장에서 제품의 생산 과정을 눈으로 보게 되면 실제 실무에서 어떤 식으로 업무가 진행되는지 이해하기 쉽다. 각 기업에서는 학생들을 위한 공장 견학을 실시하고 있다. 실제로 공장에 방문해서 견학을 진행하는 방법과 온라인 스트리밍을 통해 실시간으로 견학을 할 수도 있기 때문에 관심 있는 기업이 있다면 견학 일정과 신청 방법을 확인해 신청해 보는 것도 좋을 것이다. 다만 견학 전 미리 제품에 대한 공정에 대해 조사해 보고 견학을 진행하는 게 내용 이해에 도움을 줄 수 있을 것이다. 견학 후에는 내용을 정리하여 개인적으로 포트폴리오를 만들어 본다면 이후에 입사를 준비하는 데 도움이 될 수도 있다.

8. 공모전

창의적인 아이디어를 바탕으로 공모전에 도전해 보는 것도 좋은 경험이 될 것이다. 직접 아이디어를 내고 구체화하여 하나의 결과물을 내놓는 과정에서 많은 자료 조사와 지식이 필요하기 때문에 이를 준비하는 동안 자신의 역량을 키울 수 있을 것이다. 공모전에서 수상하게 되면 이를 객관적인 지표로 수치화할 수 있기 때문에 이력서나 자기소개서에 어필할 수 있다. 꼭 수상하지 않아도 공모전을 준비하는 과정에서 자신이 성장했던 경험을 자기소개서에 녹여낼 수 있기 때문에 대학 생활 중에 한번은 공모전에도 도전해 보는 것을 추천한다.

9. 학생회·동아리 활동

간혹 얻는 것이 없다는 이유로 학생회, 동아리 활동을 꺼려 하는 학생들이 있다. 하지만 이러한 활동이 결코 의미 없는 활동이 아니라는 것을 강조하고 싶다. 먼저 이 두 가지 활동을 한다면 많은 사람을 만나게 되는데, 이 과정에서 인간관계 관리 능력, 의사소통 능력이 자연스레 향상된다. 이러한 능력들이 나중에 직장 생활에서의 인간관계 전반에 큰 도움이 되며 업무를 하며 자질구레한 이슈가 발생했을 때, 원활한 대화로 해결할 수 있는 발판이 된다.

스펙이 화려하지 않아도 취업은 충분히 가능하다. 스펙이란 기본은 되는 사람인지 아닌지 정도를 보기 위한 것이기에 본인이 정말 관심이 있고 배우고 싶어서 자격증을 취득하거나 교육을 듣는 것은 좋지만 취업을 위해서 일부러 하는 것은 오히려 손해다. 대신 본인만의 강점 요소가 그만큼 필요하다. 어떠한 일을 하든지 그 일을 했다는 게 중요한 것이 아니라 그 활동을 통해 배운 점, 활동하며 발생했던 문제들에 대한 해결 과정·피드백·결과·배운 점들이 중요하다. 그 안에서 본인이 느꼈던 점들과 배운 점들을 생각해 보고 잘 정리해 놓으면 취업 시 충분한 도움이 될 것이다.

4.3 멘토링 참가

취업에 앞서 정확한 직무와 산업군에 대한 이해가 중요하다. 그러나 취업을 준비하면서 직무와 산업군에 대한 이해가 부족할 수도 있고 직무와 관련된 경험이 부족할 수 있다. 그래서 자소서나 면접에 쓸 내용이 망설여진다면 식품산업인재양성협회 및 다양한 멘토링에 주목해 볼 필요가 있다.

실제로 각 기업에서 직무에 따라 업무가 어떻게 진행되는지 가장 명확히 알 수 있는 것은 원하는 직무나 산업군에서의 현직자 이야기를 듣는 것이다. 현장에서의 현직자들의 솔직한 이야기들을 바탕으로 업무에 대한 이해는 물론, 평소에 취업에 관한, 현업에 관한 궁금증들을 해결할 수 있을 것이다. 멘토링을 통해 직무특강, 식품 세미나, 공장견학, PBL 특강, 취업 멘토링, 창업과 특허 교육 등 다양한 교육을 활용할 수 있다. 이러한 교육들은 자기소개서나 면접 시 직무와 연관지어 적용할 수 있을 것이다.

4.3.1 식품산업인재양성협회

식품산업인재양성협회, FIPTA(Food Industry Professional Training Association)는 전 스마프(SMAF)에서 명칭이 변경되었다. 식품산업인재양성협회는 식품에 관한 정보 및 식품 전공자의 진로에 대한 이해를 돕고자 설립된 단체로, 식품 업계의 현직자들과 함께 멘토링을 꾸준히 이어 오고 있다. 각종 교육, 현직자가 동행하는 전시회 및 세미나 참석, 자기소개서 첨삭, 식품 업계 정보 제공, 포트폴리오에 담을 수 있는 활동, 증명서와 수료증 발급, 진로 상담 등을 제공한다. 코로나 이후로는 비대면을 활용한 교육이 확대되고 있다.

이 외에도 고등학생들을 위한 멘토링, 대학원생을 위한 멘토링도 진행한다. 멘토링에서는 업계 및 직무에 관한 질의응답 시간도 가지며 멘토와 멘티의 열정이 강하기 때문에 꾸준히 활동이 이어지고 있다.

- 네이버 카페 주소: https://cafe.naver.com/foodconsumer
- 홈페이지 주소: www.foodmentor.co.kr

① 직무 멘토링

식품산업인재양성협회에서는 현직자들의 네트워크를 통해 주기적으로 각 산업군별, 직무별, 경력별로 멘토링을 진행한다. 현직자들의 실무에 대한 설명과 취업에 도움을 줄 수 있는 방향성들을 제시해 주고 사전 질문지를 토대로 평소에 궁금했던 사항들을 해결할 수 있다. 여러 멘토링을 참여하면서 자신이 원하는 직무가 어떤 것인지 확인할 수 있고 학교에서 이론으로만 배웠던 것들이 아닌 현실적인 직무 수행을 알 수 있다.

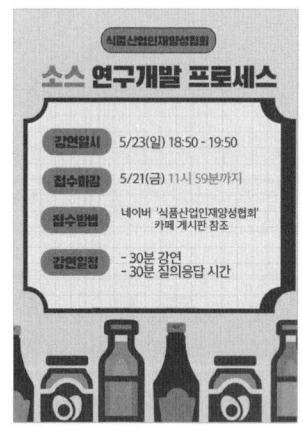 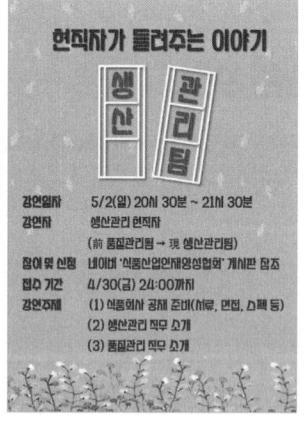 

[출처] 식품산업인재양성협회

② **기업 멘토링**

중소·중견·대기업을 모두 다녀본 현직자분과 함께하는 멘토링과, 식품 공기업·공공 기관 취업 멘토링 등을 진행하여 기업의 규모에 따른 장단점, 회사를 어떻게 선택하는 것이 좋은지 구체적으로 확립해 나갈 수 있고 현직자가 이야기해 주는 준비 방법 및 계기, NCS 및 면접 준비, 취업 스펙, 면접 팁을 들려 주어 취업을 준비하는 데 도움을 받을 수 있다.

 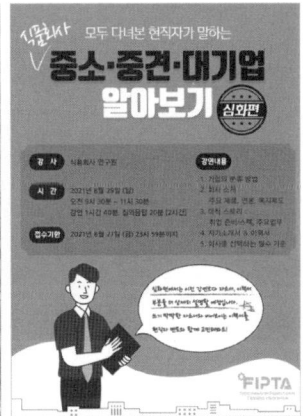

[출처] 식품산업인재양성협회

③ 공장 견학 프로그램

　코로나19로 인해 보통은 온라인으로 진행하고 있지만 공장 견학을 하면서 기업의 제품이 어떻게 제조되는지와 품질 관리나 생산 관리 직무가 제조 공정에서 어떤 업무를 하는지에 대한 도움을 얻을 수 있다. 내가 취업하고자 하는 기업이 아니더라도 비슷한 제조 공정에 대해 알고 있다면 다른 지원자들과 차별성을 가질 수 있다.

[출처] 식품산업인재양성협회

④ 자기소개서 멘토링

　자기소개서 멘토링은 다른 멘토링에 비해 소수로 진행되는 경우가 많으며 현직자분들이 이력서, 자기소개서, 면접 팁 등 취업에 직접 활용할 만한 정보에 대해 강연하고, 평소 궁금했던 점들도 질문할 수 있다. 원하는 직무에 다가가려면 어떤 준비를 해야 하는지 직접 들을 수 있는 멘토링이다. 자기소개서 첨삭 멘토링의 경우, 멘토와 멘티 2:2로 하여 자기소개서, 면접 등에 대해 심층적으로 진행받을 수 있다.

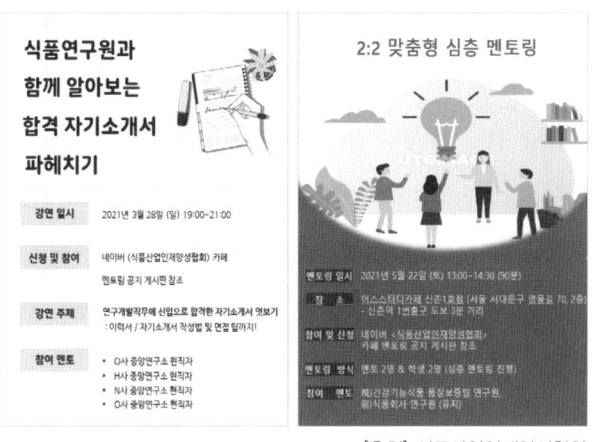

[출처] 식품산업인재양성협회

⑤ PBL 직무 인턴십 프로그램

PBL 강의 기법을 활용해서 진행하는 직무 체험 인턴십 프로그램이다. 장기간 동안 현직자와 서로 소통하며 이루어지는 교육으로 마케팅, 연구 개발, 생산 관리, 품질 관리 등 네 가지 주요 직무를 배울 수 있다. 한 가지 제품이라는 주제를 가지고 다양한 직무를 유기적으로 배울 수 있으며 활동 후에는 학교에서 배울 수 없는 깊이 있는 실무를 배울 수 있는 장점이 있다.

주기적으로 현직자와 피드백을 받을 수 있으며 교육 중 개별 멘토링도 할 수 있어 꾸준한 관리를 받을 수 있어 참여자들의 만족도가 높은 프로그램이다.

[출처] 식품산업인재양성협회

4.3.2 교내 멘토링 프로그램(대학교 취업 스쿨)

각 대학교 내에도 취업 스쿨과 같이 취업을 준비할 수 있도록 지원해 주고 있다. 관련 학과 현직자를 초청하여 멘토링을 진행하기도 하고, 취업 전반 프로세스에 대한 강의를 진행하기도 한다. 대학마다 상이하기는 하지만 대략적으로 진로 탐색, 역량 개발, 취업 준비, 취업 성공까지의 과정을 대비할 수 있도록 지원해 준다. 직무적성검사 및 자기소개서 작성법, 면접 실습 세미나 등을 통해 취업 시장에서의 경쟁력을 높일 수 있을 것이다. 비싼 등록금을 내고 대학 생활을 한다면, 학교에서 지원해 주는 취업 관련 강좌들을 최대한 활용하여 취업 시장에서의 경쟁력을 갖추길 바란다.

4.3.3 온라인 멘토링 프로그램

① 코멘토

현직자에게 취업과 관련된 질문, 자기소개서 첨삭, 면접 예상 질문까지 받아 볼 수 있는 온라인 현직자 멘토링 서비스이다. 코멘토에서는 현직자 멘토링뿐만 아니라 현직자가 영상을 통해 직접 설명하는 직무 정보, AI 자기소개서 분석기로 내 자기소개서에 드러난 성향과 강점을 파악해 볼 수 있다. 취업 준비생을 위한 다양한 클래스도 갖추어져 있어 이용해 보면 좋은 멘토링 서비스이다. 또, 코멘토에서는 직무 부트 캠프라는 프로그램을 운영하고 있다. 직무 부트 캠프는 현직자 실무 과제 수행을 통해 현장 업무 프로세스를 이해하는 프로그램이며 실제 현직자가 실무를 과제로 주어 멘토가 과제를 수행하고 피드백 받는 형태로 이루어진다.

② 청년재단

청년재단에서 이루어지는 멘토링에서는 취업을 준비하는 청년들이 필요로 하는 다양한 강연과 컨설팅을 진행한다. 멘토 리스트에서 희망하는 멘토를 직접 선택하여 궁금한 내용을 질문하고 답변받을 수도 있고 현직자 컨설팅, PT 컨설팅, 1:1 상담 컨설팅 중 자신이 원하는 컨설팅을 신청하여 진행하는 프로그램이 마련되어 있다.

③ 잇다

잇다는 실명 기반 커리어 멘토링 서비스로, 현직자와 연결하여 콘텐츠를 발행하고 그것을 클래스를 개설하여 취업 준비생들에게 가치 있는 정보를 전달해 주는 서비스이다. 현직자들의 경험과 취업 준비 과정이 담긴 클래스에서 커리이 경험을 공유받을 수 있고 자신이 원하는 기업의 현직자와 1:1 멘토링을 통해 직무 경험, 면접, 자기소개서 등의 취업 고민에 대해 질문하고 답변을 받아볼 수 있다.

4.3.4 기업에서 진행하는 채용 설명회

기업에서 운영하는 채용 설명회는 보통 중견기업들은 많이 진행하는데 요즘은 코로나19 때문에 직접 채용 설명회를 듣는 것은 어렵지만 유튜브에서도 채용 설명회를 진행하고 있다. 대표적으로 롯데, 동원, 오뚜기, 샘표 등에서 재용 실명회를 진행하고 있으며 채용 담당자와 직무 담당자가 기업에 대한 소개, 직무 소개 및 필요 역량을 소개하고, 지원자의 궁금증에 대한 현직자들이 직접 답변하고 조언하는 시간을 가져 기업에서 직접 채용과 관련된 이야기를 들을 수 있는 기회이다.

4.4 현직자의 자기소개서 작성 TIP

자기소개서는 본인이 희망하는 직무와 하고 싶은 일에 대해 지금까지 해 온 경험과 배움을 어필하는 글이다. 쉽게는 이력서에 적은 내용을 자세히 늘려 쓴 확장판 같은 글이라고 생각하면 된다. 이력서는 서류 전형 합격에 비중이 큰 부분이고 자소서는 면접에서 면접관들이 본인에게 질문거리를 주는 글이라고 보면 된다. 심한 과장을 하거나 사실이 아닌 것을 적지 말라고 하는 이유가 이 때문이다.

자소서를 작성하기 전에 본인이 해 온 경험을 잘 정리하고 지원하는 회사 기업 분석과 지원하는 직무 분석을 먼저 해 보길 바란다. 각 질문 항목이 요구하는 것을 파악한 후, 분석한 정보와 본인의 경험을 적절히 녹여내어 작성하는 것이 잘 작성한 것이라 볼 수 있다.

[자기소개서의 예상 질문]

지원 동기	· 본인이 지원한 직무의 지원 동기에 관하여 작성해 주십시오
	· ○○ 기업을 선택한 이유가 무엇입니까?
성장 배경	· 본인에게 가장 큰 영향을 끼친 사건, 인물 등을 포함하여 기술해 주십시오
	· 본인의 인생 중 가장 큰 터닝 포인트는 무엇이었습니까?
성격의 장단점	· 본인의 장단점을 서술하고 그것을 본인의 발전을 위해 어떻게 활용할 것인지 서술하시오
	· 본인의 장단점을 어떻게 극복할 수 있는지 서술하시오
학창 시절 및 직무 경험	· 지원 직무에 본인이 적합하다고 생각하는 이유와 직무 수행을 위해 필요한 역량을 기르기 위해 했던 행동 및 활동을 작성해 주십시오
	· 지원 직무 또는 본인에 대해서 어필할 수 있는 내용을 자유롭게 작성하시기 바랍니다
	· 엄청난 노력을 바탕으로 어려움을 극복한 경험과 느낀 점을 기술해 주십시오
	· 조직 속에서 팀워크를 발휘한 경험과 느낀 점을 기술해 주십시오
입사 후 포부	· 입사 후 어떻게 성장하고 싶은지 작성해 주십시오
	· 입사 후 이루고 싶은 목표를 기술해 주십시오
기타	· 최근 사회 이슈 중 중요하다고 생각되는 한 가지를 선택하고 이에 관한 자신의 견해를 기술하시오

4.4.1 자기소개서 문항 분석

① 지원 동기

지원 동기는 가장 기본적이면서도 인사 담당자들이 중요하게 생각하는 부분이다. 여러 회사 중 '왜' 그 회사였는지, 회사에 대해 얼마만큼 아는지 등 기업에 관한 관심과 애정 등을 파악하는 항목이다. 또한 지원자가 본인이 지원한 직무를 얼마나 이해하고 준비하였는지도 파악할 수 있다. 이를 위해서 기업 홈페이지를 적극적으로 활용하는 것을 추천한다. 기업의 인재상이나 철학, 이념 등을 확인하고 본인과의 밀접한 부분을 찾아서 엮어낸다. 기업에 대한 취업을 결심하고 이를 위해 어떤 노력을 하였는지도 서술한다. 주의해야 할 점은 기업에 대한 정보의 단순 나열이나 막연한 동경을 서술하는 것은 피해야 한다.

② 성장 배경·과정

성장 배경은 지원자가 지금까지 직무에 필요한 역량을 키우기 위해 무엇을 했는지, 그 과정에서 어떤 경험을 했는지에 대하여 파악하는 항목이다. 이 부분은 직무나 기업과 연결 지을 수 있는 본인만의 가치관, 비전, 목표 혹은 차별된 경험을 작성한다. 차별화라는 것은 매우 독창적인 것이 아니더라도, 같은 상황 속에서 개인마다 경험이 모두 다르듯이, 한 가지 주제를 가지고 자신만의 관점으로 볼 수 있는 차별성을 강조하는 것이 좋다. 지원하는 회사와 본인의 경험을 엮을 때를 예를 들어 보겠다. 편의점 업계에 지원하는 것으로 가정하자. '대학생 때 간편하고 저렴하다는 이유로 편의점을 많이 이용했고, 그러다 보니 자연스럽게 편의점에 많은 관심을 가지게 되었다'라는 식으로 지원하는 회사에 대한 본인의 경험을 구체적으로 언급해야 한다. 여기서 본인만의 차별화가 더 필요하다. 즉, 관심을 어느 정도 가지게 됐는지 한 단계 더 들어가는 서술이 필요하다. 여러 편의점을 돌아다니면서 편의점마다의 편리성, 고객 응대성, 제품 배치, 이동 동선들의 차이점을 발견했고 최종적으로 어느 편의점이 이런 점에서 좋았다, 라는 결론까지 나와야 한다.

성장 과정에 관한 질문들을 자세히 보면 결국 기업이 궁금한 것은 지원자이지 지원자의 가정이 아니다. 이에 대하여 구체적으로 예를 들자면, 성장 과정 항목 중에서 본인 가정에 관한 이야기를 쓰는 사람들이 있다. 이때, 가족에 관한 이야기를 하지 말고 본인의 이야기를 서술해야 한다. 다시 말하면, '어릴 적부터~, 엄격한 아버지~' 등 자기소개인데 가족을 소개하는 내용은 지양해야 한다.

③ 성격의 장단점

기업이 지원자의 성격의 장단점을 묻는 이유는 지원자가 해당 직무에 적합한 성격인지, 직무 수행에 지장이 없는지 등을 파악하기 위해서이다. 하지만 성격은 객관적이지 않고 주관적이기에 구체적인 사례를 통해 본인의 강점과 장점을 서술한다. 또한 장점에 의한 단점을 기재하고, 직무에 지장을 주는 단점은 지양해야 한다. 단점을 통해 기업이 보고 싶은 것은 개선 의지다. 본인 스스로의 단점을 파악하고 분석하고 개선해 나가겠다는 의지와 노력을 보여 주는 것이 좋다. 또한, 단점을 작성할 때에는 구체적으로 개선하기 위해 어떤 노력을 하였는지, 긍정적인 결과를 얻었다면 같이 서술하는 것이 좋다. 다만, 완전히 개선했다거나, 극복했다는 건 지양해야 한다. 그리고 단점을 너무 솔직하게 적는 것도 좋지 않다. 예를 들어, '저는 성격이 소심해서 사람들과 잘 어울리지 못하는 성격을 가지고 있습니다. 하지만 이를 잘 극복해서 많이 좋아졌습니다'라는 말은 자신의 단점을 극복했다고 해도 좋지 않은 사례이다.

④ 학창 시절 및 직무 경험

이력서에 고등학교를 기재했다고 자기소개서에 고등학교 적 시절을 서술하는 것은 기업이 원하는 자기소개서가 아니다. 이 항목에서 기업은 지원자의 대인 관계, 팀워크, 성실성 등 그리고 교내외 활동, 동아리, 인턴 등 직무 수행을 위해 필요한 역량을 기르기 위해 했던 행동 및 활동을 파악한다. 그렇기에 경험 중심적인 내용으로 작성하고 경험을 통해 배운 점이나 느낀 점 그리고 이를 어떻게 활용할 것인지를 서술한다.

대학생 때의 활동 내용을 중심으로 작성하는 것이 좋다. 기업에서 원하는 것은 항상 적극성, 주도성, 리더십 등 누군가를 이끌고 팀워크를 형성하는 단체 활동을 좋아하는 경향이 있다. 이는 반대로 본인이 사장이라고 가정하면 사원이 소심해서 상부 지시에 미적거리고 추진력이 없다면 답답하지 않을까? 마찬가지이다.

그리고 되도록 너무 상투적인 에피소드는 피하는 것이 좋다. 국토 대장정 때 일어난 에피소드, 아르바이트 서빙 시 고객과의 마찰 극복기, 학생 축제 때(지금은 코로나로 없어졌을 것 같지만) 매출을 많이 올렸던 사례 등은 이세 너무 흔한 소재이다.

⑤ 입사 후 포부

입사 후 포부는 지원자가 어떤 목표를 가지고 있고 이를 본인의 발전과 더불어 얼마나 오래, 어떻게 회사에 기여를 할 것인지를 파악하려는 항목이다. 본인의 강점을 강조하고 입사 후의 계획을 단계적이고 구체적으로 서술한다. 또한 입사 후에도 어떻게 자기 계발을 할 것인지에 대해서 서술하는 것이 좋다. 그렇기에 누구나 다 할 수 있는 말인 '뽑아만 주신다면', '충성을 다하겠다', '무소건 열심히 하겠다' 등의 말은 피해야 한다.

아니면 자신의 가치관을 피력해도 된다. '저는 소외 계층이 먹는 것에 어려워하지 않은 사회가 되도록 노력하는 것이 입사 후 저의 포부입니다. 그래서 입사 후에도 정기적으로 봉사 활동을 할 것이며 그런 활동을 통해 우리 회사를 많이 홍보하고 좋은 이미지를 줄 수 있도록 하겠습니다'와 같이 가치관과 회사를 녹여서 작성해도 나쁘지 않다.

입사 후 포부를 너무 회사에 국한해서 과장이 되면, 팀장이 되면, 이런 식으로 작성하지 않아도 된다.

4.4.2 자기소개서를 앞두고 짚고 넘어가야 할 포인트

① 지원하려는 기업과 '나'를 분석하기

기업마다 추구하는 가치는 모두 다르다. 열정과 끈기를 강조하는 기업, 책임감과 창의력을 강조하는 기업 등을 예로, 기업 각각이 추구하는 가치와 인재상은 모두 상이하며, 지원하는 회사에 대한 이해, 회사의 방향, 회사의 특성 등 그 회사에 관한 이야기를 자소서에 녹여내는 것이 좋은 결과를 얻을 확률이 높다.

해당 기업에서 하고 싶은 일이나 발전시키고 싶은 일과 자신의 마음가짐을 작성하는 것을 추천한다. 예를 들자면, '유통업이 자신과 맞아서 지원한다' 이런 식의 표현보다는 '귀사에서 추구하는 유통에 대한 철학이 저의 인생관과 맞기 때문에 인생을 이곳에 걸어 보고 싶었습니다'라는 표현이 더 적합하다는 이야기이다. 이를 위해서는 기업을 분석하는 것이 우선시되어야 하며 어느 정도 면접을 준비하는 데도 도움이 될 것이다. 식품 전공자라면 식품 전공을 하며 공부를 하면서 내가 이 회사에 대한 이해도가 다른 사람보다 어느 정도 있다 등 이런 식으로 어필을 하는 것도 좋다.

추가로 기업의 인재상에 대해 덧붙이자면 그해 기업 회장님의 신년사를 보면 회사의 방향성이 보이기 때문에 이를 참고하는 것이 도움이 될 수 있다.

② 자소서 하나에 기업은 하나만, 진정성 있게 글쓰기

회사 이름만 바꾸면 되는 자기소개서는 가장 지양해야 하는 자기소개서이다. 지망하는 회사에 지원하는 이유를 바탕으로 자소서를 작성해야 지원하는 회사에 적합한 자소서가 완성된다. 어느 회사에나 제출해도 되는 자소서는 서류 심사자에게 좋은 점수를 얻을 수 없다.

자소서를 적을 때, 지원 동기 부분이 적기 어려워 복사해서 붙여 넣기를 하는 경우가 있다. 그러면 진정성이 안 느껴지는 경우가 있다. 특히 복사해 붙여 넣어서 다른 회사 지원서를 실수로 보내는 말도 안 되는 일은 있어서는 안 된다. 본인이 이 회사에 오기 위해서 이 회사를 얼마나 지켜봤고 소비자로서 사랑해 왔고 이런 것들을 보여주는 것이 플러스 요인이 된다.

식품의 안전성, 고객을 위한 마음 이러한 것들은 모든 식품 기업에서 추구하는 방향이기에 큰 메리트는 아니다. 남들과 비슷한 것은 지양하고, 차별성을 찾도록 해야 한다. 나만의 차별성을 찾기까지 굉장히 많은 노력과 생각이 있을 것이고 그렇게 하다 보면 결국에는 차별성을 찾을 수 있을 것이다.

③ 직무 유사 경험과 성공 경험 그리고 얻어낸 결과를 일관되게 서술하기

채용 트렌드가 공채에서 수시 채용으로 바뀌고 있는 만큼, 기존의 스펙에서 직무 적합성 및 관련 경험에 대한 중요도가 늘어나고 있다. 채용에서 가장 중요한 것은 해당 직무에 어울리는 사람을 뽑는 것이기에 본인이 만약 관련 경험이 없다면 지금이라도 경험을 만드는 것이 가장 중요하다. 그 이유는 '이 직무를 해 봤기 때문에 잘해요'라고 어필할 수도 있고 정말 이 일이 자신에게 맞는 일인지 어느 정도 가늠할 수 있기 때문이다.

신입으로서 직무 적합성을 나타내려면 대학생 때부터 꾸준히 해 온 활동을 어필하는 것이 가장 좋다. 이렇게 하기 위해서는 관통하는 한 가지 주제가 없는 중구난방의 스펙 쌓기를 지양해야 한다.

직무 수행 중 문제 해결을 한 경험을 위주로 어필하며 작성하면 좋다. 예를 들자면 품질 관리 직무 수행에서 모니터링 공정 방법을 개선한 경험, 들어온 클레임을 분석해서 문제를 개선한 경험 등이다.

경험을 스토리처럼 풀어서 작성하는 것이 중요하다. 단순히 무엇을 했다는 경험 나열, 사실 전달로 작성해서는 좋지 못하다. 추상적이 아닌, 지원하는 회사의 직무에 왜 지원하게 됐는지 혹은 왜 하고 싶은지에 대해 본인의 경험(스펙 포함) 등을 거기에 맞춰서 작성해야 한다. 경험을 통해 결과가 무엇인지, 그리고 본인이 어떤 걸 했고 뭘 얻었고 뭘 배웠는지 등으로 작성해야 한다. 그리고 이제까지 본인이 해 온 경험, 스펙들을 모두 지원하는 회사 직무, 분야에 맞춰서 이야기, 즉 스토리텔링으로 풀어내야 한다. 참고로, 면접에도 이 방식을 적용하면 좋다.

④ 읽고 싶은 자소서 만들기

자소서는 읽고, 보기 쉽게 글을 쓰는 것이 좋다. 실제로 자소서를 평가하는 사람은 임직원이나 인사팀 직원들로 우리와 같은 식품 전공자가 아닌 경우가 있기 때문에 내용을 어렵게 작성한다면 평가자들이 이해하기 어려운 글이 된다. 실제로 평가자들이 지원자들의 서류를 읽는 시간은 얼마 되지 않는다. '자소설'이라는 말은 소설처럼 허구를 쓰라는 다소 농담 섞인 말에서 나왔지만 소설처럼 재밌게 써야 한다, 라는 의미도 포함한다. 그 짧은 시간 안에 내용이 눈에 들어올 수 있도록 단락별 정리를 하는 것이 몹시 중요하다. 같은 내용이라도 어떻게 눈에 잘 들어오게끔 잘 정리하여 보여 주느냐가 당락을 좌우할 것이다. 그렇기 때문에 흥미로운 소제목과 어느 정도의 결론이 문단 앞의 두괄식 표현은 자소서를 지루하지 않게 하여 첫 한 줄을 읽음과 동시에 전체적인 내용이 이해될 수 있게끔 글을 작성한다면 글을 평가하는 사람들로부터 쉽게 읽힐 수 있고, 내용이 빠르게 전달될 것이다.

본인이 한 활동에 관해 기술할 때, 기본적으로 논리적 구성은 실행 → 문제 발견 → 원인 분석 → 시행(해결) → 결과 순을 갖춘다. 이러한 구성을 갖춘 한 문단을 한 문장으로 요약하여 두괄식 구성으로 작성하여 소제목으로 작성한다면 좋은 자소서가 될 수 있을 것이다.

⑤ 거짓말은 금물

식품과 관련되어 있다면 좋겠지만 그렇지 않다고 하더라도 없는 내용을 지어서 말하기보다 거기에서 느꼈던 감정이나 교훈 등을 직무와 연관 짓는 것이 필요하다.

자기소개서는 면접의 바탕이 되기 때문에 자기소개서에서 거짓말을 쓴다면 면접에서도 거짓으로 대답하기 때문에 긴장되는 면접장에서 좋은 답변을 하기 힘들어질 것이다. 상대방한테도 공감 가게 잘 풀어내는 것이 중요하다고 생각한다. 경험을 부풀려서 말하거나, 거짓으로 작성하게 되면 면접 때 티 날 수밖에 없다.

⑥ 결과는 구체적인 수치로 신뢰감 주기

결과는 수치화로 표현되거나 명확한 결과물이면 더 좋다. 즉, '단순히 자신이 창업, 발명, 요리 동아리 등을 해 봤다'가 아니라 '요리 동아리를 통해 제가 요리 분야 자격증을 취득했다' 혹은 '발명 동아리를 하면서 어떤 걸 발명해 봤다', '교수님과 함께 실험실에서 인턴이나 연구원을 하면서 어떤 과제를 수행하고 결과는 어떠했다'라고 표현하는 것이 적합하다. 단순히 '~했다'가 아닌 '~했는데 결과는 ~였다'라는 식으로 작성하는 게 좋다.

'최선을 다한다', '끊임없이 노력한다' 등의 내용은 주관적인 내용이므로 서로 받아들이는 기준이 다르다. 그래서 '1년 이내에는 ~할 수 있도록', '최근 ○개월 동안 ~에 대하여' 등의 수치화를 사용한다면 조금은 매력적인 구직자로 보일 듯하다.

많은 내용을 적기보다 하나의 소재를 가지고 구체적으로 적는 것이 좋다.

⑦ 면접과 자소서를 한 번에 준비하는 것이 효율적

앞 내용을 보다 보면 자기소개의 팁을 소개하는 페이지임에도 '면접'이 꽤 나왔다. 그만큼 면접과 자기소개서는 떼어낼 수 없는 사이이다. 자소서가 점수화되는 부분은 서류 전형이 아니다. 자소서는 면접을 위하여 쓰는 것으로 생각하면 된다. 자소서 해당 문항의 맥락을 보고 요구하는 역량이 무엇인지를 먼저 파악하고, 본인이 공기업, 공공 기관에 지원하는 경우 'NCS 직업 기초 능력'에서 해당 역량의 세부 사항을 확인하고, 본인의 경험 중 그와 관련된 경험을 떠올려서 적용한 뒤 작성하는 것을 추천한다.

4.5 이력서 작성

서류 전형에서 합격하는 것은 이력서가 큰 영향을 준다!

1차 서류 전형의 관건은 이력서이다. 회사 한 곳의 지원자는 대기업의 경우, 최대 수천 명이 넘는다. 따라서 회사의 인사 담당자가 이들의 서류를 긴 시간을 들여 하나하나 확인하기 어렵다. 수많은 이력서 중에서 인사 담당자의 눈에 띄기 위해서는 쉽게 파악할 수 있는 혹은 관심을 끄는 이력서로 지원자를 긍정적인 방면으로 궁금하게끔 만드는 것이 좋다.

인사담당자가 이력서를 읽고 난 뒤 지원자의 강점과 직무 적합성을 쉽게 파악할 수 있는 이력서를 작성하기 위해서 꼭 확인해야 하는 것은 채용 공고이다. 회사가 원하는 기준이 무엇인지를 파악하여야 한다. 직무 내용과 우대 사항 등을 잘 파악하여 본인이 그 직무에 적합한지, 얼마만큼 그 직무에 가까운 경험이 있는지를 표현해야 한다. 이를 풀어쓴 것이 자기소개서라면, 그 요약본이 이력서이다. 이것을 잘 파악하지 못하고 이력서를 작성하였을 때, 이력서는 평범한, 특색이 없는 이력서로 전락해 버린다.

이력서의 항목은 크게 경력, 학력 및 학점, 해외 거주 경험, 자격증, 대외 활동 경험, 수상 경력, 병역 등으로 나뉜다. 추가로 일부 기업에서는 이 모든 항목이 AI를 통해서 단계를 나누어 점수화되기 때문에 이러한 시스템을 이해하여 1차 서류 전형에 최대한 많은 내용을 넣음으로써 합격률을 높이는 것이 좋다.

4.5.1 이력서 양식

이력서는 크게 세 가지로 나눌 수 있다. 회사 규정 양식, 자유 양식, 온라인 기재가 있다. 먼저 '회사 규정 양식'은 지원하는 회사에서 규정된 양식을 주는 경우로, 절대 양식의 변형이 있어서는 안 된다. 기본으로 주어진 양식에서 벗어날 경우 불이익이 생길 수 있다. '자유 양식'은 이름대로 이력서의 양식에 구애받지 않는다. 지원자가 직접 양식을 수정, 변형할 수 있기에 각자의 장점은 부가되고 부족한 부분은 과감히 삭제하는 등 본인의 강점이 드러날 수 있는 스타일의 양식으로 변형하여 사용한다. '온라인 기새'는 최근 기업들이 사용하는 방법으로, 각 기업 홈페이지의 채용페이지에 회원 가입 후, 인적 사항을 기입한 뒤 이력서를 작성하고 저장, 제출하는 형식이다. 임시 저장과 제출이 따로 있는 경우도 있지만 한 번에 제출되는 경우 등 회사마다 방법이 다르기에, 채용 사이트를 꼼꼼히 읽어 보아야 한다. 자기소개서 또한 이 방법을 사용하는 경우가 있는데, 이때 이력서와 자기소개서의 수정 기한이 다르거나 제출 기한이 다른 경우도 있으니 잘 확인해야 한다.

[기본적인 이력서의 예시]

		이력서					
		2022년 상반기 OO식품 신입 사원 공개 채용					
사진		이름	홍길동	성별	남	연령	만 26 세
		국적	대한민국	생년월일	YYYY. MM. DD.		
		한문	洪吉童	영문	HONG GILDONG		
		이메일	Gildong1234@hong.com				
		전화 번호	(031)-×××-×××/010-××××-××××				
기본 정보							
지원 분야		연구 개발/서울		희망 연봉	회사 내규		
인적 사항							
주소		OO도 OO시 OO로 ××××-×× OO아파트 ×××동 ×××호					
특기		사진 촬영		취미	SNS/블로그 운영		
장애 여부		해당 사항 없음		보훈	해당 사항 없음		
병역 사항		군필 / 미필/ 면제 / 해당 사항 없음					
학력 사항							
		석사 - OO대학교 일반대학원					
재학기간	YYYY. MM.~YYYY. MM.	입학 구분	입학	소재지	경기	졸업 구분	졸업
학과	식품공학과/주간			학점	3.9/4.3(만점)		
		학사 - OO대학교					
재학기간	YYYY. MM.~YYYY. MM.	입학 구분	입학	소재지	경기	졸업 구분	졸업
학과	식품생명공학과/주간			학점	3.75/4.5 (만점)		
		OO고등학교 (경기)					
재학 기간	YYYY. MM.~YYYY. MM.			졸업 구분	졸업		
경력 사항							
직장 경력							
2020. 01. 20. ~ 2021. 09. 04.		직장	OO푸드 연구소				
		부서/직급	제품 개발 연구/인턴	연봉	OOOO원		
		담당 업무	연구 개발	퇴사 사유	계약 만료		

자격 / 면허 사항 및 기타 정보				
공인외국어시험				
TOEIC	응시일	2021. MM. DD.	취득 점수	900/990
해외 경험				
중국	어학연수	중국○○국제교육원 어학연수 및 워킹홀리데이		
	2020.MM.DD ~ 2021.MM.DD			
자격증				
식품기사	발급 기관		취득일	
	한국 산업인력공단		2019. MM. DD.	
위생사	발급 기관		취득일	
	한국 보건의료인국가시험원		2017. MM. DD.	
컴퓨터 활용 정도	엑셀(상)/워드(상)/파워포인트(중)			
수상 경력				
수상명	수상일	내용	발급처	
캡스톤 디자인 동상	2017. 05. 30.	설계	○○대학교 LINC 사업단	
교육 이수 사항				
교육명	교육일	내용	교육 기관	
특허 출원 교육	2018.10.10 ~ 2018.10.16	○○○○○교육	㈜한국○○원	
학내 외 활동				
교내 동아리	활동 기간	2019. MM. DD. ~ 2019. MM. DD.		
	대학교 ○○○식품동아리, ○○○ 설계			
기타 사회 활동	활동 기간	2016. MM. DD.~2016. MM. DD.		
	○○봉사단, 결식아동을 위하여 메뉴를 개발 및 행사 보조			

4.5.2 작성하기

① 인적 사항 및 기본 정보

이름은 한글, 한자, 영문 모두를 기재하며 성별과 나이를 기본으로 적는다. 최근에는 전화뿐만 아니라 문자, SNS 메신저 등을 통해 연락을 주는 경우가 많아졌지만, 혹시 모를 상황을 대비하여 비상 연락처나 이메일이 등 1~2개를 더 기재해 놓는 것이 좋다. 희망 연봉은 대체로 '회사 내규에 따름'으로 적는다. 신입의 경우 연봉 협상의 여지가 거의 없지만 면접 때 질문하는 경우도 있다. 그럴 때도 '추후 협의하겠다'라고 하는 것이 좋다. 기업과 지원자의 입장의 차이를 잘 파악하지 못한 상태에서 희망 연봉을 기입할 시 문제가 될 수 있기 때문이다. 이는 중소기업 입사 시 반드시 확인해야 하고 정확히 이야기해야 된다. 입사 후에 연봉이 변경될 수도 있다.

최근에는 사진 첨부를 하지 않는 것이 추세이다. 그런데도 사진이 필요하다면 단정하고 깔끔한 것으로 하며 6개월 이내 찍은 사진을 사용하는 것이 좋다. 사진을 찍기 위해 화장을 하는 경우, 지나친 메이크업과 포토샵은 감점 요소가 될 수 있기에 이를 주의한다. 지원하는 직무 성향이나 본인이 추구하는 이미지를 고려하는 것이 좋다.

취준생들이 이력서를 작성할 때 가장 고민하는 항목일 수 있는 취미와 특기에 보통의 지원자들은 무난히 영화 감상, 여행, 운동, 독서, 음악 감상 등을 적는다. 대체 왜 물어보는 걸까 싶지만 대체로 취미와 특기는 지원자의 정서적인 부분을 확인하려는 용도로도 사용된다. 그렇기에 솔직한 취미를 적는 것도 좋지만 너무 개인적이거나 사회성이 부족하다고 느껴지는 경우를 피해야 한다. 또한, 직무와 연관 지을 수 있다면 가장 좋다. 예를 들어 지원 직무가 연구 개발(R&D)일 때, 지원자의 취미가 요리하기나 맛집 리뷰 등 어떤 것을 분석하고 개발하는 취미로 연결 고리를 만드는 것이다. 만약 직무와 연관성이 없어 보이는 등산 같은 경우 자기소개서에서 '이를 통해 업무에서 생긴 스트레스를 해소하였다' 등으로 긍정적으로 서술할 수 있다.

취미와 특기로 합격 여부에 직접적 영향을 주지는 않지만, 면접 단계에서 이를 바탕으로 질문을 하기에, 이 부분을 고려하여 적는 것이 좋다.

- 취미: 본인이 즐기는 것, 스트레스를 풀기 위하거나 흥미에 의해 하는 활동
- 특기: 본인만의 기술이나 기능, 본인이 잘하는 활동

② **학력 사항**

학력은 고등학교 이상부터 최종 학력 직전까지 기재한다. 순서는 최신 학력부터 고등학교를 마지막으로 적는다. 졸업을 앞둔 재학생일 경우 '졸업 예정'이라고 꼭 표기하고 졸업 예정일을 기재한다. 만약 편입한 경우, 전 학교 및 현재의 학교의 명과 성적 모두 기재한다. 성적은 4.0점 또는 4.5점 등 만점을 기준으로 작성하며 만점의 기준 또한 명확히 표시한다.

③ **경력 사항**

신입 지원일 경우, 지원자 대다수가 직장 경험이 없을 것이다. 그렇기에 빈칸으로 둘 수도 있겠지만 보수가 있었던 아르바이트 등 직무와 관련된 경험을 기재하는 것이 평가자에 본인을 어필할 수 있는 좋은 방법이 될 것이다. 현식사들이 추천하는 직무 관련 경험은 실습 또는 인턴 경험이다. 이를 우선순위로 정하고 직무와 동떨어진 경험은 삭제하는 것이 좋다. 보수가 없었지만, 직무 관련 경험이 있다면 학내외 활동으로 넘기면 된다.

경력 사항은 최근의 경력부터 작성한다. 회사명·부서·직급을 표시하고 담당 업무가 무엇이었는지, 업무를 통해 얻어낸 성과가 무엇인지 서술한다. 일부 퇴사 사유를 물어보기도 한다. 경력이 몇 개월 되지 않았을 경우, 직무에 따라 평가자

에게 좋지 않게 보일 수 있다. 퇴사 사유를 간단하게 설명하는 것이 좋다.

많이 적는 것보다는 연관이 있는 것만 적는 것이 좋다. 필요 이상의 다양한 경험은 자칫 끈기가 없거나 주변이 너무 어수선하게 보일 수 있다.

④ 자격·면허 및 기타 사항

자격증을 기재할 때, 자격증의 이름, 발행처, 취득일을 기재한다. 직무 중요도 순으로 작성하면 된다. 최근 취득 순서나 먼저 취득한 순서 등으로 작성하는 경우가 많은데, 운전면허, 한국사 등 기본적인 느낌이 드는 자격증은 마지막에 기입하고 본인의 직무 수행 능력을 보여 줄 수 있는 자격증을 우선으로 작성하여 이를 강조하는 것이 좋다.

공인 외국어 시험은 정확한 명칭을 써야 하며, 만료일을 확인하고 되도록 1~2년 사이의 점수를 기록한다. 자유 양식이라면 공인 외국어 자격증이 없을 때, 외국어 수준을 독해, 작문 등으로 구분하여 상, 중, 하 형식으로 제시해 주는 것도 좋다.

컴퓨터 활용 능력도 자격증이 없다면 엑셀, 워드, PPT 등의 활용 능력을 상, 중, 하로 제시해 주는 게 좋다.

⑤ 수상 경력·교육 이수 사항

수상 경력과 교육 이수 사항은 필수 사항은 아니지만 있으면 어필할 수 있는 포인트이다.

직무와 관련된 내용을 기재하는 것이 좋으며, 직무 중요도에 따라 최신순부터 작성하면 된다. 수상 경력 작성 시 수상 이름, 수여하는 기관을 정확하게 써야 한다. 기관명은 고유 명사이기 때문에 붙여서 써야 한다. 또한 무엇 때문에 받았는지 간략하게 수상 내용을 적어주는 게 좋다.

교육 이수 사항도 직무 관련 순에 따라 최신순으로 작성하고, 교육명, 기관명,

교육 기간을 제시해 주며, 일부 교육 내용에 대해 간단하게 기재하기도 한다.

교육 이수 사항은 직무 관련 내용으로 최대한 적는 것이 좋다.

⑥ 학내외 활동

학내외 활동은 동아리, 멘토링, 캡스톤 디자인, 현장 실습 외 공모전 등이 있으며, 직무 관련 중요도에 따라 구분하여 기재하되, 최신순으로 작성하면 된다. 활동 내역에 대해 간단하게 제시해 주는 게 좋다.

4.6 면접 준비

신입 공채에서 기업의 입장은 인성을 갖춘 사람을 뽑아 의도에 맞게 교육을 하여 현장에 배치한다는 마인드이다. 즉, 하얀 도화지를 뽑아 기업의 스타일대로 그림을 그린다는 것인데 이때 지원자는 자신에 대한 이해가 얼마나 되어있는지가 중요하다. 자소서를 쓰고, 면접을 준비한다는 것은 스킬적인 부분이기 때문에 유튜브나 학교에서의 취업 지원 프로그램 등을 통해 교육받을 수 있는 것이 많지만 제일 중요하고 필요한 것은 본인에 대한 정확한 분석과 회사에 대한 명확한 공부이다. 면접을 준비하면서 회사 정보의 경우, '다트 전자 공시(Dart)'와 회사 홈페이지는 필수적으로 참고하고 그 외에 네이버 기사도 많이 보면 좋다.

지원자가 이 회사에 대해 얼마나 아느냐는 어떻게 보면 지원자의 꼼꼼함, 정확성과 직결될 수 있다. 최근 휴대폰이나 비대면에 익숙하다 보니 대면 면접에 취약해져 있을 수 있다. 하지만 면접 때 아이 콘택트는 곧 지원자의 자신감을 보여주는 것으로 면접관들과 눈을 맞추며 답변을 하길 바란다.

4.6.1 면접 준비 Tip

① **자신의 이력에 맞춰 질문을 파악해 보자**

면접 준비 과정의 핵심 요소는 면접관이 자신에게 물어볼 것 같은 질문을 미리 파악해보는 것이다. 자기소개서에서 면접관이 물어볼 것 같은 질문 몇 가지를 생각해보고 그에 맞는 대답을 준비해 본다면 면접 자리에서 당황하지 않고 훌륭한 답변을 제시할 수 있다. 대부분 면접관도 지원자가 과거에 성취한 구체적인 예를 제시하고, 그렇게 얻은 기술과 경험이 어떻게 직무와 관련이 있으며 어떤 긍정적 영향을 미칠 수 있는지를 명확하게 설명해 주길 바란다. 따라서 자신의 이전 이력을 천천히 살펴보며 면접관이 관심 있어 할 만한 기술과 이력을 찾아 면접에서 이야기할 수 있도록 충분한 시간을 갖고 미리 생각해 보는 것이 중요하다.

일부 면접 노하우 책들을 보면 일부러 면접관이 질문을 하게끔 유도할 수 있는 내용을 넣으라고 되어 있다. 내가 잘 알고 있는 지형으로 적을 유인하는 것은 상대를 이길 수 있는 전략 중에 하나이다. 내가 잘 모르는 곳에서 전투를 하는 것만큼 힘든 것은 없다. 어디서 적이 매복하고 있다가 나올지 모르기 때문이다.

테슬라 자동차에 입사한 분의 멘토링 때 들은 이야기다. 학점이 매우 낮아 학사 경고를 받았다고 한다. 그런데 그런 이야기를 일부러 자소서에 넣어 면접자가 질문을 하게끔 했다고 한다. 그리고 질문을 받자, "저는 자동차가 너무 좋아서 학교 수업보다는 자동차를 보러 다녔습니다. 전국의 자동차를 찾아다니고 자동차에 대한 전시회는 다 찾아 다녔습니다"라고 이야기했다고 한다.

② **면접관 질문의 요점을 찾아보자**

면접관의 질문의 요점을 잘 찾아 그에 적절한 대답을 하는 것이 면접의 핵심이다. 자신의 사례를 설명할 때, 면접관의 신체 언어나 행동이 긍정적인가를 판단하면서 대답하는 것도 좋은 결과로 이어지는 데에 도움이 될 수 있다. 가장 유력한 후보자가 되려면 면접관이 찾고 있는 것을 빠르게 파악하고 이걸 자신의 답변과 행동으로 적용시켜 면접관의 판단에 영향을 주는 방식으로 제시할 수 있어야 한다. 면접관의 질문에 수동적으로 대답만 하는 면접 형식에서 벗어나 면접관과 면접의 전반적인 흐름에 주의를 기울이며 상황에 맞게 능동적으로 자신을 맞춰 나가는 것이 필요하다.

③ 자연스러운 대답을 위해 핵심 단어를 기억하고 있자

핵심 단어들로만 잘 기억하고 있다가 질문이 들어왔을 때 적절히 이어 붙이자. 분위기나 상황에 맞춰 대답을 이어가면 된다. 면접 현장 분위기에 맞게 답변을 잘 녹여내 말하는 게 중요하다. 즉, 센스 있고 요령 있게 말하는 것이다. 사실 면접은 주관적이기 때문에 정답은 있다. 열심히 준비해 간 답변을 듣고 꼼꼼하다고 생각해 줄 수도 있고 반면에 진실성이 떨어진다고 생각할 수도 있는 부분이라 자기가 아는 수준 내에서 최선을 다해 답변을 하는 것이 가장 바람직하다. 설사 질문에 맞는 답이 아닐지라도 본인의 생각을 분명하게 전달하면 된다.

④ 면접은 진실성 있게 해야 한다

면접을 성공적으로 이끌기 위해서 자신의 장점을 효과적으로 부각시키는 것이 필요하지만 장점을 너무 부풀리는 것은 진실성이 없어 보일 수 있다. 면접관들은 지원자가 질문에 대한 답변을 할 때 실제 경험을 토대로 이야기하는지 아니면 가짜로 이야기하는지 쉽게 판별할 수 있다. 때문에 최대한 관련성 있고 정직하게 구조화된 답변을 제시하되 경험담에 자신의 실제 성격이 드러나도록 이야기하는 것이 중요하다. 면접관들은 사람들과 어떻게 소통했는지, 그리고 자신의 겪은 상황을 어떻게 표현하는지를 보고 싶어 하기 때문에 교과서적인 답변보다는 예시를 잘 정리하여 대답하는 것이 중요하다. 최근에는 면접 노하우 등을 가르치는 곳이 많아 여러 면접자들을 접해 보면 답변도 비슷해지고 있다. 면접자들이 노하우를 공부하듯 면접관들도 노하우만 있는 사람을 걸러 내는 교육을 받고 있다. 그리고 면접관들은 사람을 겪어 보면 자연스럽게 알게 되는 그들만의 연륜이 있다.

⑤ 미리 시장 조사와 제품 분석을 해 보자

면접을 보기 전 거쳐야만 하는 과정은 시장 조사 및 제품 분석이다. 유제품을 예로 들면, 유제품을 조사하기 위해서 대형 마트, 일반 마트, 구멍가게 등을 모두 돌아다니며 현재 트렌드 제품이 무엇인지, 매대에 어떤 순서로 진열되어 있는지 등을 관찰하고 해당 기업이 밀고 있는 제품이 무엇인지 파악, 조사하고 보완할 점 등을 분석한다. 그리고 경쟁사의 제품들과 비교, 분석해 본다. 이러한 조사 과정을 거친다면 면접 과정에서 제품 관련 질문을 받았을 때 해당 기업에 대해 더 어필할 수 있을 것이다. 공정 시설을 찾아보는 것도 좋은데, 코로나19가 장기화됨에 따라 비대면 문화가 발달하고 있어 기업에서도 온라인 공장견학 또는 유튜브를 자주 활용하고 있다. 내가 취업하고자 하는 기업이 아니더라도 비슷한 공정에 대해 알고 있다면 다른 지원자들과 차별성을 가질 수 있다.

예를 들어, CJ제일제당의 품질 관리를 지원한다고 했을 때 이론을 대답하는 것보다 스토리를 만들어서 회사에 대한 디테일을 추구하여 면접에 대응하는 것이 다른 지원자들과 다른 디테일을 가질 수 있다. 식품안전나라에서 전문 정보 - 제품 검색 페이지에 들어가 업체명에 CJ제일제당으로 검색해 보면 어떠한 제품을 생산하는지 품목을 볼 수 있으며 어떤 원료를 사용하는지도 확인할 수 있다. 더 나아가 유튜브 검색을 통해 생산 과정 조사도 가능하다. 유튜브에 '제일제당 설탕'을 검색해 보면 설탕 제조 공정, 과거와 현재의 제조 공정 변화 기법, 어떤 기계를 통해서 변하게 됐는지, 그리고 그런 설탕들이 원료 이슈는 어디에서부터 시작이 됐는지 등에 대해 소개해 주는 영상이 있다. 취업 준비할 때 자신이 입사하고자 하는 기업 정보를 파악하는 것뿐만 아니라 비슷한 식품 유형이 어떻게 만들어지는지 공정 과정도 찾아보는 것도 좋은 방법이다.

⑥ 면접을 연습할 수 있는 사이트를 활용하자

앞서 잡코리아에서는 AI 면접을 연습하거나 AI 면접 대비 시뮬레이터와 면접 컨설팅도 받을 수 있었고 사람인에서는 아이엠그라운드라는 맞춤 면접 솔루션으로 AI가 자신의 면접을 분석 받아 볼 수도 있었다. 이러한 채용 공고 사이트 말고도 뷰인터, 꿈날개모의면접, 휴대폰 앱으로 활용할 수 있는 내 손안에 작은 면접관, 인터뷰 마스터 아이엠 등 면접을 연습해 볼 수 있는 방법이 다양하게 있으니 이런 사이트를 활용해 보면서 면접을 연습해 보는 것도 좋다.

4.6.2 예상 문제

① 자기소개

자기소개에서는 주목을 끌 수 있어야 한다는 것과 진정성, 특이한 경험이 있어야 한다는 것을 기억해야 한다. 자기소개에서 '나는 ~한 사람이다'라고 말할 때 비유나 나만 알 수 있는 용어로 말하는 것보다는 '저는 무엇이든 하면 2년 이상 하는 끈기를 가진 사람입니다'라고 표현하는 것이 좋다. 이렇게 자기소개를 하려면 나의 특징, 성격, 가치관, 주변 사람들이 나를 어떻게 평가하는지, 장단점, 특이 경험, 성공 경험 등을 먼저 적어보면서 그중 하나를 골라 나의 캐릭터를 만들어 보면 도움이 될 것이다.

또, 자기소개에서 자신이 가장 어필하고 싶은 것을 전달하는 것이 좋은데 비교적 성과가 명확하고 직무 연관성이 높은 경험 2개 이상을 함께 말하는 것이 좋다. 이러한 답변을 할 때 비유를 하거나 추상적인 개념으로 나를 설명하고 성격적 특징을 말하는 것보다는 직무와 유사한 경험 내에서 가장 적합한 자신의 성공 경험을 전달하는 것이 좋다.

② 지원 동기

지원 동기의 질문 의도는 직무 역량을 보기 위함이 가장 큰 질문이다. 그래서 가장 먼저 직무 역량을 제시하는 것이 좋고 '나에게 이러한 역량이 있고 이러한 역량을 길러 오기 위해 유사 직무 경험을 해 왔다'라는 식으로 이어 나가면 좋다. 유사 직무 경험이 없다면 직무와 관련된 자신의 성향, 성격 등을 나열하는 것도 좋은 방법이다. 각 직무에 필요한 역량, 성향은 각 기업의 채용 홈페이지, 채용 사이트에서 확인할 수 있다.

③ 자신의 장점과 단점

장점과 단점에 대한 질문은 자기 객관화가 잘 되어 있는지, 업무 수행에 있어서 문제가 될 수 있는지를 파악하려는 질문이다. 유사 질문으로는 '같이 일하기 힘든 사람은 어떤 유형인가', '주변 사람들은 본인을 어떻게 평가하는가', '어떤 별명을 가지고 있는가'를 예시로 들 수 있다. 답변을 장점과 단점이 이어지게 말하는 것이 좋지만 장점의 경우 회사가 가장 중요하게 생각하는 것을 파악해 연관 지어 말하고, 단점은 장점으로 발생할 수 있는 단점으로 말하는 것이 좋다. 이 질문에서는 특히 단점이 중요한데 단점 요소 중 내가 극복했던 단점을 경험과 함께 답변하는 것이 좋다. 다시 한번 이야기하지만, 업무를 수행하는 데 문제가 될 만한 단점은 언급하지 않아야 한다. 끈기 없음, 성실하지 않음, 변덕이 심함, 소극적임, 대인 관계가 좋지 않음, 혼자 있는 것을 좋아함 등등 굳이 말하지 않아도 될 단점을 말하는 사람이 생각보다 많다.

④ 마지막 할 말 질문

마지막으로 질문할 것이 있냐는 질문은 면접관으로서의 매너적인 행동이라고 할 수 있다. 마지막 할 말을 해서 극적으로 결과가 바뀌는 가능성은 낮기 때문에 앞선 질문들에서 답변을 잘하는 것이 훨씬 중요하다. 이전 답변들에서 준비한 것들을 다 보여 준 것 같으면 감사 표현만 하고 더 이상의 말은 하지 않아도 된다. 간혹 '질문 하나씩 해 보라'라는 질문으로 변형될 수 있는데, 이럴 때는 면접관에게 어려운 질문을 하는 것보다는 면접관이 답변하기 쉽고 자랑할 만한 질문으로 하는 것이 좋다. 예를 들면, '요즘 이런 분야가 많이 성장하는 것으로 알고 있는데, 이 분야에 대한 회사의 전략은 어떻게 준비되고 있는지 궁금합니다'라고 하며 신사업 분야의 성장 전략을 물어보는 것이다.

혹시 자신의 면접이 망했다고 생각이 되면 "제가 만약 떨어진다면 어떤 것 때문에 떨어진 것 같습니까?"라고 물어보라는 책도 있다. 어차피 떨어질 것 같은데 자신의 실패 원인이라도 배울 수 있지 않냐는 의견인데 사실상 쉬운 질문은 아니다.

⑤ 그 외 예상 질문

이 외에도 면접에서는 전혀 예기치 않은 질문이 얼마든지 나올 수 있다. 그래서 면접을 준비하는 과정에서 면접에 사용할 질문 리스트를 미리 작성해 보는 것도 방법이다. 면접 질문 리스트는 해당 직무의 핵심 과제 중심으로 질문을 구성해 두는 것이 좋다.

실제로 면접 전에 답변에 대한 준비를 충분히 한다면, 면접에서 효과를 발휘할 수 있을 것이다.

[면접 예상 질문 리스트 예시]

가치관	1. 본인의 가치관에 대해 말해 보고, 그 가치관이 회사에 어떻게 발휘될지 설명해 보세요 2. 본인만의 스트레스 해소법에 대해 이야기해 주세요 3. 공익과 사익 중 무엇을 더 추구해야 한다고 생각합니까? 4. 정보를 수집할 때 효율적인 자신만의 방안은 무엇입니까? 5. 평소에 결정할 때 과감하게 하는 편인가요, 신중하게 하는 편인가요?
조직 적응력	1. 본인만의 커뮤니케이션 방법은 무엇인가요? 2. 상사의 말이 확실히 틀렸을 때는 어떻게 할 것인가요? 3. 입사 후 회사와 맞지 않는다면 어떻게 하시겠습니까? 4. 어울리기 힘들었던 사람과 이익을 만들 수 있었던 경험이 있다면, 그 경험에 대해 말해 주세요 5. 대인 관계에서 가장 중요하게 생각하는 것은 무엇입니까?
창의성	1. 당신이 면접관이라면 어떤 것을 중심으로 평가하겠습니까? 2. 당신의 가치는 얼마짜리 사람이라고 생각합니까? 3. 자기 자신을 잘 표현할 수 있는 그림을 그리고 그 그림을 통해 3분 동안 자기 자신에 대해 설명하고, 입사한 동기와 연관 지어 설명해 보세요 4. 자기소개서에 '활발하고 말하는 것을 좋아한다'라고 했는데, 1분 동안 면접관을 웃겨 보세요 5. 초능력이 있다면 무엇을 하겠습니까?
목표	1. 본인이 리더로 추진했던 일이 있습니까? 있다면 어떤 성과가 나왔는지 말해 보세요 2. 어떤 일에 적극적으로 임한 순간은 언제였습니까? 3. 어떤 회사가 훌륭한 회사라고 생각합니까? 4. 중소기업을 선택한 이유는 무엇입니까? 5. 회사 근무를 하면서 가장 중요하다고 생각하는 것은 무엇입니까?
기업, 직무 적합도 및 관심도	1. 해당 업종의 최근 이슈에 대해서 말해 보세요 2. 우리 회사의 사업 분야에 대해 아는 대로 설명해 주세요 3. 우리 회사의 인재상 중 본인에 해당하는 한 가지와 그 이유에 대해 말해 보세요 4. 지원한 직무가 본인에게 잘 맞는 직무라고 생각하나요? 5. 입사를 위해 어떤 노력을 했습니까?
대외 활동 및 성격	1. 어떤 활동을 하셨는데, 기억나는 일에 대해서 말해주세요 2. 본인의 차별화된 강점이 있나요? 3. 가장 크게 실패하거나 성공했던 경험에 대해 말해 주세요 4. 학업 이외에 시간이나 노력을 열정적으로 투자해 본 경험은 무엇입니까? 5. 본인의 성격을 한 단어로 표현하여 이를 역량과 연관 지어 말해보세요

압박 질문	1. 다른 회사도 지원했습니까? 2. 다른 회사에도 합격하면 어느 회사에 입사할 것입니까? 3. 입사 후 희망 부서에 배치가 되지 않는다면 어떻게 하실 건가요? 4. 직무가 바뀌어도 괜찮습니까? 5. 업무에 도움이 될 만한 자격증이 없는데, 업무를 하는 데 지장이 있지 않을까요?

4.6.3 면접 종류별 준비 방법 및 주의 사항

채용 진행 과정 중 면접은 1차 면접(실무진), 2차 면접(임원)으로 이루어진다. 1차 면접에서는 지원 직무에 대한 역량을 평가하고 2차 면접은 회사에 적합한 사람을 평가하는 면접이다. 때문에 1차 면접에서는 직무적인 능력을 보여 줘야 하고, 2차 면접에서는 인성적인 부분이나 회사에 대한 이해도를 보여 줘야 한다. 이러한 면접들은 아래의 면접 방식으로 진행된다.

4.6.3.1 단독 면접

1) 특징

주로 경력직을 수시 채용하는 외국계 기업이나 국내 벤처기업 및 중소기업에서 소수 인원을 선발할 때 주로 이용하는 방법으로 지원자 한 사람을 불러 면접관이 개별적으로 질의응답하는 방법이다. 인사 담당자 면접, 현업 실무 담당자 면접을 거쳐 팀장 면접, 임원 면접 순으로 진행하게 되며 1:1 심층 면접으로 진행한다.

2) 주의 사항

단독 면접은 회사 입장에서는 구체적이고 많은 정보를 얻을 수 있으나 시간이 많이 소요되고 면접관의 주관(선입관)이 개입될 소지가 있다는 단점이 있다. 지원자 입장에서는 면접관의 과잉 친절이나 압박 면접에 유의할 필요가 있다. 면접관이 학연이나 지연, 인맥들을 들어 과잉 친절을 베푸는 데에 우쭐하여 자제력을 잃고 말실수를 하거나 태도가 흐트러진다거나 또는 압박법을 사용한 질문에 주눅이 들어 의도를 파악하지 못하고 동문서답을 해서는 안 된다. 단독 면접을 할 때는 평소대로 1:1로 논리 정연하게 대화하는 연습을 많이 갖는 것이 중요하며 면접에 들어가기 전에 심호흡을 한 번 하여 긴장감을 줄이고 대답을 힘 있게 해서 스스로 자신감을 불어넣는 것이 중요하다.

4.6.3.2 개인 면접(다대일 면접)

1) 특징

개인 면접은 단독 면접과는 다르게 면접관 여러 명이 한 명의 지원자를 대면하여 질문하는 형식이다. 다수의 면접관을 상대해야 하는 지원자로서 다른 면접 방법보다 어려움을 느낄 수 있는 면접 방법이다. 면접관 각자 다른 평가 요소를 중심으로 질문하고 평가하는 것이 일반적이다.

2) 주의 사항

개인 면접은 특히 자세, 시선 관리, 어휘 구사에 유의하여야 하며 답변 시 항상 질문한 면접관을 보면서 대답해야 한다. 뿐만 아니라 중간중간 다른 면접관에게도 시선을 주어야 한다. 면접관들이 떨어져 앉아 있어 고개를 돌려 답변할 상황이면, 고개만 돌리기보다는 자세를 질문자쪽으로 고쳐 앉아 마주 보는 상태에서 답변하는 것이 좋다고 하나 자세를 자주 변경하면 불안정하게 보일 수 있다. 상황에 맞게 대처해야 한다.

보통 개인 면접은 대개 1~2분 동안 자기소개를 먼저 하게 하고, 공통적인 질문으로 이어지는데 자기소개서와 이력서에 쓰인 지원자의 정보를 좀 더 심도 있게 파악하려는 데 의도가 있다. 면접관이 두 명 이상일 경우 집중적인 질문을 받을 수 있어 지원자는 압박과 긴장감이 크기 때문에 철저한 준비가 필요하다. 질문에 대한 경험이나 지식이 있더라도 준비가 안 된 상태에서 질문을 받으면 답변이 쉽게 떠오르지 않으므로, 평소 논리 정연하게 대화하는 연습을 많이 할 필요가 있다.

4.6.3.3 패널 면접(다대다 면접)

1) 특징

패널 면접, 즉 다대다 면접은 중견기업 이상의 규모가 있는 기업에서 보편적으로 시행하며 통상 5명의 면집관이 5명 내외의 지원자를 면접하는 방법으로, 지원자에게 질문을 하고 지명하는 순서에 따라 대답하거나 랜덤으로 질문과 대답하는 방식이다.

2) 주의 사항

면접관의 입장에서는 지원자들을 비교 평가할 수 있다는 장점이 있으나 지원자 입장에서는 몇 가지 사항에 유의하여야 한다. 질문을 받았을 경우에는 전체 면접관에게 답변을 하는 듯한 느낌으로 답변을 하는 것이 좋다. 다른 사람이 답변을 할 때도 그 대화에 참석한 것처럼 경청하는 자세가 중요하다. 다른 사람이 답변하는 동안 자신의 답변을 준비하기 위해 다른 곳을 보거나 무의식중에 손을 만지는 등의 행위는 불성실해 보일 수 있으므로 특별히 주의하는 것이 좋다.

패널 면접에서 설사 자신에게 질문이 적다고 '나는 탈락했구나' 하는 선입관을 가지고 행동하거나 답변에 성의 없는 모습을 보여 줘서는 절대 안 된다. 면접관들은 많은 경험을 통해 짧은 시간, 몇 마디 답변 내용만 들어 보고도 평가가 가능하다. 질문 시간의 길고 짧음은 당락에 전혀 관계가 없다. 패널 면접에서는 답변할 기회가 많지 않으므로 짧은 시간 안에 자신의 강점을 제대로 보여 줄 수 있도록 준비해야 한다. 대답은 간단명료하게 자신만의 개성을 나타내 보일 수 있도록 해야 하지만, 과하거나 지나치게 답변이 길어지면 면접관으로부터 외면받을 수 있으니 주의해야 한다.

4.6.3.4 집단 토론 면접

1) 특징

집단 토론 면접은 중견기업 및 대기업 공채에 사용되는 면접 방법의 하나로 1:1 혹은 다대다로 면접에 임한 지원자들끼리 특정한 주제를 주고 토론해가는 과정을 하게 함으로써 커뮤니케이션 능력을 평가하는 면접 방식이다. 토의 시간은 보통 팀당 30분 내외를 주고 한 팀의 인원은 보통 5~8명으로 구성한다. 면접관은 일체 토론에 관여하지 않으며 지원자들의 토론 과정을 통하여 개개인의 행동, 경청 태도, 발언 태도 등을 통하여 논리력, 사고력, 어휘력, 전문성, 협조성 등을 평가한다.

2) 주의 사항

토론은 본인의 논리를 강하게 피력하여 상대를 제압하는 데 목적이 있지 않고 대화 참여자의 의견을 최대한 존중하며, 다양한 의견을 인정하는 자세가 중요하다는 것을 잊지 말아야 한다. 따라서, 자신을 돋보이게 하기 위하여 너무 많은 말을 한다거나, 시간을 끄는 것은 바람직하지 못하다. 타인의 의견을 경청하는 태도도 중요하며, 말을 가로막거나, 심한 반박을 해서도 안 된다. 반면에 자신의 의견 발언을 주저하거나, 발언의 횟수가 적으면 좋은 평가를 받기 어렵다. 또한, 언제나 주제에 입각한 발언을 하고 요점을 명확히 하기 위해 결론부터 이야기해야 한다. 메모하면서 토론에 임하는 모습은 면접관들에게 치밀하다는 인상을 줄 수도 있고, 요점을 정리하여 조리 있게 의견을 개진하는 데 도움이 된다.

토론 면접의 핵심은 팀워크인데, 토론 면접에서 지나친 리더십을 발휘하는 것은 오히려 독이 될 수 있다. 토론을 자기중심으로 끌고 가기보다는 '제 생각은 이런데 어떻게 생각하시나요?'라며 공손히 자신의 의견을 피력하고 남을 배려하는 모습을 보이는 것이 좋다.

옆에 지원자의 이름을 기억하고 언급해 주는 것 또한 좋은 자세이다. 간혹 자신의 의견이 무시당하는 듯 발끈하는 지원자도 있지만 절대 그러면 안 된다. 상대방의 불쾌한 태도를 보았다 해도 평정심을 유지하며 논리적으로 자신의 의견을 전달하는 자세가 필요하다.

주제는 기업마다 다르지만 일반적으로 경제 및 사회 시사 이슈를 다루는 경우가 많다. 일반적으로 지원자 중 사회자 및 찬반 의견을 사전에 나눠 진행하는 경우가 많지만 일부 기업에서는 사회자가 없거나 기업 측에서 사회자 역할을 하는 경우도 있다. 평소에 신문 사설을 관심 있게 읽고, 방송의 토론 프로그램을 시청함으로써 논리력을 정립해 두는 것이 필요하다.

집단 토론 면접은 개별 면접이나 집단 면접이 가지는 단점들을 보완하고 주어진 짧은 시간 안에 지원자들의 많은 요소들을 파악할 수 있다는 측면에서 대기업이 주로 활용하는 면접 방법이다.

4.6.3.5 프레젠테이션(PT) 면접

1) 특징

프레젠테이션(PT) 면접은 말 그대로 현장에서 발표할 주제를 부여받고, 정해진 시간 동안 면접관들 앞에서 발표를 하는 면접이다. 면접 방법은 다수의 주제 가운데 하나를 선택하여 자신의 견해를 5~10분 정도 발표한다. 보통 큰 이면지에 본인이 PT할 내용을 작성하여 발표하게 되는데, 회사에 따라 면접자에게 노트북

이 지급되고 파워포인트로 간단한 PT 내용을 만들어 발표하는 경우도 있다.

기업에서는 프레젠테이션 면접을 통하여 직무 분야별로 자신의 전문 분야에 관련된 주제를 선정하여 발표하게 함으로써 지원자의 지식, 시사 상식, 전문성, 기획력, 분석력 등을 파악하고 문제 해결 능력과 의사 전달 능력, 기획 및 내용 구상 능력 등을 전반적으로 평가하기 위한 방법이다. 보통은 시사적인 문제나 회사 내의 직무를 수행하는 데 직면할 수 있는 상황을 중심으로 주제가 주어지는데 평소에 신문 사설, 시론, 칼럼 등을 통하여 논리력, 사고력을 키우고 시사 토론 같은 방송 프로그램을 시청하여 발표력, 어휘력 등을 향상시키면 상당히 도움이 된다.

2) 주의 사항

프레젠테이션(PT) 면접은 주어진 시간 안에 자신의 의견을 어필해야 하므로 중요한 내용은 가급적 앞부분에서 발언하도록 구성하는 것이 좋으며, 마무리에 대안이나 아이디어를 제안하는 것이 좋은 점수를 받기에 유리하다. 특히 객관적인 데이터나 수치를 활용하여 기업에서 현실적으로 응용할 수 있는 부분을 추가한다면 면접관들의 관심을 집중시킬 수 있다. PT가 끝나면 면접관들에게 질문을 받게 되는데, 이때 잘 모르는 부분에 대해서는 "죄송합니다", "잘 모르겠습니다"와 같은 피상적인 답변을 피하고, "그 부분까지는 미처 준비하지 못했습니다. 하지만 면접관님의 질문을 듣고 나니 그런 부분이 필요하다는 것을 깨달았습니다. 추후 입사 전에 이 부분을 보완하도록 하겠습니다"라고 답하는 것이 좋다.

4.6.4 이색 면접

① 샘표의 요리 면접

간장으로 유명한 식품 업체인 샘표에서는 2000년부터 요리 면접을 실시하고 있다. 4~5명이 한 팀을 이루어 주제를 정해서 요리를 만들고 완성된 요리를 토대로 주제와 특징 등을 설명하는 형식으로 진행되고 있다. 샘표 측에서는 단순히 의자에 앉아 딱딱한 주제를 나누는 면접만으로는 개인의 인성이나 회사를 얼마나 이해하고 있는지를 알 수 없고 한 시간여 동안 요리를 만드는 과정에서 지원자들이 어떻게 팀워크를 이루고 창의성을 발휘하는지 파악할 수 있기 때문에 샘표에 잘 맞는 인재상을 뽑을 수 있다는 입장이다. 주부가 주 고객인 회사인 만큼 주부를 공략한 재료를 활용해서 요리를 하는 것은 면접의 가산점이 될 수 있다.

면접이라는 건 단순히 한 사람을 평가하는 자리가 아니라 기업과 지원자 모두가 서로가 서로를 알아볼 수 있는 자리인 만큼 수직적이고 회개적인 면접 문화에서는 결코 알 수 없는 기업의 철학이 이색 면접에서는 자연스럽게 드러날 수 있다.

② SPC의 관능 면접

파리바게트, 파리크라상, 배스킨라빈스와 같은 브랜드를 운영하는 식품 회사인 SPC의 경우는 신입 사원 공채에서 2004년부터 관능 테스트를 도입하고 있다. 유리잔에 담긴 설탕의 농도를 5단계로 구분하기, 신맛과 무맛을 구분하기, 4가지 향을 맡은 뒤 해당 향의 특성을 단어로 쓰기 등 다양한 방법으로 관능 면접을 실시하고 있다. 이렇게 관능 테스트를 실시하는 이유는 기본적인 미각을 식품 회사의 업무를 수행하는 데 매우 중요한 요소라는 것이 업체 측의 설명이다. 당락에 큰 영향을 미치는 것은 아니지만 신입 사원 입장에서는 테스트 하나하나가 중요한 관문으로 여겨질 수 있다. 그래서 일부 지원자들은 점심을 거르고 면접에 임하거나 면접 한 달 전부터 술과 담배를 끊는 열정까지 보이는 경우도 있다고 한다. 식품 회사라면 정밀한 맛을 통해 다양한 제품을 개발하고 고객 만족을 유도해야 하기 때문에 당락에는 큰 영향이 없더라도 이러한 관능 테스트가 지원자의 역량을 살피는 데 중요한 요소가 될 수 있다.

③ 하이트진로의 음주 면접

이색 면접에서 가장 중요한 것은 지원자의 열정이라고 할 수 있는데, 입사의 열정을 음주로 표현하고 싶다면 하이트진로의 면접을 주목할 수 있다. 주류 회사인 하이트진로의 경우는 1차 면접이 끝난 뒤 인근 음식점에서 음주 면접을 진행한다. 한 시간 반 동안 실무자들이 직접 지원자들과 술을 마시고 대화를 하며 지원자들의 가치관이나 인성을 평가한다. 주량을 테스트하는 것은 아니기 때문에 술이 약하다고 해서 걱정할 필요는 없다. 영업직이 많은 비율을 차지하는 주류 회사답게 어떠한 상황에서도 성실하고 신뢰 있는 모습을 보이는 것이 면접의 포인트다.

④ 크라운제과의 독서 토론 면접

크라운제과는 책 내용의 핵심 파악 및 심층 사고를 중심으로 한 지식 경영의 시너지 창출을 위해서 독서 토론 면접을 해오고 있다. 크라운제과 회장의 철학을 반영한 것으로 1차 서류 전형과 2차 리포트 전형을 통과한 지원자를 대상으로 진행된다. 6명이 한 조가 되어 1시간 동안 3명의 면접관을 앞에 두고 토론을 펼치는 방식으로 식품과 관련된 도서를 중심으로 책을 읽고 찬반을 나누어 제품 개발 응용 방법이나 실무 적용 방법에 대한 토론을 하게 되는데, 이것은 논리력을 포함해 상황 판단 능력, 경청 능력 등 종합적 사고를 평가하는 것이다. 이 면접은 제한된 시간 내에 핵심 내용을 정확히 파악하는 것이 핵심이다.

⑤ 삼성웰스토리의 손 씻기 면접

삼성 그룹 식자재 유통 및 급식 업체인 삼성웰스토리는 2018년부터 신입 사원 채용 면접에 손 씻기 심사를 도입했다. 손 씻기 면접은 지원자들이 손에 남은 세균이 없도록 올바른 방법으로 손을 씻는지 평가하는 형태로 진행된다. 위생 안전을 최우선 가치로 삼는다는 기업 철학을 채용에 반영하겠다는 차원인데 지원자에게 심사를 도입한 취지를 이해하고 올바른 손 씻기 방법을 충분히 습득한 후에 평가를 받을 수 있도록 사전에 손 씻기의 중요성과 손 씻기 방법을 안내해 준다. 삼성웰스토리의 관계자는 손만 청결하게 유지해도 식중독 원인균의 감염을 70% 이상 예방할 수 있다며 하루 100만 식을 제공하는 식음료 기업으로서 위생 안전사고를 예방하기 위해 전 직원의 손 씻기 실천을 강조하고 있다.

⑥ 팔도의 라면 시식 면접

팔도는 2013년부터 라면 시식 면접을 진행하고 있다. 상표가 적혀 있지 않은 세 가지 라면을 시식하고 자유로운 토론 방식으로 지원자들이 라면 제품을 시식하고 맛에 대한 솔직한 평가와 개선점, 아이디어를 제시하면 면접관이 평가하는 방식이다. 팔도 측에서는 토론 내용을 통해 지원자의 팔도와 라면에 대한 생각과 어느 정도 관심이 있는지 파악하기 위한 것이라고 한다.

제5장

더 알아보기 :
현직자들이 답하다

책을 구성하면서 식품 관련 전공을 이수하고 있는 전국 각지의 대학생 279명에게 취업 관련 궁금증에 대한 설문 조사를 진행하였다. 많은 학생들이 취업에 대한 고민을 품고 있었고, 각자 여러 가지 방법으로 취업을 준비하고 있었다. 그중에서 몇 가지 중복되는 학생들의 궁금증들을 실제 현직에서 근무하고 있는 현직자들의 입장에서 답변해 보려고 한다.

더 알아보기 : 현직자들이 답하다

5.1 부전공·복수 전공 관련 Q&A

　여러 학생들이 대학 생활 중 다전공에 대한 고민을 품고 있다. 부전공 및 복수 전공에 대한 설문 조사 결과, 식품을 전공하는 279명의 대학생들의 응답 중 45명의 학생들이 부전공 및 복수 전공을 이수 중이었다. 이는 전체 응답자의 16.1%에 달했다. 학생들이 추가로 전공하고 있는 학과들은 다음과 같고, 부전공 및 복수 전공을 하고 있는 이유는 다음 그래프와 같다.

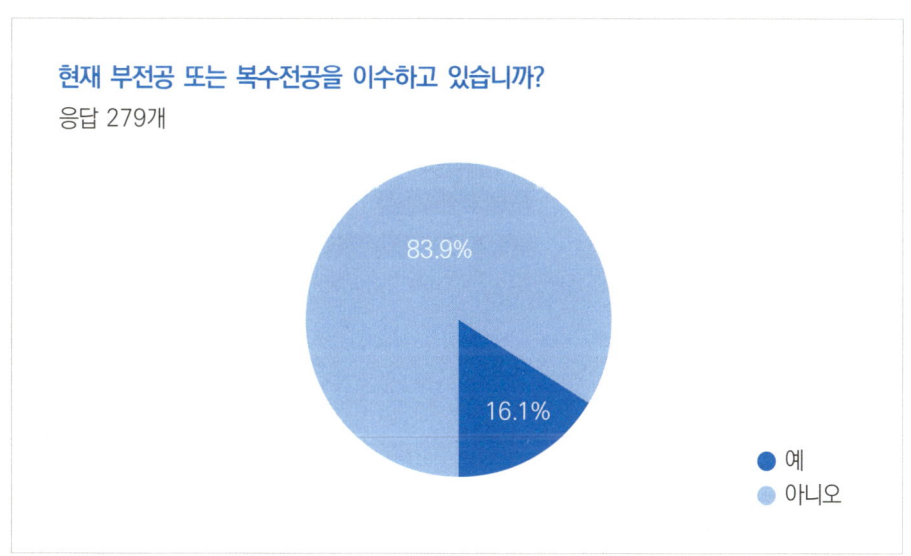

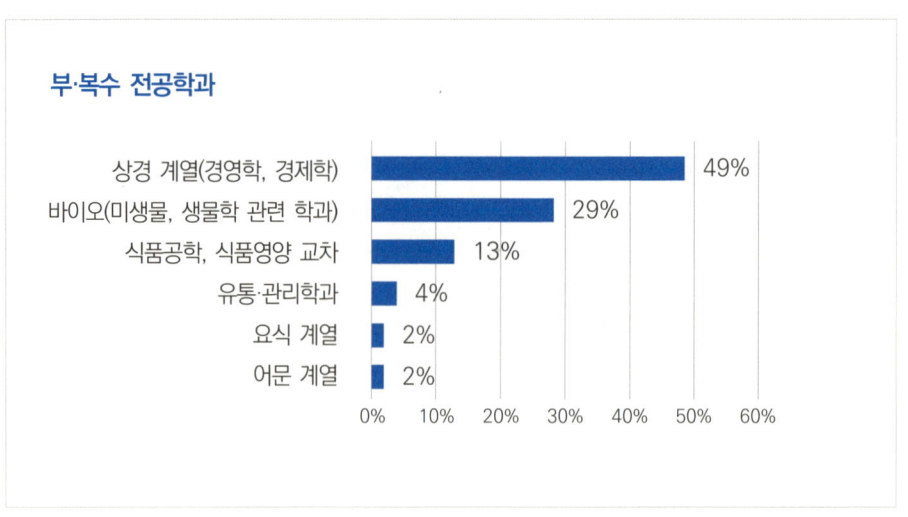

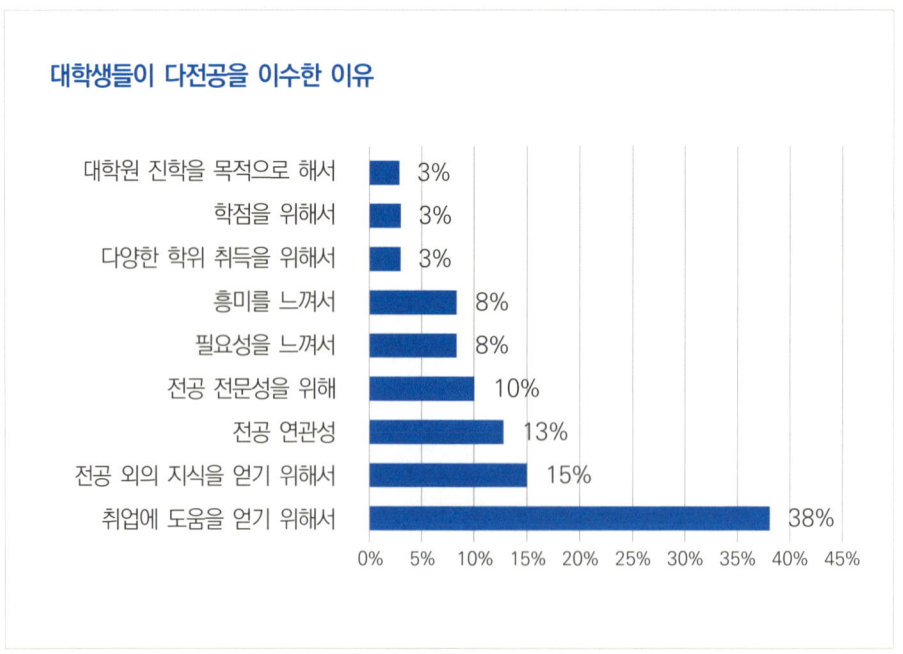

이처럼 취업에서의 유리함과 편의성을 위해서 많은 학생들이 부전공과 복수 전공을 하고자 한다. 그렇다면 여러 전공을 이수하는 것에 대한 실제 식품업계 현직자들의 생각은 어떠할까?

A 현직자들의 답변	**부·복수 전공을 이수하면 취업에 도움이 될까요?** **네, 도움이 됩니다.**
상품 기획자 A	직무가 제약 회사 상품 기획으로 연구, 마케팅 둘 다 교집합인 직무로 저에게는 식품영양학, 경영학 둘 다 도움이 되었습니다. 마케팅은 어느 정도 경영학 지식을 갖춰 두는 걸 권장합니다. 아니면 본인이 나중에 실무를 할 때 조금 힘들 수 있습니다. 본인이 무슨 직무를 하고 싶은지 알고 거기에 필요할 거 같은 과목들을 이수하는 것이 필요합니다. 본인 업무에 필요한 다른 요소들을 알고 준비해 두면 좋습니다. 식품 전공을 하면 식품 이해도가 높은 것이 장점이지만 식품 분야 하나에 대해서만 알면 또 그게 단점이 될 수도 있습니다. 예를 들어, 비타민류 제품 상품 기획 업무를 한다고 했을 때 영양학 책을 볼 수도 있고 업무 중 4P랑 SWOT 분석할 때가 있기 때문입니다. 저는 두 가지 분야 다 공부하고 경험해 두었기 때문에 업무도 두 개 모두 지원 가능하고 선택할 수 있었습니다.
제품 개발자 B	연구 개발 직무에만 한정한다면 복수 전공이나 부전공은 정답이 아닐 수도 있습니다. 다만, 지의 경우 마케팅에 대해 이해하고 있다면 좋았을 것 같다는 생각이 들었습니다. 또한, 회사 생활을 하면서 직무가 바뀌는 경우도 있기 때문에 관심 있는 분야에 대해 추가적인 공부를 해 둔다면 활용할 수 있는 부분이 있을 거라고 생각해서 부전공, 복수 전공을 추천하였습니다. 경영을 복수 전공하여 식품 기업에 취업한다면 식품과 경영에 대한 이해가 있기 때문에 더 강점이 있을 수 있다고 생각합니다. 화학이나 생물을 복수 전공한다면 소재나 원료에 대한 세부적인 연구가 가능할 것 같습니다.

식품 연구원 C   저는 전과를 했기 때문에 학점 채우기가 바빠서 부·복수 전공을 못 하였습니다. 그러나 개인적으로 할 수 있었으면 하는 것이 좋은 듯 하며, 비즈니스와 연관된 전공이거나 미래에 자신이 되고 싶은 인재상과 연관성이 있으면 좋을 것 같습니다. 업무를 진행하다 보면 서로 다른 전공일지라도 유기적 연관성이 있어 어느 정도 배경지식을 요하는 경우가 있습니다. 실제로 저는 식품 연구를 하고 있지만, 제품의 콘셉트를 세울 때 단순히 연구적 요소만 고려하는 것이 아니라 마케팅, 물류적인 요소들도 함께 검토하게 됩니다. 이를 위해 개인적으로 공부도 했었습니다. 예시로서 제가 실제 겪었고 계속해서 진행하고 있는 몇 가지 상황을 말씀드리겠습니다. 1) 첫 번째 상황은 식품 연구+무역학 지식을 결합한 상황입니다. 일본 수출용 곡물 가공품을 개발할 때 base 원료로서 쌀과 밀 중 선택을 해야 하는 상황이었는데, 쌀이 밀보다 관세가 높기 때문에 밀을 사용하여 제품을 개발하는 방향으로 원료를 선정하게 되었었습니다. 2) 두 번째 예시 상황은, 식품 연구+법학(식품 법규)을 결합하여 영양 성분이 강화된 제품을 개발하고(기능성 원료 고시 식품류, 영양 강화 식품류 등), 포장지 표시 사항을 작성하는 일입니다. 또한 이는 더 전문적으로 공부한다면, 식품 안전 법규 및 표시 사항을 전문으로 검토하는 부서의 연구원으로서 재직할 수 있습니다. 3) 세 번째 상황은, 스마트팜, 3D 푸드 프린터와 같은 식품 연구+IT 지식이 결합된 제품을 개발할 때, 최첨단 미래 식품 분야를 남들보다 쉽게 이해하여 퍼포먼스를 내기 쉽습니다. 더 나아가 관련하여 꿈이 있으신 분이라면 열심히 파고들어 정년퇴직하더라도 전문성을 부각할 수 있습니다. 이렇게 비즈니스와 연관성이 있는 전공을 공부하거나 큰 꿈을 갖고 자신이 되고자 하는 인재상이 있다면 그 분야도 함께 공부하는 것을 추천해 드립니다. 물론 부·복수 전공을 공부하느라 주 전공인 식품학을 놓치면 안 하느니만 못합니다.

생산 관리자 D   저도 동물자원학과를 이수했지만 식품 회사를 다니는 입장에서 그런 경험이 나쁘지는 않은 것 같습니다. 한 업무를 어정쩡하게 파는 것보다 한 우물을 파면서 욕심 있는 사람들을 두 우물을 파도 잘합니다. 부전공을 하거나 복수 전공을 하더라도 잘하는 사람들은 어차피 잘하게 되어 있습니다. 하나를 하면서 다른 것도 평가가 좋으면 그것도 또 하나의 장점입니다. 하나만 A 받는 것보다 둘 다 A를 받는다면 그건 충분히 장점이 될 수 있습니다.

식품 분석 연구원 E 식품 분야로 취직하길 희망해서 식품영양학을 이수했습니다. 식품공학과와 기본 과목은 비슷하거나 쉬운 정도였고, 대부분이 조리 과정 중 생기는 변화의 원리를 배울 수 있어서 영양 성분 분석에 도움을 받을 수 있었습니다.

유제품 연구원 F 식품 산업은 마케팅, 경영 마인드로부터 제품 연구가 수행되어야 하기 때문에 학부 때 외식, 경영 등 관련 학문을 부·복수 전공을 이수하면 도움이 될 수 있다고 생각합니다. 다만 연구직을 희망하시는 분들은 석사 과정에서 본인의 주 전공을 확고하게 다지는 것이 중요합니다.

영업부서 현직자 G 보통 본인이 배우고 싶은 부분이 있거나 원하는 직무에 필요하다면 이수한다고 봅니다. 다만 저는 교환 학생이 뽑혀서 대학 생활에서는 식품 전공을 잘하고 교환 학생을 하자는 계획이 있었기에 복수 전공을 안 하고 제가 하고 싶은 걸 했습니다.

식품 마케터 H 마케팅 직무를 할 때 정성적인 부분이 더 많지만 매출을 정리하는 등 정량적인 부분도 많습니다. 최근에 화두가 되는 빅 데이터도 숫자로 구성되어 있고, 숫자에서 인사이트를 뽑아내야 하기 때문에 회계학을 전공했던 것이 그런 부분을 이해하는 데 많은 도움이 되었습니다. 그 외에 도움이 될 만한 전공으로는 심리학, 소비자 심리학 등이 있습니다. 그리고 IT적인 지식이나 기술, 빅 데이터와 관련된 분야도 많은 도움이 될 수 있습니다.

A
현직자들의 답변

**부·복수 전공을 이수하면 취업에 도움이 될까요?
그렇지 않습니다.**

마케터 A

저라면 본 전공의 학점에 집중하기 위해 부전공이나 복수 전공은 안 할 것 같습니다. 차라리 전과를 하거나 따로 공부를 할 겁니다. 하지만 본인이 개인적으로 공부한 걸 증명할 수 없으니 보통 다전공을 이수하는 거죠. 이공계 학생들은 경영학을 일반적으로 다전공을 한다고 하더군요. 물론 안 하는 것보다는 낫겠지만, 결정적인 것은 아닙니다. 학위가 두 개 있다고 해서 회사에서 한 사람이 두 사람의 몫을 해낼 거라고 생각하지 않습니다. 학점을 위한 부·복수 전공이지 경험이 되지는 않기 때문이죠. 부·복수 전공 대신에 관심 분야의 관련 자격증을 따서 어필하는 방법도 있습니다. 가장 좋은 것은 해당 분야를 실무에서 경험해 보는 것입니다.

제품 개발자 B

복수 전공보다는 직무 관련 경험을 해 보시길 추천합니다. 물론 배움에 도움이 된다면 들어도 좋을 것 같지만 복수 전공이 중요하다는 말은 딱히 들어본 적이 없습니다.

개발 연구원 C

다전공이 크게 의미는 없다고 생각합니다. 면접관들 눈에는 본 전공 외에는 눈에 잘 안 들어옵니다. 본 전공 하나도 제대로 못 하는데 부·복수 전공은 더 부족하다고 생각하기 때문이죠. 한 가지만 잘 하기도 어렵기 때문에 저는 선택과 집중하는 게 좋습니다. 만약 연구 개발 직무를 희망하시는 분들 중 부·복수 전공을 이수하고 싶으시면 심리학과면 좋을 것 같습니다. 소비자들의 마음이나 트렌드를 읽을 때 도움이 되지 않을까 싶습니다.

식품 연구원 D

저는 주 전공 수업만으로도 바빠서 부·복수 전공은 따로 이수하지 않았습니다. 본인이 특별히 부전공이나 복수 전공하고 싶은 분야가 있지 않은 이상 취업을 목적에 두고 부전공이나 복수 전공을 하는 것은 큰 의미가 없다고 생각합니다. 제가 직원들의 면접을 볼 때도 크게 부전공이나 복수 전공은 보지 않는 것 같습니다. 하지만 본인이 선택한 전공 외에 관심이 가거나 향후 직무를 선택하는 데 있어 필요한 부분이 있다면 부전공이나 복수 전공도 필요하지 않을까요? 예를 들면, 식품을 전공해서 스타트업이나 기업을 운영해 보고 싶은 사람이라면 경영학이나 경제학을 배워 두면 나중에 사업을 운영하면서 도움이 되지 않을까 싶습니다.

품질 관리자 E 부전공과 복수 전공을 이수하고 자기소개서나 면접에서 잘 녹여내면 좋겠지만 당장 학사 수준의 '전공'이라는 것이 크게 당락을 결정하지는 않는 것 같습니다.

품질 관리자 F 본인이 공부한 것을 잘 활용할 수 있다면 모를까 그게 아니라면 굳이 따로 이수할 필요는 없다고 생각합니다.

급식 담당자 G 컴퓨터정보학부를 부전공했습니다. 제 부전공이 취업이나 실무에 특별히 크게 도움이 된 거 같지는 않습니다. 부전공을 하면서 학교에서 배운 멀티미디어 내용이 크게 쓸모 있지 않았습니다. 따라가기에 벅차서 학점을 깎아 먹기만 했었죠. 특별한 목표나 자신감이 없다면 부전공이나 복수 전공은 여러 번 고민한 다음에 하는 것이 좋겠습니다.

제품 개발자 H 주 전공은 식품영양학이고 부전공은 음대에서 했습니다. 악기 연주가 취미라서 부전공 수업을 들었고, 전혀 다른 분야였기 때문에 취업에 직접적이 도움이 되지는 않았습니다. 직무와 직접적인 연관이 있는 전공이 아니라면 취업 시 다전공 여부는 중요하지 않다고 생각합니다. 다만 다전공 시 채용 공고상의 자격 요건을 충족하는 경우도 있으니 본인의 목표와 진로에 대한 고민을 충분히 하신 후에 결정하시는 것을 추천합니다.

품질 관리자 I 도움은 되지 않았습니다. 그리고 부전공이랑 복수 전공이 있는데 부전공을 할 것 같으면 안 하는 것이 좋다고 생각합니다. 복수 전공을 하면 학사 학위가 두 개가 나오지만, 부전공은 부전공에서 끝납니다. 제가 졸업한 학교 기준으로 농대의 식품공학과를 다니고 복수 전공으로 공대의 산업공학과를 이수했습니다. 그래서 저는 농학사, 공학사 총 두 개의 학위가 있었죠. 그런데 부전공하는 친구들 같은 경우에는 본 전공이 농대라면 농학사 하나만 나옵니다. 그러다 보니까 졸업 증명서에 본인의 학위를 증명할 수 있는 것은 부전공이 아닌 복수 전공입니다. 부전공은 두 개의 학위가 안 나오기 때문이죠. 그래서 딱히 부전공은 본인의 전문성을 어필하기에는 부족할 것 같습니다. 가장 중요한 것은 복수 전공을 선택할 때, 확실히 본인의 로드맵이 있어야 합니다. 로드맵이 없이 복수 전공을 하게 되면 이후에 취업이나, 여러 상황에서 큰 영향이 없을 것입니다. 차라리 그 시간에 다른 경험들이나 다른 공부를 하는 것을 추천합니다. 확실하게 내가 식품 산업의 전반적인 것을 배우고 싶다, 아니면 식품도 어차피 돈으로 이루어지는 것이니까 경영학이나 경제학을 배워 보고 싶다 등 확실한 목표가 있으면 모르겠지만 그게 아니라면 큰 도움이 되지는 않을 것으로 보입니다. 그런 생각으로 다전공에 도전한다면 안 했으면 좋겠습니다. 현재 가지고 있는 주 전공에 대해서 조금 더 집중하고 그것 외에 다른 공부들, 예를 들어 사회 공부나 전반적인 사회 트렌드 등에 대해 알아보면 좋을 것 같습니다. 아니면 지금 본 전공이 식품이라고 했을 때 식품 산업이 굳이 한국에만 국한되는 것은 아니기 때문에 해외 식량 동향, 농작물 동향 등 aT한국농수산식품유통공사, 농업경제연구소 등에서 여러 통계 자료를 공부해 보는 걸 추천합니다. 차라리 이런 것을 찾아보고 공부하다 보면 전공과 관련해서 내가 지원하고자 하는 회사와의 연관성 또는 본인의 스토리텔링을 만드는 것이 더 도움이 된다고 생각합니다.

생각 외로 이론은 이론일 뿐입니다. 그리고 우리가 배우는 대학에서의 지식은 대부분 이론이 정립되어서 그 이론이 어떻게 펼쳐졌고, 산업에서 어떻게 적용되었는지 이러한 사례들을 많이 설명하는 교재입니다. 그래서 현재 실제 현장에서 적용되는 것은 교과서에 안 나와 있습니다. 과거의 어떤 사례에 대해서 설명하는 것이 교재이다 보니까 옛날 지식인 경우가 굉장히 많습니다. 그리고 현장에서 실제로 사용하는 과목은 없습니다. 산업공학과의 경우 산업이 아무리 발전해도 과거의 이론을 토대로 올라온 산업이기 때문에 커다란 카테고리를 이해하는 데는 문제가 없지만, 실제 실무에는 딱히 도움이 안 됩니다. 단지, 이 산업군이 어떻게 돌아가고 발전했는지, 이 산업에 있어서 내가 배웠던 이론들이 이 정도는 쓰이고 있구나 등 큰 틀 이해하는 정도밖에 안 되는 것 같습니다.

B 부·복수 전공과 주 전공 모두 감당할 수 있을지 고민입니다.

품질 관리자 A 저는 2학년 2학기부터 복수전공을 시작했는데, 그 이유는 교양과목을 듣는 것이 대체적으로 흥미가 떨어졌고, 좋아하는 분야인 식품에 대해서 더 공부하고 싶어서 도전하게 되었습니다. 그러던 중 식품공학과, 외식산업학과 등 식품 관련 전공들이 있었는데 그중에서도 식품의 제조 또는 가공에 관심이 많았던 저는 식품공학과를 선택하게 되었습니다. 저는 교양 과목을 들었을 때보다 학점 유지가 더 쉬웠던 것 같습니다. 제가 좋아하는 식품을 공부하는 것도 있고, 영양학에서 배운 내용들이 식품공학에서 겹치기도 해서 오히려 학점 유지가 쉬웠습니다. 아예 다른 분야인 과를 선택하는 것은 도움이 된다고 말씀드리기 어려울 것 같습니다. 만약 그 선택을 하는 이유가 단순히 취업인지, 아니면 정말 학문에 대한 흥미인지 먼저 고민해 보면 자신만의 답을 쉽게 내릴 수 있을 것 같네요.

C 주 전공과 부·복수 전공에 대한 적절한 시간분배가 어려운데 어떻게 해결해야 할까요?

제품 기획자 A 공부량은 많아지겠지만 본인의 의지만 있으면 가능합니다. 게다가 요즘은 언택트로 진행하기 때문에 이동 시간이 따로 필요하지 않기 때문에 더 기회이지 않을까 싶습니다. 본인이 하고자 하면 선택하는 것이지만 하기 싫은 것이라면 차라리 전공 심화 수업을 듣는 것이 낫습니다.

D	**면접에서 관련 질문을 받으셨는지, 만약 그렇다면 무슨 질문이었는지 알고 싶습니다.**
마케터 A	딱히 관련 질문은 받지 않았습니다. 어차피 지원자의 정보는 이력서에 다 기재되어 있습니다. 다만 다른 질문을 받아 답변을 할 때 본인이 부·복수 전공 때 배운 경험이 있어 그걸 활용해서 답변하는 건 상관없습니다.
급식 담당자 B	복수 전공을 한 이유는 무엇인지, 그리고 복수 전공이 본인에게 도움이 되었는지에 관한 질문을 받았습니다. 저 같은 경우는 컴퓨터공학 전공을 부전공했기 때문에 이에 대한 질문을 받았습니다.
품질 관리자 C	복수 전공을 선택했던 이유, 복수 전공을 선택했을 시 학기를 몇 학기를 다녔는지, 복수 전공을 선택했을 때 본 전공에 끼치는 영향(학점), 복수 전공을 선택함으로써 둘 다 잘할 자신이 있는지에 대한 질문을 받았습니다. 이 외에도 복수 전공을 선택했으니까 식품 분야로 지원할 수도 있고 산업공학 쪽으로 지원할 수 있는데, 특히 산업공학 쪽 회사를 지원해서 면접을 갔었을 때 "본전공인 식품공학보다 복수 전공인 산업공학에 대한 지식이 부족하지는 않나?"라는 질문을 받았습니다. 하지만 이런 질문들이 많은 것은 아닙니다. 전체 질문에 복수 전공 관련 질문은 한 개가 나올까 말까입니다.
E	**학생들이 부, 복수 전공을 선택할 때, 무엇을 고려하면 좋을까요?**
마케터 A	직업에 무엇이 있는지를 파악한 후, 본인이 희망하는 업무나 직무 등 어떤 것을 하고 싶은지를 아는 것이 중요합니다. 그리고 도움이 될 만한 과목이나 학위를 이수해야 합니다. 만약 식품 교사를 하고 싶다면 교직 이수 중 교육학을 듣는 것이 더 좋은 것 같습니다. 그리고 마케팅 쪽 분야를 하고 싶다면 경영학 과목 이수를 하는 것이 좋을 것 같습니다. 만약 취업에 도움이 된다고 해서 남의 이야기를

	듣고 본인이 원하지 않는 과목 이수를 해서 학점을 좋게 못 받으면 오히려 그게 더 마이너스라고 생각합니다.
급식 담당자 B	성취하고자 하는 목표와 수강 과목 정보를 잘 알아보고 선택하면 좋겠습니다.
마케터 C	만약 이수를 하고 싶다면, 본인이 하고 싶은 일과 관련된 부·복수 전공을 공부하는 것이 중요합니다. 무엇보다 단순히 복수 전공을 했다고 말하기보다는 그 분야에 대해 전공자만큼 알고 있다는 것을 보여 주는 것이 중요합니다. 필수적인 부전공 학점 이외에 더 많은 수업을 들어 보는 것 등이 있을 수 있습니다.
식품안전컨설팅 회사 현직자 D	복수 전공을 권장해 드리지만, 주 전공과 연관성이 있는 학과일 경우에만 진행하시기 바랍니다. 주 전공과 관련성이 있는 학과의 경우 좀 더 넓은 지식과 경험을 쌓을 수 있기에 향후 취업할 때에도 도움이 될 수 있습니다. 하지만 반대일 경우에는 주 전공 한 개만을 진행하는 것보다 집중도가 떨어지기 때문에 결국 어느 한 가지를 택하기에는 어중간한 상황이 될 수 있습니다.

F 아직 진로가 확정되지 않은 경우나 부·복수 전공으로 인하여 대학교 추가 학기를 다녀야 한다는 점이 부담스러울 때에는 복수 전공을 선택하지 않는 것이 좋을까요?

품질 관리자 A	이 질문은 사람의 상황마다 다르기 때문에 답변하기 어렵습니다. 부담스럽다는 것이 '늦게 졸업하는 게 부담스럽다'인지 아니면 내가 학교를 더 다니면 등록금, 즉 경제적인 문제 때문에 부담스러운 것인지 등 여러 상황이 있을 것 같습니다. 일단 추가 학기를 다녀 단순히 졸업이 늦어진다는 것이 문제라면 저는 복수 전공을 하겠습니다. 왜냐하면 저도 늦은 나이, 29살에 졸업을 했기에 단순히 1년, 2년은 큰 영향을 끼치지 않는다고 생각합니다.

5.2 자격증 관련 Q&A

5.2.1 자격증에 대한 학생들의 궁금증

많은 학생들이 취업 경쟁력을 위해 여러 가지 자격증 등을 준비한다. 설문 조사 결과 식품 관련 전공 대학생들이 준비하고 있는 자격증들은 다음과 같이 나타났다.

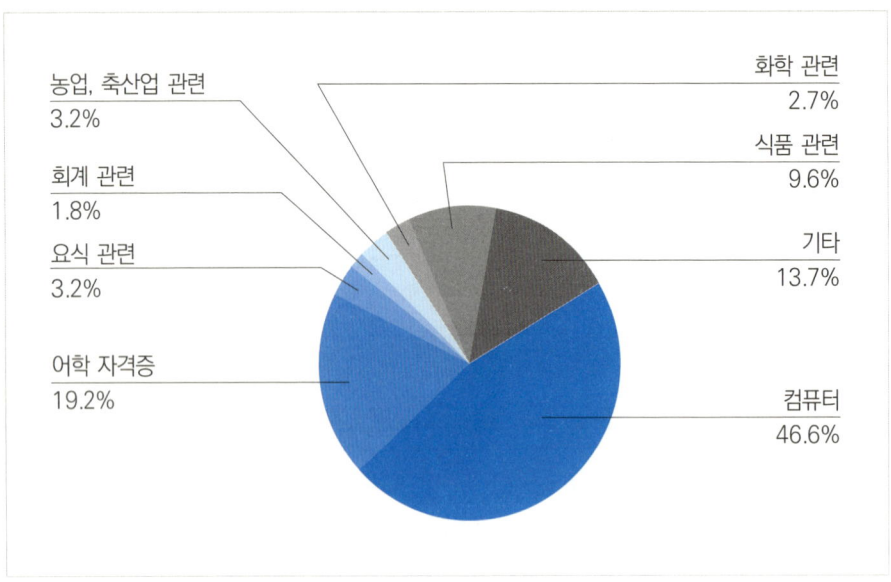

어학 자격증(42)	컴퓨터(102)	요식 관련(7)	회계 관련(4)
토익(24)	컴퓨터활용능력 1, 2급(98)	바리스타(1)	재경관리사(1)
토익스피킹(4)	GTQ(포토샵 등)(2)	한식조리사(4)	세무회계(1)
오픽(4)	모스(1)	제과제빵기능사(1)	회계 2급(1)
중국어(2)	정보기술자격(1)	양식조리사(1)	기타 회계 자격증(1)
토플(1)		한식조리기능사(1)	
기타(7)			

농업, 축산업 관련(7)	화학 관련(6)	식품 관련(21)	기타(30)
유기농업기능사(2)	화학분석기사(4)	위생사(4)	유통관리사(4)
농산물품질관리사(2)	바이오화학제품제조기사(2)	식품기사(7)	체형관리사(1)
농작업안전보건기사(1)		식품산업기사(1)	포장기사(1)
축산기사(1)		영양사(1)	한국사(16)
식육가공기사(1)		품질경영기사(8)	물류관리사(1)
			6시그마 GB(2)
			운전면허(3)
			심리 자격증(1)
			소방안전관리자(1)

대다수의 식품 전공자, 취준생들은 컴퓨터 자격증과 어학 자격증을 준비하고 있다. 그다음으로 많이 준비하는 자격증들은 전공과 관련된 자격증인 식품기사, 품질경영기사 등으로 파악된다.

5.2.2 자격증에 대한 현직자들의 답변

위 표처럼 취업을 준비하는 대학생들은 다양한 분야의 자격증을 취득하고 있다. 그렇다면 이 자격증들에 대한 현직자들이 생각은 어떠할까? 자격증의 쓰임에 대한 현직자들의 세세한 답변, 그리고 취득을 위한 꿀팁에 관한 생생한 이야기를 들어 보자.

식품기사

주류 회사 품질 관리자 B

식품 제조, 위생, 품질관리에 대한 전반적인 내용을 입사 전에 미리 배웠고 이를 검증받는 타이틀이라고 말씀드릴 수 있습니다. 하지만 면접관을 포함한 회사에서도 식품기사라는 자격증 하나만으로는 직무에 도움이 될 것이라는 기대를 하는 것은 아니라고 생각합니다.

취득 꿀팁

제2021년 정기 기사 2회 합격자 A

식품기사 필기시험의 경우 최대한 많은 기출문제를 풀고 간다면 어렵지 않게 합격할 수 있습니다. 틀린 문제는 오답 정리를 하거나 최대한 많이 그리고 반복해서 풀면서 맞히는 문제 수를 점점 늘려 가보시길 바랍니다. 식품공학 외의 전공자분들은 이론과 개념이 탄탄하지 않다면 필기 기출문제가 어렵게 느껴질 수 있습니다. 그럴 경우 해설과 설명이 잘 되어 있는 문제집을 사서 이론 공부도 병행하며 공부하시길 추천합니다. 시험 범위는 총 다섯 과목으로 식품위생학, 식품화학, 식품가공학, 식품미생물학, 생화학 및 발효학으로 과목당 20문제씩 출제됩니다. 100점을 만점으로 하여 과목당 40점 이상, 전 과목 평균 60점 이상이 되면 합격입니다. 보통 학생들이 어려워하는 문제가 생화학 및 발효학 파트입니다. 평소 해당 과목 공부를 잘해 오셨던 분들은 어렵지 않게 푸실 수 있습니다. 하지만 그렇지 않은 경우는 최대한 많은 문제를 풀어 보고 부족한 부분은 개념과 이론 부분도 함께 공부하면 도움이 될 겁니다.

2020년도 1회 시험부터 식품기사 실기 시험이 기존 작업형이 사라지고 100% 필답형으로 개편되어 많은 학생들이 어려움을 겪었습니다. 총 20문제가 서술형으로 출제되고 평균 60점 이상이 되면 합격입니다. 개인적인 팁을 드리면 부분 점수가 있기 때문에 어려운 문제라도 포기하지 말고 본인이 아는 만큼 최대한 적고 나오시길 바랍니다. 필답형 시험 범위 주요 항목으로는, 한국 산업인력공단에 기재된 사항에 따르면 식품 생산 관리 실무로 생산 관리, 식품 제조, 식품 안전 관리, 식품 인증 관리, 식품 위생 관련 법규입니다. 더 세세한 항목은 큐넷 홈페이지에 있는 국가 자격 종목별 상세 정보에서 식품기사를 검색해 보면 확인할 수 있습니다. 개인적으로 체감한 시험 범위는 지금까지 출제된 필답형 기출문제들과 식품공전 전체 그리고 모든 식품 위생 관련 법규로 다소 광범위합니다. 또 이 외에 출제되는 문제를 풀려면 4년 동안 학부에서 공부한 내용, 즉 기본적인 식품공학 지식 베이스가 필요합니다. 필기시험 범위와 같은 식품위생학, 식품화학, 식품가공학, 식품미생물학, 생화학 및 발효학 등이 되겠죠. 제가 한 공부법은 지금까지 출제된 필답 기출문제들을 외워질 때까지 여러 번 반복해서 풀고 공부했습니다. 그리고 틈틈이 공전과 식품 및 축산물 안전관리인증기준(HACCP) 그리고 식품 위생 법규 등을 읽고 외워 보려 노력했고 또 학부 때 배운 전공 서적들도 살펴보며 기억을 상기시켰습니다. 필답 공부에 소요되는 기간은 짧게는 몇 주 혹은 몇 달까지 본인 실력에 따라 상대적입니다. 범위가 넓기 때문에 본인에게 맞는 공부법으로 계획을 세워 효율적으로 공부하는 게 중요합니다. 식품기사 카페나 블로그에서 합격생들의 후기를 참고하는 것도 좋은 방법입니다.

제2021년 정기 기사 2회 합격자 B

식품기사 시험은 대체적으로 전공과 관련된 내용으로 많이 출제되다 보니, 평소에 전공 공부를 하시면서 시험 기간 등에 정리한 요약본이 있다면 복습한다는 마음으로 훑어보시면 좋습니다. 사실 필기는 그렇게 어렵지 않아서 필기 기출문제 5개년만 전부 풀어보신다면 무난하게 합격하실 것 같습니다. 아시다시피 문제는 실기 시험이죠? 요즘은 예전에 나왔던 기출문제에서 많이 출제가 안 된다고 하더라고요. 저는 2021년 1회와 2회를 응시했습니다. 1회는 2,388명 중 5명만이 합격해서 0.21%의 합격률을 자랑했던 악명 높은 시험이었죠? 물론 떨어졌습니다(웃음). 중간고사 기간이랑 겹쳐서 공부를 안 했던 게 화근이었다고 생각합니다. 사족이 길었는데, 공부를 안 하고 갔었어도 전공 시험에서 봤던 내용들이 많이 나와서 비록 불합격이었지만 상대적으로 높은 점수를 받았습니다. 2회 때는 식품기사 카페에 정리되어 있는 역대 식품기사 복원본을 통해 풀어보고 복습하고 정리했습니다. 전공 지식을 기반으로 기출문제도 풀었더니 2회에서 감사하게도 합격이라는 결과를 얻게 되었습니다. 이 글을 읽으시는 분들도 꼭 합격하셨으면 좋겠습니다.

영양사

취득 꿀팁

영양사 합격자 A

영양사 시험은 전공 수업과 너무나도 밀접해서 재학 중 전공 수업을 게을리하지 않은 영양학도라면 큰 어려움은 없을 것입니다. 영양사 면허 관련하여 사설 인터넷 강의도 있지만 영양사 시험의 범위는 4개 분야, 9과목이 넘는 양을 문제집 하나만을 사서 그 책을 완벽히 이해하고 풀기에도 시간이 상당히 걸리기에 영상 하나만으로도 1시간인 인터넷 강의는 추천하지 않습니다. 모험적인 방법이지만 영양사 시험은 범위는 굉장히 넓고 문제 수는 적기에 선택과 집중의 학습 방법을 추천합니다. 예를 들면 4번째 과목인 급식, 위생 및 관계 법규에서 본인이 정말로 법규 부분이 점수가 안 나온다면 과감히 법규 공부량을 줄이고 단체 급식이나 경영학을 공부하는 것이 시간을 아끼는 방법일 수 있습니다. 다만, 이 방법의 경우 과락(40% 이하)을 유의해야 합니다. 영양사 시험은 한 과목당 40% 이상인 1, 2, 4 과목에서 각 60문제 중 24문제 이상, 3과목에서 40문제 중 16문제 이상, 총 220문제 중 60%인 132문제 이상을 맞춰야 영양사 면허에서 합격할 수 있습니다.

기출문제를 풀거나, 시험장에서 시험을 치를 때, 안다고 넘어가는 것을 조심해야 합니다. 아는 문제가 제일 위험합니다. 정답이라고 확신하고 넘어가는 순간 문제를 검토할 때도 대충 하게 되고, 실제로 한두 문제로 영양사 시험에서 떨어지는 경우도 있었습니다. 이 부분만 조심하면 아쉽게 불합격하는 일은 없을 것입니다.

조리기능사

**제약 회사
상품 기획자 A**

조리기능사, 영양사, 식품기사 모두 업무를 이해하는 데 도움이 되는 자격증이라고 생각합니다. 또한 요즘 가정 간편식이 많이 주목을 받고 있기 때문에 조리사 자격증도 도움이 될 수 있습니다.

취득 꿀팁

**제과기능사,
제빵기능사,
중식조리기능사
취득자 A**

조리기능사의 필기는 처음 접했을 때 굉장히 양이 많고 어려워 보여서 막막하게 느껴지실 수 있습니다. 그러나 겁먹지 마시고, 틀리더라도 괜찮으니 기출문제를 풀어 가시면서 공부하시는 것을 추천합니다.
기출문제 10회 정도만 풀이하신다면 조리기능사 필기시험에서 무리 없이 합격하실 수 있습니다. 문제 은행 형식으로 출제되다 보니 항상 나오는 문제들이 거기서 거기입니다. 실기는 레시피 북을 씹어 드신다는 생각으로 공정과 모양을 익혀 두시는 것이 좋습니다. 막상 실기 시험이 시작되면 머릿속이 하얘지거든요. 조리 도구도, 환경도 모두 처음 접하는 곳일뿐더러 30개 정도의 레시피에서 1~2개가 무작위로 나오기에 레시피를 숙지하지 못하셨다면 정말 패닉이 발생할 수도 있습니다. 한 번에 붙으면 제일 좋겠지만, 한 번쯤은 경험이라고 생각하시고 시험장을 마음 편하게 경험하고 오시는 것도 좋습니다.

품질경영기사

유제품 생산 관리자 A

이 자격증은 품질·생산 관리 실무에도 정말 많은 도움이 될 뿐만 아니라 몇몇 기업에서는 우대 조건에 품질경영기사 자격증이 포함되어 있기도 하니 관련 진로를 생각 중이라면 취득하는 것도 좋은 선택이라고 생각합니다.

위생사

**제약 회사
상품 기획자 A**

위생사 자격증의 경우, 산업마다 조금씩 다르지만 기본적으로 도움이 된다고 생각합니다.

**식품 회사
품질 관리자 B**

현재 품질 관리 업무를 수행하는 데 미생물 실험, 현장 위생 관리, 방충·방서에 대해서 담당하고 있습니다. 특히 현장 위생 관리에 대해서 법적인 검토 사항들을 확인하는 것과 방충·방서를 하며 현장으로 침입 또는 실내에서 생기는 위생 곤충의 특성 등에 대해 공부할 수 있어서 실무에 도움이 되었습니다. 품질팀의 경우 식품 안전, 위생 관련 업무가 많아서 위생사가 도움이 많이 되었습니다.

취득 꿀팁

**제42회 위생사
합격자 C**

학교에서 식품위생학과 같은 교과목을 듣게 된다면 함께 위생사 자격증을 준비하는 것도 도움이 됩니다. 이런 경우에는 따로 학원에 등록하거나 인터넷 강의를 들을 필요 없이 학교 강의와 함께 자격증 준비가 가능합니다. 시험이 일 년에 한 번밖에 없고, 다른 자격증들과 비교했을 때 응시료가 비싸기 때문에 자격증을 꼭 취득해야 할 상황이라면 미리 준비하는 것을 추천합니다. 식품위생학, 공중위생학과 같은 과목의 경우 기본 지식을 학부 과정에서 충분히 습득할 수 있기 때문에 비교적 쉽게 문제 풀이가 가능하지만, 위생 곤충학, 위생 관계 법령의 경우에는 내용 자체가 상대적으로 생소하기 때문에 내용 암기에 본인만의 연상법을 만들어 학습하는 것을 추천합니다. 크게 이해를 요하는 개념들은 없기 때문에 반복적으로 문제를 풀어 보는 것이 기억에 오래 남아 합격률을 높여 줄 것입니다. 실기 과목의 경우 따로 실험이 있는 게 아니라 사진이나 그림을 바탕으로 한 문제 풀이 형식으로 출제되기 때문에 인터넷에서 사진이나 그림들을 직접 찾아보면서 눈에 익히는 것이 좋습니다.

> 별첨
> **PLUS! 이런 자격증, 교육도 있어요**

1. 포장기사 등 포장재 관련 자격증

유제품
생산 관리자 A

최근 환경을 생각하는 움직임에 제품에 쓰이는 포장재를 감소시키거나 재활용 가능한 포장재로 변경하는 트렌드가 확산됨에 따라서 포장 관련 자격증들이 대두되고 있습니다. 관련 직종을 생각한다면 취득해 보는 것도 나쁘지 않을 것 같습니다.

2. 회계관리 2급

유제품 연구원 A

식품 전문 분야 자격증을 준비하여 취업에 활용했다면, 입사 후에 직무 능력 향상을 위해 회계 관련 공부와 자격증을 취득하였습니다. 회계관리 2급은, 삼일회계법인에서 주최하는 회계 입문자에게 필요한 기본적 회계 지식과 재무제표의 기본 개념을 이해하였는지 평가하는 자격 시험입니다. 이공계 학생들에게 부족한 부분이 회계 지식인 경우가 많습니다. 업무 중에는 비용 처리나 수익 분석 등을 할 때 회계적인 지식이 중요하기 때문에 이 부분의 기초 공부를 하고 학습 효율을 높이기 위해 '회계관리 2급'을 준비하고 취득하였습니다.

3. HACCP 교육

식품 회사
품질 관리자 A

식품 유형을 고른 후 공정도, 공정 평면도 등을 그려보고 청결 구역, 일반 구역 등도 나눠 보고 선행 관리에서 위생 관리, 중요 관리점 결정, 모니터링 등 설계해보는 경험이었습니다. 처음 입사 후 교육받을 때 도움이 많이 되었습니다. HACCP 팀장 교육이 큰 차별점이 있다고 생각하는지에 대하여 (HACCP 팀장 교육 관련 면접 질문 - 7원칙 12절차) 중고 신입분들 경우엔 HACCP 팀장 교육을 많이 수료하기 때문에 차별점이 없다고 하지만 이런 특별한 경험들이 쌓이다 보면 자신만의 차별성이 생길 것이라고 봅니다.

5.3 기타 Q&A

| A | **나이로 인해 취업에 어려움이 있을까요?** |

마케터 A

나이 자체는 크게 중요하지 않다고 생각합니다. 하지만, 그 시간에 무엇을 했는지가 중요합니다. 1~2년 정도는 상관없지만, 졸업한 지 오래되었거나 학교를 오래 다닌 경우에는 그 기간 동안 어떤 경험을 했는지 설명할 수 있어야 합니다.

참고로 말씀드리자면, 실제로 면접에서 그 공백 기간 동안 무엇을 했는지 질문하기도 합니다. 그때 '계속 취업 준비를 했다'와 같은 단순한 답변보다는 인턴, 어학 등 꾸준히 자기 계발을 해온 경험을 어필하는 것이 좋습니다.

마케터 B

요즘 신입분들 나이 연령대가 높아진 걸 보니 크게 영향은 없는 것 같습니다. 대신, 대학 졸업 후 공백기 동안 무엇을 했는지가 중요합니다.

제품 개발자 C

저 역시 사회생활 경험이 많은 편이 아니어서 구체적으로 답변드릴 수는 없지만, 취업하기 전까지 무엇을 해서 특정 인사이트를 얻었다든가, 계속해서 관련 직무를 하기 위해 노력했다는 것을 증명할 수 있으면 괜찮지 않을까 싶습니다.

제품 개발자 D

저도 취업 준비 당시 그 걱정을 상당히 많이 했습니다. 저는 28살에 취업 준비를 시작해서, 29살에 취업을 했는데, 적은 나이는 아니었다고 생각합니다. 남성을 기준으로 봤을 때, 27살에 취업을 하는 경우가 많기 때문입니다. 저희 신입 사원 동기 중에는 30대 초반인 분들도 계셨습니다. 물론 그분들은 경력을 조금 쌓고 신입으로 입사하신 거긴 하지만요.

그리고 여자 성별로 이야기해 보자면, 공채 출신 중에서 가장 나이 많았던 동기들이 29살이었습니다. 보통 30살 전에는 취업을 해야 한다고 하는데, 그 말이 어느 정도 정론인 것 같습니다.

다만 너무 어려도 채용하기 꺼리는 부분도 있습니다. 결론은, 사람마다 다르긴 하지만 대체로 27~29살의 신입 사원이 제일 많은 것 같습니다.

식품 안전 연구원 E   사기업에서는 중요하게 고려하는지는 모르겠으나, 요즘 공공 기관의 경우 블라인드 채용을 하고 있기 때문에 나이가 크게 영향을 미친다고 생각되지 않습니다. 나이보다 더 중요한 것이 개인의 특성인 것 같습니다. 나이가 많아도 업무에 있어 열정을 가지고 적극적인 사람이 있는가 하면 나이가 매우 어린 직원의 경우에도 적극성이 떨어지는 경우도 다수 있습니다.

공기업 현직자 F   공공 기관에서 나이는 중요하지 않습니다. 신입분 나이가 40살인 경우도 존재합니다.

유통 관리자 G   우선 나이가 많다면 다른 경력이 있어야 합니다. 그 경력을 참고하면 나이가 많은 게 큰 문제는 안 되는 것 같습니다. 예를 들어 30대의 신입 사원이 지원했는데 나이가 많은 것에 걸맞은 스펙이 있으면 채용에 있어 훨씬 유리합니다. 반면에 일반적인 대학 또는 대학원의 경력만 있으면 채용 가능성이 높지 않습니다. 현재 팀의 막내보다 나이가 많다고 하면 조금 부담스러울 수 있기 때문입니다. 다만 동등한 입장이라면 나이 많은 사람들은 채용이 어렵습니다. 참고로 생산 관리 같은 경우 사람 관리를 하다 보니까 나이가 너무 어려도 채용에 어려움이 있을 수도 있습니다.

품질 관리자 H   큰 상관은 없지만, 너무 많으면 유심히 보기는 합니다. 다른 이유는 없고, 조직 내에서 일을 시키기 어렵기 때문입니다.

품질 관리자 I   상황에 따라 다르다고 생각합니다. 장기적인 프로젝트를 진행하는 직군 같은 경우에는 나이가 어린 사람을 선호할 것 같아요. 예컨대 그 프로젝트가 5년 이상 지속되는 것이고, 23살의 지원자와 28

살의 지원자가 동시에 지원했다면, 23살의 지원자를 뽑을 가능성이 높습니다. 28살의 지원자는 5년 후 결혼, 육아 등의 개인 사정이 생길 가능성이 23살의 지원자보다 상대적으로 높기 때문입니다. 장기 프로젝트가 있는 회사에서는 5년 동안 별다른 변동 사항 없이 장기 근무가 가능한 사람을 선호합니다. 그런 곳에서는 나이가 걸림돌이 될 수도 있고, 그게 아닌 이상 나이가 걸림돌이 되지는 않을 것이라고 생각해요.

식품 연구원 J 나이가 많더라도 그 공백을 증명할 경험만 있다면 상관없이 취업이 가능하다고 생각합니다.

마케터 K 마케팅 직무에서는 나이의 중요도가 어떤 업종이냐에 따라 다릅니다. 우유의 경우에는 과거의 우유와 현재의 우유가 다르지 않습니다. 물론 살균 방법이나 유기농 우유 같은 경우는 약간의 차이가 있지만 변화가 크기 않기 때문에 크게 상관이 없습니다. 반대로 커피와 같은 업종은 트렌드에 민감할 수도 있습니다. 커피를 좋아하는 나이, 즉 소비자와 비슷한 나이대가 중요한 경우에는 젊은 게 좋을 수도 있죠. 반대로 주로 노인 영양식을 개발하는 브랜드에서 마케팅을 한다면 조금 이해하기가 어렵겠죠. 하지만 기본적으로 조사 활동을 통해서, 즉 리포트 같은 정보를 활용하는 방법이 있기 때문에 요즘은 나이를 크게 따지지 않습니다.

B **식품 업계는 분위기가 보수적인가요?**

유통 기획자 A 먼저, 분위기를 구성하는 것 중 하나인 업무 강도에 대해 말씀드리겠습니다. 일단, 업무 강도는 회사마다 다르고, 부서마다 다르며, 부서 내 구성원마다의 차이도 있습니다. 다만 많은 분들이 생각하는 것처럼 매일같이 야근을 하거나, 긴 업무 시간을 강요하는 분위기는 아닙니다.

제가 종사하고 있는 쪽은 흔히들 분위기가 보수적이라고 합니다. 그러나 동시에 가족적인 분위기도 존재합니다. 서로 힘든 일이 있으면 다독여 주며, 어려운 업무를 하고 있을 경우 도와주는 등 상생하는 분위기가 강합니다.

사생활을 너무 깊게 캐묻는 분이 간혹 있기는 합니다. 젊은 신입 사원은 그런 것을 불편하게 여길 수도 있다고 생각합니다.

C

사내의 남녀 비율은 어떻게 되나요?

제약 회사
제품 기획자 A

제가 재직한 당시에는 여성이 대부분을 차지했습니다.

식품 회사
제품 개발자 B

성비 같은 경우에는 연구원 내에서는 부서마다 다른 것 같은데, 거의 5 대 5 정도 되는 것 같습니다. 하지만 여성분들의 경우에는 중간에 출산 휴가 때문에 공백기를 가지는 경우가 있고, 출산 후에 퇴직하시는 분들이 계시기 때문에 이를 고려하면, 젊은 층에서는 여성분들이 더 많은 편이고 중년층에서는 남성분들이 더 많습니다. 하지만 성별이 중요한 것 같지는 않습니다. 연구원이라는 집단이 조금 독특한 집단이다 보니까 한 명 한 명의 역할이 중요하고 각각의 전문성이 중요하다 보니까 성별은 크게 상관이 없습니다.

식품 안전 담당자 C

대부분 식품을 전공한 사람들이 70% 이상이고 그중 여성의 비율이 80% 정도로 남자보다 높습니다.

유제품 연구 개발자 D

이전에 다녔던 회사의 경우 9명 중 여성이 2명 정도였고, 현재 재직 중인 회사는 여성이 33% 정도 차지합니다.

식품 회사
생산 관리자 E

QA 직무의 경우에는 반반이고, 생산 관리 직무의 경우 1명은 여자, 2명은 남자입니다.

식품 회사
품질 관리자 F

현장을 제외한 사무실에는 여자가 더 많습니다. 현장에서는 직접 제조 공정에 투입되는 작업자분들은 여성분들이 많고 전체적인 관리를 담당하시는 분은 남성분들이 주로 하고 있어요. 회사 전체적으로는 여성이 더 많습니다.

식품 분석 연구원 G	제가 다니는 기관의 경우 팀마다 다르지만 남녀의 비율이 비슷합니다.
공기업 현직자 H	성비는 남자가 70%, 여성이 30% 정도 되는 것 같습니다. 처음에 같이 입사한 동기가 29명이었는데 그중에서 여자 동기들이 7명이었습니다. 보통 회사에서도 약 30명 중 여성이 10명 정도 됩니다.
식품 회사 마케팅 담당자 I	식품영양학과 출신은 QA, 마케팅, R&D 쪽으로 여성분들이 기본적으로 많습니다. 생산 라인에는 공대 출신이 많기 때문에 남성분들이 많은 편입니다. 마케팅 쪽도 여성분들이 많은 편입니다. 식품이라는 것이 주부들을 대상으로 하기 때문에 대체적으로 여성분들이 많은 편입니다. 반대로 주 구매자가 남성인 담배나 주류의 경우 여성이 마케팅을 안 하는 경우도 있습니다.
식품 회사 생산 관리자 J	생산팀은 남자분들이 많습니다. 관리자들 중에서 전체적으로 봤을 때 남자가 70%, 여자가 30%입니다. 현장에는 남자가 100%입니다. 제조는 힘쓰는 일을 해야 되기 때문에 주로 남자들이 많습니다. 포장실은 약간 섬세해야 합니다. 포장 라벨이나 유통 기한 등 법적 사항들이 많이 들어가기 때문에 포장실은 여자가 60%, 남자가 40%입니다.
D	**사내의 식품공학 출신과 식품영양학 출신의 비율은 어떻게 되나요?**
식품 회사 제품 개발자 A	제가 영양학과 출신이다 보니 사실 식품 기업, 특히 연구 기업 중 제품 개발 파트에서는 식품영양학과 출신이 왕도는 아니라고 생각합니다. 식품공학이 주된 전공이다 보니 식품영양학과 출신이라는 점이 강점이 아니라고 생각을 했었는데, 입사하고 나서 보니 전혀 아니었습니다. 연구 센터장님도 식품영양학과 출신이고 다른 선배님들도 많았습니다. 특히 저희 팀 같은 경우 축산 쪽 전공한 현직자들이 많습니다. 식품영양학을 전공했다고 연구직에 지원할 때 위축될 필요는 전혀 없다고 생각합니다. 오히려 그만큼 자신이 식품 쪽

	에 대한 전공을 더 탄탄하게 보여 줄 수 있으면 되는 것 같습니다. 식품공학:식품영양학 비율은 약 4:6 정도 됩니다.
식품 회사 연구원 B	식품영양학 전공자는 전체의 약 20% 정도 되고 그 외 전공은 식품공학, 미생물학, 축산가공학 등의 전공을 이수한 현직자들이 있습니다.
식품 회사 연구원 C	식품 영양 전공과 식품공학 전공으로 구분해서 얼마나 비율이 구성되는지는 정확히 모르지만, 식품공학 전공자들이 조금 더 많습니다.
식품 회사 연구원 D	이전 회사에서는 식품공학 전공자가 6명, 생물학 전공자는 2명, 식품영양 전공자는 1명으로 구성되어 있었습니다. 현재 재직 중인 회사는 식품영양학 전공자가 없습니다.
식품 회사 품질 관리자 E	품질 직무에는 식품영양 전공은 없고 대부분 식품공학 전공입니다.
식품 회사 품질 관리자 F	식품 회사는 아무래도 식품공학 및 식품영양학 전공자들이 훨씬 많습니다. 그 외로 제약공학, 생명공학 등 자연 과학 계열 학과 출신자도 있습니다.
식품 분석 연구원 G	식품 팀의 경우 식품공학, 식품영양학, 생물학 전공자가 비슷하게 이루어집니다.
공기업 현직자 H	제 동기 60명 중 식품 전공의 경우 조리학과 출신이 한두 명 있었고 식품자원경제학과 출신이 2명 있었습니다. 이외에 식품 관련 전공자들은 4명 정도 있습니다. 저 같은 경우는 지리학과입니다. 이렇듯 전공이 굉장히 다양합니다. 공기업의 경우에는 블라인드 채용이기 때문에 학교 기재란이나 학과 기재란이 없습니다. 마찬가지로 전문 자격증을 제외하고 자격증을 기재하는 란이나 토익 점수 기재란도 없습니다. 그러다 보니 면접과 자기소개서만으로 채용이 진행되고 이에 따라 여러 전공자들이 모이게 됩니다.

식품 회사 **마케팅 담당자 I**	요즘 식품 공장은 대부분 자동화되어 있습니다. 옛날에는 식품 관련 전공자들이 많은 회사가 있었겠지만, 요즘은 대부분의 생산 라인이 기계화되어 있습니다. 요즘 의사들이 직접 수술하는 게 아니라 기계가 대체하는 것과 비슷하죠. 우유 회사에 가면 공장에서 우유가 눈에 보이지 않습니다. 전부 다 라인화되어 있기 때문이죠. 그래서 기계가 고장이 나면 식품 관련 전공자가 수리하는 게 아니라 전기, 전자공학 전공자가 수리할 수 있기 때문에 필요한 거죠. 이렇기 때문에 요즘 식품회사에서는 오히려 생산라인에 전기 전자공학 출신을 뽑습니다. 비커에 뭘 섞어서 제품을 내는 게 아니라 적정한 온도에서 살균이 잘 되었나, 배합이 되었나, 포장이 제대로 되었나를 모두 기계가 처리합니다. 그래서 식품영양학과나 식품공학과 출신은 기계가 할 수 없는 결과물에 대해서 분석하고 연구 개발, 마케팅과 같은 직무로 진출하게 되죠.
식품 회사 **생산 관리자 J**	생산 관리의 경우 식품공학 전공자들이 거의 90%입니다. 나머지는 식품영양학과입니다. 순창 공장에 생산 관리만 있는 게 아니다 보니 지원팀은 원가 회계 담당자도 있습니다. 그 경우에는 경영학 전공자들이 많습니다. 그다음에 설비 보전팀이 있습니다. 해당 관리자들 같은 경우는 공학 계열 전공자들이 있습니다.

제6장

현직자가
전하고 싶은 한마디

현직자가 전하고 싶은 한마디

인터뷰 내용 중 취준생들에게 하는 이야기

1) 다양한 경험을 해 보자

분석 전문 회사 연구원
"작은 경험도 해 보면서 도전을 어려워하지 말자"

작은 경험이나마 경험했으면 한다. 일단 뭐라도 도전해 봐야 본인의 적성을 찾을 수 있고, 하다 보면 하고 싶은 일이 생기기도 하고 이런 작은 경험들이 모여서 본인의 스펙이 되기도 한다. 도전하고 내 것으로 만들어야 진짜 내 스펙이 된다.

힘든 시기가 가면 또 다른 시작이 있을 것이다. 도전을 어려워 말고 모두 잘 이겨내고 이뤘으면 좋겠다.

종합 식품 회사 미생물 분석 연구원
"학생이라는 메리트를 가지고 있으니 조급해하지 말고
다양한 경험을 해보자"

취업을 너무 조급하게 생각하지 않고 대학생, 즉 학생이라는 엄청난 메리트를 잘 활용해서 학생일 때 할 수 있는 많은 것들을 경험하면 좋겠다. 비행기 탈 때 직업란에 학생이라고 두 글자를 적는데 사실 학생일 때의 시간이 굉장히 메리트가 큰 시간이라고 생각을 하기 때문에 많은 것들을 해 볼 수 있었으면 좋겠다.

주류 제조사 품질 관리 현직자
"취업에 겁먹지 말고 자신감을 가지고
다양한 경험에 도전하자"

저와 같은 현직에 있는 사람의 인터뷰나 선배들의 사례를 보고 '나는 아직 부족하구나, 모르는 게 너무 많은데'라며 덜컥 겁을 먹지 않으셨으면 좋겠다. 식품을 전공했다, 라는 것은 실용 학문을 전공했다는 것이므로 취직에서도 자신감을 가져도 된다고 생각한다.

또한 취직 준비를 포함하여, 대학 시절에만 할 수 있는 소중하고 다양한 경험에 많이 도전하길 바란다.

푸드코닉 품질 관리 박경화
"중소기업을 준비한다면 적극성이 가장 중요하다"
"취업에 겁먹지 말고 본인이 할 수 있는 무언가를 계속 찾아보자"

중소기업을 준비하는 친구들 같은 경우에는 적당히 자기가 어떻게 이 회사에 어필할 수 있는지 내가 여기에 들어왔을 때 일을 잘할 수 있는지 그런 기본적인 것들만 보여주면 된다고 생각한다. 중소기업에서는 내가 여기에 전문 지식을 가지고 있어서 내가 어떠한 자격증을 가지고 있어서 이 회사에 어떻게 이바지를 해서 이 회사를 어떻게 하겠습니다, 까지는 필요 없는 것 같다. '저는 이렇게 준비해 왔던 사람인데 제가 여기 들어오게 된다면 일단 차근차근 배워 가면서 다른 것은 몰라도 열심히는 할 수 있을 것 같습니다.' 그 정도 생각이면 충분하고 중소기업을 준비하는 친구들 같은 경우에는 적극성 그게 제일 중요하다고 할 수 있다. 취업이 정말 대단할 것이라고 생각하는데 막상 취업이 되고 나면 생각 외로 그렇게 크지는 않다. 취업하고 나서도 계속 공부해야 한다.

그래서 지금 준비하는 친구들한테 너무 겁먹지 말고 본인이 무언가를 할 수 있는지를 계속 찾았으면 좋겠다. 막연하게 난 이거 할 거야보다는 내가 이것을 하기 위해서 어떤 노력을 해야 되지? 이걸 하기 위해서 어떤 계획을 세워야 하지? 만약에 이게 1년짜리라면 1년 동안 이것만 할 수는 없으니까 무엇을 할지 계속 세분화를 하면서 마인드맵도 그려보고 내가 가야 할 인생 로드맵도 거창해도 상관없다. 나이 40살까지 어떻게 할지 다 적어보고 가다 보면 어느 분기점이 나와서 또 갈려서 다른 길로도 갈 수 있을 것이다.

본인이 어떻게 준비하고 본인이 어떻게 노력하느냐에 따라서 본인 가치성이 달라지니 계속 꾸준히 나갔으면 좋겠다. 이게 맞는지 안 맞는지 따지기보다는 계속 꾸준히 뻘짓일 수도 있지만 그 뻘짓 자체도 나중에는 경험이 될 수도 있으니까 계속 나아가는 것이 중요한 것 같다.

농산물 관련 기업
"경험을 쌓되, 자신감과 자존감을 잃지 말자"

공부가 중요하지 않은 건 아니지만 그만큼 경험을 쌓는 게 더 중요하다고 생각한다. 나는 많은 경험들을 겪었는데, 재수도 하고 군대 다녀오고 회계사 준비도 하면서 5년 정도 남들보다 늦은 나이에 취업 전선에 뛰어들었다. 많은 기업에 지원하고 떨어지면서 자신감도 엄청 떨어졌었다. 여기서 제가 취준생들에게 말해 주고 싶은 건 자존감, 자신감은 절대 잃지 않았으면 좋겠다는 것이다. 자기 자신의 능력에 대한 믿음과 자기애, 나는 할 수 있다, 라는 생각만 가지고 있다면 결국엔 본인이 원하는 일을 할 수 있다고 생각한다. 나는 회계사 시험 떨어지고, '회계사 요즘 하향 산업이래, 나는 더 좋은 회사에 붙어서 더 성공할 거야' 이런 생각 하면서 LG에 지원했지만 탈락했다. 근데 또 'LG 이 별것도 아닌 회사가 나를 탈락시키네?' 이런 식으로 생각하면서 위안을 삼았다. 그렇게 계속 자신감을 잃지 않으며 앞으로 나가려고 노력했다. 그러니 취준생분들도 모두 자신감, 자존감을 잃지 않고 앞으로 나가셨으면 좋겠다.

2) 나에게 맞는지, 내가 하고 싶은 일은 무엇인지 먼저 파악하자

식품안전정보원 책임 연구원 권소영
"왜 이 일이 하고 싶은지 목적과 방향을 찾아보자"

학부 때는 많은 가능성을 열어 두고 앞으로 내가 뭘 하고 싶은지를 고민하는 나이다. 그래서 취업 준비할 때 내가 왜 이 일을 하고 싶은지 목적과 방향을 찾는 것을 진지하게 고민하는 것이 매우 중요한 것 같다. 가끔 사기업을 다니다가 힘들어하며 대학원을 뒤늦게 진학하는 것을 고민하는 친구들을 많이 보는데 연구직이라고 꼭 편한 길이 아닌 것을 염두에 두고 내가 무엇을 하고 싶은지가 더 먼저이니 학부를 졸업하기 전에 많은 고민과 도전을 해 봤으면 좋겠다.

나도 취업을 준비하면서 불안하고 힘들었던 것 같다. 그 불안함은 누구나 갖는 일반적인 감정이니 거기에 너무 매몰되지 않았으면 좋겠고 자기 자신을 믿고 최선을 다하면 길은 꼭 열리게 되어 있다는 말을 하고 싶다. 너무 자기 계발서에 나오는 멘트 같지만 제 경험을 보더라도 그런 것 같다. 식품을 전공하고 있는 후배님들을 늘 응원한다.

유음료 연구원
"면접을 보면서 내가 일할 회사를 나도 평가해 보며
내가 다닐 만한 회사인지 확인하자"

당장 취업을 해야 한다는 급한 마음 때문에 어느 회사라도 면접의 기회가 주어지면 그저 감사한 마음만 가지고 면접에 임하게 되는 경우가 있다. 제 경우도 취업 준비를 오래 했기 때문에 얼마나 지치고 힘든지 이해할 수 있다. 그래도 면접을 보러 가서 내가 일할 회사를 나도 평가한다는 생각을 가지면 좋겠다. 대기실에서 보는 사무실의 분위기나 면접관의 태도, 성향 등을 보고 다닐 만한 회사인지 확인해 보는 것도 필요하다.

제약사 마케터&상품 기획
"조급해 말고 무엇을 하고 싶은지 정확하게 알자"

취업이 많이 힘들고 취업문이 좁은 것도 알지만 너무 조급해하지는 않으면 좋겠고 취업 준비를 하면서 본인이 무엇을 하고 싶고 무슨 일을 할 건지 정확하게 알면 좋겠다.
그리고 회사도 시대도 계속 변하기 때문에 취업 때문에 공부를 하는 게 아니라 취업을 해서도 계속 공부를 했으면 한다. 본인이 하고 싶은 게 있다면 그거에 대응할 수 있는 사람이 되면 더 나은 삶을 살 수 있을 것 같다.

3) 일에 대한 열정을 가지자

흥국 F&B R&D 센터장 신동건
"일에 대한 열정과 주도적이고 리더십 있는 성격이 좋다"

식품 전문 지식이 있어야 한다. 식품 가공이나 식품 영양 등 기본적인 식품공학 지식이 반드시 있어야 하고 일에 대한 열정도 있어야 한다. 이 일에 얼마나 집중력을 가지고 열심히 일할 것인지, 문제가 발생하면 어떻게 헤쳐 나갈 자신이 있는지. 또 하나는 다른 회사도 마찬가지고 다 똑같겠지만 주도적인 업무를 하는 성격이면 좋겠다. 남이 시켜서가 아니라 본인이 그 부분을 어떻게든 해결할 것인지에 대한 리더십을 가진 사람이 회사에서 인정받고 주도적으로 업무를 하면서 향후에 매니저로서 성장할 수 있지 않을까 생각한다.

타펙스인터네셔널(와인 수입 회사) 대표 박준형
"초반 열정, 위기의식, 집중력을 끝까지 유지하는 것이 중요하다"

취준생이나 학생들에게 가장 하고 싶은 말은 초반의 열정과 위기의식, 집중을 끝까지 유지하는 게 중요하다는 것이다. 습관이 나중에 버릇이 되고, 버릇은 이후에 자신의 행동 패턴을 변화시키기 때문에 대부분 첫 직장 3년이 가장 중요하다. 회사의 대표로서 16년 동안 여러 사원을 만나 본 결과, 첫 직장 3년의 모습이 그 사람의 10년 이후 모습을 다 드러내고 있다. 처음 직장이 좋고, 나쁘고, 혹은 크고, 작고의 문제가 아니라 본인의 마음가짐, 태도가 미래의 모습을 결정짓는다고 할 수 있다.

직장을 가질 때 위기의식이 가장 중요하다고 생각한다. '위기감'은 극도로 심할 경우 스트레스로 다가올 수 있지만, 적당하다면 자신을 채찍질하면서 단련할 수 있는 감각적인 기관이다. 그러니 항상 초심이라고 얘기할 수 있는 위기의식을 갖고 더 나은 방향으로 '변화'는 되지만 '변질'되지 않게 하는 것이 가장 중요하다.

4) 취업하기 전 먼저 지식을 파악해 보자

아워홈 연구 개발 황철순
"지원 직무와 관련하여 회사의 사업 영역을 확실하게 파악하자"

보통의 기업들은 다양한 영역에서 사업을 진행하기 때문에, 본인이 지원할 직무가 속해 있는 사업부의 조직 구성이나 사업 영역에 대해 정확하게 이해하면 도움이 될 수 있다. 자신의 전공 지식과 다양한 경험을 바탕으로 직무 적합성에 대한 부분을 준비하고, 해당 기업의 사업 영역과 업무 분야에 대한 이해를 더해 완성도를 높일 수 있다.

유통사 인사 담당자
"기업에서 요구하는 인재 특성을 잘 파악해서 갖추어야 한다"

사업부(편의점, 슈퍼, 이커머스 등)별 채용이 진행되므로, 사업부에서 요구하는 인재의 특성을 잘 파악하여 그 특성을 갖출 수 있도록 노력하는 것이 중요하다. 예를 들어, 편의점은 커뮤니케이션(설득) 역량이, 슈퍼는 점포 운영 역량이 중요한 것처럼, 요구 역량에 차이가 있다. 또한 변화하는 사회 환경을 선도할 수 있는 역량을 갖추어야 한다. OA, IT, 데이터 관련 역량은 어느 사업군을 선택하더라도 반드시 갖추어야 할 역량이다.

인사 담당자로서 사람을 비용이 아닌 자산으로 생각하고, 한 명 한 명의 구성원을 소중하게 생각하며 그들의 인생이 잘 되길 바라는 마음과 적재적소에 인력을 배치하고, 성과에 대한 공정한 보상이 이뤄질 수 있도록 하는 사람, 입사 전 - 입사 - 퇴직에 이르기까지 전 과정에 걸쳐 함께하며 도움을 주는 사람, 이러한 것들에 관심이 있는 분이라면 인사 직무의 도전을 기대해 본다.

5) 포기하지 말고 자신을 믿고 최선을 다해 보자

건강기능식품 상품 기획
"포기하지 않고 끝까지 전진하다 보면 이룰 수 있다"

취업을 준비하는 시간이 길어질수록 자신만 제자리에 머물러 있는 것 같을 때가 있는데, 그런데도 목적을 향해 계속 전진하다 보면 원하는 진로나 희망을 이룰 수 있다.

식품 회사 품질 관리자
"기회가 오지 않는 것에 두려워하지 말고
준비가 되지 않은 자신을 두려워하자"

저 또한 조급함도 있었기에 마냥 좋았던 기간은 아니었다. 다만 항상 스스로에게 말했다. 기회가 오지 않는 것을 두려워하지 말고, 기회가 왔을 때 준비가 되어 있지 않은 내 자신을 두려워하라고. 저도 취업했으니 여러분들도 꼭 합격하실 거라고 생각한다.

식품 회사 연구원
"취준 생활, 좌절과 실망만 하지 말 것"

현재 취업이 안 된다고 해서 너무 좌절하지 말았으면 한다. 그리고 첫 직장이 대기업이 아니더라도 실망하지 않았으면 한다. 물론 대기업에 대한 열망은 저도 취업 준비 과정을 겪었기에 잘 알고 있다. 하지만 실제 대기업 일원으로서 하는 업무는 제한적이라 신입 때는 실력을 쌓기가 어렵고, 오히려 중소, 중견기업에서 여러 가지 업무를 해 보면서 3~4년 정도 실력을 쌓으면 대기업으로 이직이 용이할 뿐만 아니라, 나중에 높은 직급에 오르더라도 팀원들이 여러분들을 존경하게 될 것이다. 인생 방향은 언제 어떻게 달라질지 모르기 때문에, 현실을 직시하고 유지하되 계속해서 꿈을 향해 노력한다면 원하는 일을 이룰 수 있을 것이다.

종합 식품 회사 생산 관리자
"걱정만 하지 말고 현재에 최선을 다하자"

20대에 다들 취업 때문에 힘들지만 취직이 모든 걸 해결해 주지는 않는다. 막상 취직을 하면, 현재 고민하는 불분명한 미래에 대한 부분들이 무게는 같지만 다른 쪽으로 바뀌어 있다. 하지만 현재 내 앞에 있는 것들을 하나하나 하다 보면 뭔가 되어 있다. 그래서 고민만 하지 말고, 걱정만 하지 말고 현재 내가 할 수 있는 것부터 최선을 다해 보자, 라는 생각이 좋은 것 같다. 학점부터 열심히 해 보고 실험실에 들어가서 논문도 열심히 써 보게 되니까 고민하던 부분들이 나에 대한 성과가 되었고, 그 성과가 취업이라는 길로 연결을 지었다. 너무 불분명한 걱정 때문에 현재 내 앞에 있는 것들에 대해서 손을 놓지 말자.

저자 후기

고석영 멘티 | 건국대학교 축산식품생명공학과

주어진 일들을 단순하게 처리하는 것이 아닌 팀원과 협력하여 결과물을 만들어 간다는 일이 매력적으로 느껴져 이 프로젝트에 참여하게 되었습니다. 더불어 군 전역 후 한창 고민 중이던 진로 고민을 해결할 수 있을 것 같았습니다. 결과적으로 목표한 바를 모두 이루어 제 첫 대외 활동이자 프로젝트가 성공적으로 마무리 된 것 같아 무척 다행이라고 생각됩니다.

1년 전, 능력은 부족하더라도 책임감과 적극성만큼은 뒤지지 않는다고 생각하여 호기롭게 팀장에 자원했었습니다. 그렇지만 중간중간 어설픈 결단력으로 인해 진행이 더뎌지고 일정이 지연되는 탓에 좌절하고 슬럼프에 빠지기도 했습니다. 그때마다 극복하여 나아갈 수 있었던 것은 옆에서 버팀목이 되어준 멘티들과 아끼지 않는 조언과 함께 멘티들을 이끌어주신 멘토님들 덕이 아닌가 싶습니다. 이 글을 통해 진심으로 감사의 말씀을 전해드립니다.

수많은 현직자분들을 직접 인터뷰하고 내용을 정리하면서 이제 진로에 대한 가닥이 잡히는 듯싶습니다. 출판 과정을 하나하나 진행해 가며 직무에 대해 알아가고 현직자님들의 상황을 알게 되었지만 최종적으로 결정하는 과정이 쉬운 일은 아니었습니다. 결국 느낀 점은 취업도 중요하지만 그 전에 진정으로 내가 하고 싶은 일이 무엇인지 결정해야 한다는 것이었습니다.

문득 여태껏 맞닥뜨린 수많은 선택의 갈림길과 어려움들은 빙산의 일각일 수 있다는 생각이 듭니다. 저 역시도 마찬가지이고 진로와 취업에 있어서 선택하고, 결정해야 할 일들이 우리들을 기다리고 있을 것입니다. 식품 전공자들이 그러한 어려움을 맞닥뜨렸을 때 이 책이 조금이나마 이겨낼 힘이 되기를, 그리고 꿈과 목표를 위해 수많은 기업의 문을 두드리고 있는 취업 준비생들에게 도움이 되기를 바랍니다.

──────── **권윤경** 멘티 | 우송대학교 글로벌조리학과

출판 프로젝트에 처음 지원할 때가 생생한데 어느덧 출판 후기를 적는 지금 감회가 몹시 새롭습니다. 스나프 멘티로 2년 넘게 활동을 하면서 다양한 분야를 경험하고 많은 걸 배웠습니다. 직접 현직자들을 인터뷰하는 것은 쉽지 않은 일인데 『먹는 거로 취업하자』 출판 프로젝트를 통해 여러 분야의 식품 현직자들을 직접 만나 뵙고 소통할 수 있었습니다. 인터뷰 준비부터 진행 그리고 인터뷰 정리까지 모든 과정이 값진 경험이었습니다. 훗날, 저에게 좋은 양분이 될 것이라 생각합니다.

중·고등학교 때 책 관련 동아리 경험으로 인해 책 출판을 해 보고 싶은 바람이 있었습니다. 좋은 기회로 마음이 맞는 사람들과 만나 직접 출간하게 되어 뿌듯합니다. 『먹는 거로 취업하자』를 출판하기 위해 수많은 과정과 노력이 필요했습니다. 콘셉트 잡기, 목차 구성, 책 디자인, 출판사와 조율 등부터 매주 회의를 하며 많은 의견 조율이 있었습니다. 능력 있는 많은 멘티, 멘토분들의 도움이 없었다면 불가능했을지도 모릅니다.

수많은 현직자들의 생각을 들어 보고 조사를 통한 저의 생각은, 취업은 목표의 완성이 아닌 과정의 일부고 진짜 시작이라는 것입니다. 취업의 정답은 없습니다. 하지만 현직자들과 선배들의 조언과 의견을 통해 더 나은 방향을 찾을 수 있다

고 생각합니다. 하지만 선택과 판단은 우리의 몫입니다. 이 책을 읽은 모든 독자 분들이 본인의 방향성을 구축하는 데 많은 도움이 되길 바랍니다. 여러분 모두를 응원합니다.

김건희 멘티 | 경희대학교 식품생명공학과

저를 비롯한 20대 중반의 많은 학생들이 가장 많이 고민하는 것은 바로 '취업'이 아닌가라는 생각이 듭니다. 1년 동안의 출판 프로젝트를 진행하면서 가장 막연하고 답답하게 느껴졌던 문제인 '취업'에 대한 해답을 어느 정도 찾았다고 생각합니다. 많은 현직자를 직접 만나서 이야기를 듣다 보니 취업에는 어느 정도 많은 가이드들이 존재하며, 정형화된 방법이 있는 걸 깨달았습니다. 방법이 있으면 누구나 취업은 할 수 있습니다. 다만 평생 안고 갈 '직업'이라는 것을 선택하는 데 있어서 본인만의 기준이 필요하다고 생각합니다. 본인이 그리는 10년, 20년 뒤의 삶에 있어 가장 큰 일부분이 직업이기 때문에 자신이 그리는 삶의 방향과 직업의 선택이 어느 정도 일치할 필요가 있다고 봅니다. 프로젝트를 진행하면서 나름대로의 삶의 방향과 일치하는 취업의 폭을 설정한 것만 같아서 프로젝트에 함께한 현직자분들에게 정말 감사합니다.

인터뷰 중 가장 기억에 남는 한마디가 있습니다. "될 사람은 언젠가는 꼭 된다. 너무 조급해하지 마라." 걱정이 많은 우리들에게 가장 위로가 되는 한마디라고 생각합니다. 본인만의 기준과 목표가 있고, 끊임없이 준비하다 보면 언젠가는 목표에 도달할 수 있을 것입니다.

이 도서가 많은 후배들, 동기들, 그리고 취준생분들에게 도움이 되었으면 좋겠습니다. 1년 동안 매주 저녁 함께 고생한 멘티들, 그리고 뒤에서 서포트 해주신 멘토님들, 마지막으로 이 프로젝트에 선뜻 함께해 주신 선배님들 및 식품업계 현직자님들께 감사의 말씀드립니다.

김원영 멘티 | 대진대학교 식품영양학과

저의 전공은 식품영양학이지만, 일반적인 식품 회사의 다양한 직무에 관심이 많았습니다. 그러나 영양사를 양성하는 전공 특성상, 식품 업계에 대하여 정보를 수집하는 것은 어려웠고, 그러던 와중에 FIPTA의 책 출판 프로젝트에 참여하게 되었습니다.

책을 출판하기 위한 일련의 과정 중, 현직자 인터뷰는 특히나 매력적인 작업이었습니다. 기존 도서나 인터넷으로는 알기 어려웠던 실제 업무의 과정, 현장에서 느낀 현직자들의 진솔한 이야기 등 무엇 하나 놓치기 아까운 주옥같은 콘텐츠를 얻을 수 있었습니다.

졸업 전에 취업에 성공하신 분, 식품과 무관한 공부를 하다가 식품 업계에 취업하신 분 등, 현직자 인터뷰이들의 이력은 굉장히 다양했습니다. 그분들이 남겨주신 다양한 이야기 중 책의 본문에는 싣지 못한 내용이 있는데, '취업은 앞으로 살아갈 인생의 일부이기 때문에, 조금 실패하더라도 항상 당당했으면 좋겠다'라는 이야기가 기억에 남습니다.

저는 독자들이 이 책을 식품 업계 취업에 대한 무조건적인 지침서로 여기기보다, 삶의 일부분을 조립하는 데 작은 도움을 주는 설명서로 사용했으면 좋겠습니다. 마지막으로 1년이 넘는 시간 동안 같이 달려온, 우리 중 가장 애쓴 팀장 고석영 멘티, 언제나 성실하고 사려 깊은 권윤경 멘티, 항상 아이디어가 넘치는 김건희 멘티, 꼼꼼함을 배우고 싶은 조새로아 멘티, 예산 등 각종 수치 작업에 없어서는 안 될 브레인 홍세연 멘티, 묵묵하고 뒷심 있는 박서희 멘티, 항상 조화를 이루는 임승연 멘티, 바쁜 직장 생활에도 불구하고 끝까지 함께한 박규민 멘티, 그리고 멘토님들 모두에게 정말 감사하다는 말씀 전합니다.

박서희 멘티 | 한경대학교 식품영양학과

'잘 먹고 잘 살자'라는 말의 '잘 먹고를 실천해 보자'가 동기가 되어 식품영양학을 전공하게 되었습니다. 하지만 대학에서 배우는 '잘 먹는다'는 생각했던 것보다 훨씬 어려웠고 그렇게 취업이 점점 다가왔습니다. '식품'은 인간과 떼 놓을 수 없는 것임에도 식품 전공자들을 위한 정보는 찾기 어려웠습니다. 우연히 알게 된 식품산업인재양성협회에서 멘토링과 강연 등 여러 정보를 얻게 되었고, 혹시 모를 저와 같은 처지에 놓인 사람들에게 도움이 되고 싶었습니다. 그러던 중 출판 프로젝트를 진행하는 것을 알게 되었고 『먹는 거로 취업하자』 프로젝트에 참여하게 되었습니다.

인터뷰를 진행하고 복기, 편집, 조사 등의 과정을 거치며 1년이라는 시간이 흐르면서 그사이 많은 것을 배웠습니다. 처음에는 가벼운 마음으로 시작했지만, 누군가에게 정보를 전하는 일이라는 책임감과 매주 회의를 진행하며 대중교통에서 화상 회의에 참가한 날, 밤을 새우는 날 등 어려움으로 순간순간 지치고 힘들 때가 있었지만 함께 달려온 멘티님들과 뒤에서 지지해 주셨던 멘토님들께서 있었기에 이렇게 책의 마지막 장을 볼 수 있게 된 것 같습니다. 함께할 수 있어서 정말 기뻤고 감사드리며 영광이었습니다!

마지막으로 책을 선택하고 읽어 주신 분께도 감사 인사드립니다. '취업에 정답이 없다'고 합니다. 그렇기에 옳다 그르다가 아닌 다름이 있다고 생각합니다. 책의 내용을 후배들에게 선배가 하는 조언으로 받아들이셨으면 좋겠습니다. 책 내용 중 본인에게 맞는 내용을 취해, 본인만의 취업 스토리를 만들어 가시길 바랍니다. 독자님도 잘 먹고 잘 살기 위해서 파이팅! 감사합니다!

임승연 멘티 | 신한대학교 식품영양학전공

『먹는 거로 취업하자』 출판 프로젝트를 시작하기 전, 저는 식품의 다양한 직무에 대해 제대로 알지 못했습니다. 그렇게 오리무중 한 상태에서 정보를 찾아보다가 이 책의 전편인 『먹는 거로 전공하자』를 보게 되면서 식품산업인재양성협회(전 스마프 카페)를 알게 되었고 여러 프로그램을 참여하게 되었습니다. 그러다 이곳에서 『먹는 거로 취업하자』 책 출판 프로젝트를 진행한다는 소식을 듣고 저와 같은 사람들을 위해 도움을 주고 싶어 이 프로젝트에 참가하게 되었습니다.

책 집필을 시작하면서 여러 기업, 직무들을 찾아보고 현직자 인터뷰를 하면서 식품의 여러 직무들을 간접적으로 체험해 볼 수 있었습니다. 부족한 부분은 식품산업인재양성협회에서 진행하는 다른 활동들로 채워 나가며 좁혀 있던 제 시야는 넓혀지고 진로는 명확해질 수 있었습니다.

이 책에서는 여러 기업, 직무 소개, 자기소개서 작성 방법, 면접 준비 방법 등 취업 준비생들이 도움될 만한 것들이 작성되어 있습니다. 저도 취업을 준비하는 사람으로서 『먹는 거로 취업하자』를 집필하는 것은 우여곡절 어려움이 많았지만 1년 동안의 많은 사람의 노력이 들어있는 소중한 책입니다. 이렇게 책이 출판되기까지 함께 고생하고 끝까지 노력해 주신 멘티님들과 멘토님들께 감사 인사를 전합니다. 저에게도 도움이 되었듯이 이 책을 읽는 모든 취업 준비생들도 도움이 되길 바랍니다.

조새로아 멘티 | 전남대학교 식품공학과

식품공학에 관심을 가지기 시작하면서 우연히 FIPTA를 알게 되었습니다. FIPTA에서 주최하는 멘토링을 들으며 추후 FIPTA의 일원으로 활동하여 저와 같은 고민을 하는 사람들에게 도움을 주고 싶었습니다. 대학 생활을 하면서 대학원 진학과 취업의 갈림길에 서 있던 중 FIPTA에서 책 출판 기회가 찾아왔습니다. 이 기회가 많은 사람에게 도움을 줄 수 있는 뜻깊은 활동이라고 생각하여 참여하였습니다.

인터뷰를 위해 현직자 콘택트부터 자료 조사, 인터뷰 진행, 복기, 편집 등의 과정을 거쳐 이 책이 출판될 때까지 1년이라는 시간이 흘렀습니다. 처음 해 보는 작업이 많아서 진행이 어려울 때도 있었지만, 같은 목적을 가진 사람들끼리 힘을 합쳐 나아가다 보니 최종 목표인 출판에 다가갈 수 있었다고 생각합니다.

『먹는 거로 취업하자』 집필 과정 중 저에게 가장 인상 깊었던 활동은 현직자 분들과 콘택트를 하며 인터뷰를 진행하는 것이었습니다. 이때 다양한 기업을 조사할 수 있었고 해당 기업의 직무와 업무 등을 알 수 있어 식품공학과 관련된 취업을 원하는 저에게 매우 유익한 활동이었습니다. 또한, 인터뷰를 진행하면서 많은 현직자분의 이야기를 듣고 제가 걸어가고 싶은 진로의 방향성을 확립하였고 진로에 대해서 다시 한번 생각해 보는 계기가 되었습니다.

이 책을 통해 취업을 생각하고 계시는 분들의 고민이 해결되고, 정보가 부족하여 걱정하던 사람들에게 도움이 되길 바랍니다. 마지막으로 바쁘신 와중에 책 출판을 위해 힘써 주신 책 출판팀 모두와 인터뷰에 흔쾌히 응해 주신 현직자분들께 감사 인사를 드립니다.

홍세연 멘티 | 서울과학기술대학교 식품공학과

식품공학과에 관심을 갖게 된 계기는 학원 선생님께서 식품공학과라는 학과가 있다는 한마디 때문이었습니다. 아무런 목표도, 진로도 없던 저에게 흥미가 생겨 알아가던 중 네이버 카페 FIPTA에 대해 알게 되었고, 고등학교 멘토링에 참여하면서 식품공학과의 길로 결정하게 됐었습니다. 그렇게 지금 식품공학과 대학생으로도 FIPTA와 연결 고리가 이어져 책 출판 프로젝트에 참여하게 된 것을 너무 감사하게 생각하고 있습니다. 1년 동안의 장기 프로젝트, 과연 1년 뒤가 올까? 그때까지 내가 잘 버티고 해낼 수 있을까? 생각만 했던 때가 엊그제 같은데 벌써 1년이 지나고, 이렇게 책 출판을 마무리하게 되었다는 게 믿기지 않습니다. 처음엔 장기 프로젝트임에도 불구하고 비교적 가벼운 마음으로 참여를 했던 것 같은데 생각보다 훨씬 힘든 과정들이었습니다. 현직자분들과의 인터뷰, 자료 조사, 설문 조사, 내용 구성, 펀딩, 예산안 작성 등 모든 과정들이 수월하지만은 않았지만, 어려웠던 만큼 많은 경험을 직접 겪어 보면서 스스로 더 성장해 갈 수 있었습니다. 프로젝트 진행 중 총무를 자원했을 때에도 별거 없으리라 생각했었는데, 사실 계산할 부분들도 꽤 많았고 고려해야 할 부분들도 상당히 많고 복잡하다는 점에 후회를 하기도 했었습니다. 하지만 이해가 가지 않았던 부분에 대해서도 멘토님께서 계속 가르쳐주시고 다른 멘티분들도 도움을 주신 덕분에 무사히 잘해낼 수 있었고, 저 스스로도 배운 게 많진 값진 경험이었습니다.

2학년 때부터 시작해 어느덧 3학년이 되어 취업에 한층 더 가까워진 시기가 되었습니다. 현직자분들과 소통하며 알찬 취업 정보들을 살펴볼 수 있었고, 그런 다양한 정보들을 정리하여 『먹는 거로 취업하자』에 담아냈습니다. 멀지만 가까운 취업 준비를 위해 식품 전공 독자분들도 한 번쯤 읽어 보시면서 미래를 향해 한층 더 나아가셨으면 좋겠습니다.

멘티, 멘토 모두가 함께하여 완성해 낸 『먹는 거로 취업하자』 프로젝트. 1년간 진행해왔지만, 코로나로 인해 직접적인 의사소통도 어려웠고 서로 지치기도 했었지만 무사히 마무리까지 함께해 온 모두들에게 최고라는 말과 감사의 인사를 전하고 싶습니다.

—————————————————————————— **명성희** 멘토 | 연구개발팀

이 책 출판에 참여한 동기는 저와 같이 헤매지 않았으면 좋겠다는 작은 소망이었습니다.
대학생 때는 식품 관련 직무가 무엇이 있고, 어떤 일을 하는지 알 수 있는 방법이 한정적이기 때문에 직무에 대한 이해가 부족합니다. 이러한 분들이 직무에 대한 이해와 취업을 준비하는 데 도움이 되길 바랍니다.
이 책을 준비하는 약 1년의 기간 동안 저는 현직자에서 다시 취업 준비생으로, 그리고 재취업을 하였습니다. 그 과정을 겪으면서 취업이 매번 어렵다는 것을 느낍니다. 이 책을 보고 있다면 아마 식품 분야로 취업을 준비하고 계신 분일 거라 생각합니다.
식품을 선택한 이유는 다 다르겠지만, 저는 식품이 좋아서 당연하게 식품 개발자가 되고 싶었고, 많은 시행착오를 거쳐 지금은 식품회사 연구개발팀에서 식품을 개발하고 있습니다.
헤매는 것 같더라도 자기 보폭에 맞춰 가다 보면 그 길 끝엔 무엇인가 만들어져 있을 겁니다. 여러분들의 취업을 응원합니다. 감사합니다.

—————————————————————————— **박경화** 멘토 | 푸드코닉 품질관리팀

첫 회사에 입사한 지 6개월 정도 되었을 때 식품산업인재양성협회(FIPTA) 책 출판 프로젝트에 참여하게 되었습니다. 현직자이기에 멘토로 참여하긴 했지만 배움의 과정이 더 길었던 1년이었습니다.
2020년 2월 대학을 졸업하고 취업을 준비했을 당시만 해도 어디서 어떻게 기업에 대한 정보를 얻을 수 있는지 잘 알지 못했고 시작하고 나니 이 책을 쓰는 데

도움이 될까, 라는 고민도 많았지만 신입 사원의 입장에서는 또 다른 이야기를 전해 줄 수 있을 것이라고 생각했습니다. 그래서 취업하고 나서 알게 된 점과 느끼는 바를 담아냈습니다.

『먹는 거로 취업하자』 말 그대로 취업을 준비하는 식품 전공자들을 위한 책으로 출간 준비를 하면서도 식품 직무는 생각보다 다양하고 그만큼 취업의 길이 여러 방면으로 열려 있다는 것을 더욱 느낄 수 있었습니다. 이 책을 읽을 많은 독자분, 취업을 준비하면서 막막했을 식품 전공자분들에게 취업의 길을 열어 줄 수 있는 책이 되길 바랍니다.

1년이라는 길고도 짧았던 시간 동안 코로나로 인해 컴퓨터상으로만 회의하며 고생한 멘토, 멘티분들 모두 수고하셨습니다. 그리고 어려운 부탁이었음에도 책 출간에 도움을 주신 모든 분에게 감사를 표합니다.

황철순 멘토 | 아워홈 식품연구원

멘토링에 기반한 책을 쓰는 프로젝트는 예상보다 많은 시간과 꾸준한 노력이 필요했습니다. 12개월이 넘는 장기간의 협동 과제에서 팀을 든든하게 이끌어 주고 믿음직하게 곁을 지켜주신 선배 멘토들과 포기하지 않고 끝까지 완주해 준 후배 멘티들에게 감사와 격려의 마음을 전합니다.

책을 쓰고 싶다는 생각을 꾸준히 했습니다. 도서 출판 프로젝트 2기를 모집하는 공고를 보고 설레는 마음으로 제출했던 지원서를 다시 보니 열정과 기대감이 듬뿍 담겨 있네요. 이번 프로젝트로 느낀 점을 찬찬히 되돌아보며 활동을 마무리해 보겠습니다.

가장 큰 지원 동기는 베풀고 나누고 싶다는 생각이었습니다. 취업 준비를 시작하면서 '식품산업인재양성협회'를 통해 공장 견학 프로그램과 현직자 간담회에 참여하게 되었고 큰 도움이 되었거든요. 식품 산업에 대한 정보나 체험 기회가 부족하다고 생각했는데 이 책을 통해 조금이나마 도움이 되었으면 합니다.

이번 프로젝트는 실제로 큰 동기 부여가 되었습니다. 학교에 다니며 취업 준비를 하던 그때의 그 마음을 다시 한번 되새겨보면서 직장 생활을 더 열심히 할 수 있게 되었습니다. 새로운 경험을 통해서 반복되는 일상에 또 다른 원동력을 얻고자 했던 그 소망이 다행히 잘 이루어진 듯합니다.

식품산업에 종사하시는 선배 현직자님들과 함께 멘토로서 활동하면서 깊은 통찰력에 감탄했는데요. 다양한 직무와 여러 분야의 이야기를 들어볼 수 있는 또 다른 기회가 되었습니다. 우리 멘티 후배들에게서 에너지와 센스를 배울 수 있던 점도 매우 새로운 경험이었어요.

독자에서 저자로 거듭나는 이번 경험을 통해 식품 업계 현직자로서의 자부심과 애정을 느꼈고 나아가 이 책이 식품 전공자들에게 도움이 되었으면 좋겠습니다.

에필로그

『먹는 거로 취업하자』의 그 후, 더 깊은 이야기

윤태성

『먹는 거로 전공하자』를 출판하고 많은 학생들로부터 감사하다는 이야기와 '이 책을 조금만 더 빨리 만났으면 어땠을까'라는 아쉬움이 많았다는 말을 가장 많이 들었습니다.

이런 말을 듣고 보니 식품을 같이 공부했던 선배로서 미안한 마음도 들더군요. 좀 더 빨리 후배들을 위해 많은 시간을 보내고 많은 정보를 전달했어야 하는데 그렇지 못했습니다.

그래서인지 이번 책 출판 프로젝트에는 같이 하게 된 신규 멘토들이 많았던 것 같습니다. 그들은 졸업한 지 얼마 되지 않았거나 오랫동안 이런 정보의 부재 상황을 안타깝게 생각하고 있었습니다. 저뿐만 아니라 그들도 자신들이 겪었던 이런 어려움을 후배들에게는 전해 주고 싶지 않은 부모의 마음이라고 할까요?

이번에는 이런 선배 현직자분들의 미안한 마음을 가득 담았습니다. 많은 현직자분들이 흔쾌히 시간을 내서 후배들을 위해 가슴 깊숙한 이야기들을 전해 주셨고 용기와 격려를 남겨주셨습니다. 인터뷰를 하고 글을 마무리하면서 다시 한번 그들도 같은 마음이라는 것과 나 또한 그랬으니 분명 잘 될 거야, 라는 희망의 메시지도 느낄 수 있었습니다.

이번 책에서는 멘토링을 해오면서 학생들이 궁금해했던 질문들에 대해 현직자분들의 다양한 의견을 실었습니다. 어떻게 보면 정답이 없는 여러 현직자분들의 답변 속에서 혼란스러울 수도 있을 것입니다. 하지만 저희는 그 모든 것을 여러분들의 선택으로 남기고자 합니다. 모든 것은 자신이 선택하는 거니까요.

취업의 방법이 다양하다는 것은 정답이 없다는 것과 같습니다. 마치, 지금까지 수십만 가지의 다이어트 방법이 나와 있지만 아직도 새로운 다이어트 방법과 식품은 계속 나오고 있는 것처럼 말이죠. 하지만 다이어트에 좋은 최고의 방법은 이미 누구나 다 알고 있습니다.
적게 먹는 것입니다.
알면서 외면하고, 알면서 다른 방법을 찾고 있죠.
멘토링을 하면서 저희도 늘 하는 이야기 있습니다. "이것이 최고의 취업 방법이다. 노하우, 꿀팁, 스킬, 이런 것은 한낱 꾸미기에 불과하다. 그런 것들을 하는 것보다 차라리 지금 말해 주는 것을 해라. 그것이 정말 취업의 중요한 핵심이다."
그것은 바로 '열심히 네가 좋아하는 것을 해 봐라 그리고 많이 경험하고 놀아라' 입니다.
알고 있습니다. 이런 말이 귀에 안 들어온다는 것을. 현실적인 것이 아니라는 것을. 정신 나간 소리라는 것을.
취업을 준비하는 학생들이 이런 말을 쓸데없다고 느끼는 것 또한 저희가 그럴 수 있는 장을 만들어 주지 못한 탓도 큽니다. 취업은 졸업 학교와 스펙으로 줄 세워 자르고, 수많은 어려운 관문을 만들어 통과를 해야만 들여보내 주고 아닌 사람은 철저하게 밖으로 내밉니다. 공정해 보이지도 않고 공평해 보이지도 않는 상황에서 입에 발린 '너의 꿈을 찾아, 네가 하고 싶은 것을 해!'라는 말이 가당치 않겠죠.
'우린 여기를 벗어날 방법을 원하지, 위로를 원하지 않습니다.'
하지만 저희도 어쩔 수 없이 이 책을 빌려 위로를 실었습니다. 조금이나마 여기를 벗어날 수 있는 방법과 함께. 할 수 있는 방법이 이것밖에 없는 것일 수도 있죠.

그나마 희망적인 것은 이 책을 보셨다는 것입니다.

분명 많은 고민을 하다 더 이상 실마리를 풀 수 없어 그 해결책을 알고 싶어 하시는 분이실 것입니다. 그러기에 분명 잘 되시리라 믿습니다.

분명 잘 되실 겁니다.